미래교육을 준비하다
수업에 바로 쓰는 AI

미래교육을 준비하다
수업에 바로 쓰는 AI

초판 1쇄 발행 2022년 2월 17일
개정판 1쇄 발행 2024년 2월 23일

지은이 송기상, 신수범, 전인성
펴낸이 양태회
기획 김현주
편집 김현태
제작 테라북스
펴낸곳 (주)비상교육

주소 경기도 과천시 지식정보타운 12-2획지
전화번호 1544-9044
팩스 02-6970-6599
홈페이지 http://t.vivasam.com/
전자우편 tvivasam@visang.com

ISBN 979-11-6940-645-1 (13370)
값 18,000원

※ 이 책에 실린 내용, 디자인, 이미지 저작권은 (주)비상교육과 저자에게 있습니다.
※ 책 내용의 일부 또는 전부를 재사용할 때는 (주)비상교육과 저자 양측의 동의를 받아야 합니다.

미래교육을 준비하다

송기상·신수범·전인성 지음

수업에 바로 쓰는 AI

visang

들어가며

인공지능이 변화시킬 사회와 교육을 어떻게 대비할 것인가?

'로지(Rossy)'를 비롯한 가상 인간들이 진짜 사람보다 더 매력적인 인플루언서로 활동하고 있다. 인공지능을 활용한 다양한 디지털 기술 등장은 교사가 '인공지능'에 대한 이해 없이 학생들 앞에 서기 쉽지 않게 만들었다. 교실에서 머신러닝과 같은 인공지능을 소개하는 목적은 인공지능으로 인하여 급속하게 변화하는 사회에서 학생들이 사회생활을 잘 준비할 수 있도록 도와주기 위한 것이다.

교사나 학부모가 자신의 자녀나 학생이 인공지능을 이해할 수 있도록 돕는 것은 쉬운 일이 아니다. 이는 컴퓨터나 디지털 기기를 능숙하게 다루는 사람이라도 예외는 아니다.

우리는 지난 수십 년 동안 ICT를 수업에 활용하고자 노력했다. 이러닝, 스마트 교육, 소프트웨어 교육과 코딩 교육을 거쳐 이제는 인공지능 교육에까지 이르렀다. 이렇듯 컴퓨터 기술은 급속하게 발전했지만 그 기술을 교육에 녹이려고 애쓰는 교사, 학부모는 발전 속도에 좌절했다. 특히나 인공지능의 기초 개념은 이해하고 있고, 이를 바탕으로 인공지능을 수업에 활용하고자 하는 교사들에게 인공지능 기술의 급속한 발전은 더 한층 어려운 과제로 다가올 것이다.

이 같은 교사들의 고민을 생각하면서 인공지능 기초 개념 파악을 통해서 수업에서 인공지능을 잘 활용할 수 있는 역량을 키워 주고자 하는 뜻을 품고 저자들은 본 책을 만들고자 했다. 인공지능이 모든 것을 다 할 수 있다고, 알아서 다 해줄 수 있는 능력을 가지고 있다고 주장하는 것과 같은 막연한 인식으로는 인공지능을 수업에 효과적으로 활용하기 어렵다. 따라서 이 같은 교사와 학부모의 어려움을 덜어주고자 인공지능의 개념과 역사에서부터 수업시간에 교과와 연계해서 인공지능을 활용할 수 있는 전략이 담긴 책을 구상했다.

이 책의 궁극적인 목표는 어렵게만 여겨지는 머신러닝과 이를 바탕으로 만들어진 다양한 인공지능 기술들을 학교 교육에 접목하는 것이다. 저자들은 이러한 목표 실현을 위해 실제 수업이 이루어지는 현장 상황을 고려한 머신러닝 기반 인공지능 학습서 저술에 방점을 찍었다.

또한 인공지능 기술이 현재보다 훨씬 더 빠르게 발전할 것으로 확신하면서 미래를 대비하기 위한 인공지능 교육의 필요성과 인공지능이 학교 교육을 어떻게 변화시킬 수 있는지에 대한 내용도 포함시켰다. 이 책이 학교나 가정에서 인공지능을 보다 쉽게 이해하고 가르치는 데에 작은 도움이 되기를 희망한다.

2022년 2월

저자_ 송기상 · 신수범 · 전인성

수업에 바로 쓰는 AI 100% 활용법

본 내용의 일부 및 수업 방안 파트는 '비상 비바샘 원격교육연수원'의 〈수업에 바로 쓰는 AI, 미래 교육을 준비하다〉 강좌의 내용을 발췌하여 작성되었습니다. 따라서 책의 내용을 온라인 강의와 함께 학습하고 싶은 독자는 아래의 절차를 통해 학습하실 수 있습니다.

온라인 강의 학습 방법

홈페이지(t.vivasam.com) 접속

회원가입 및 해당 강의 구매

나의 강의실 입장

차시별 학습 진행

강의 탐색

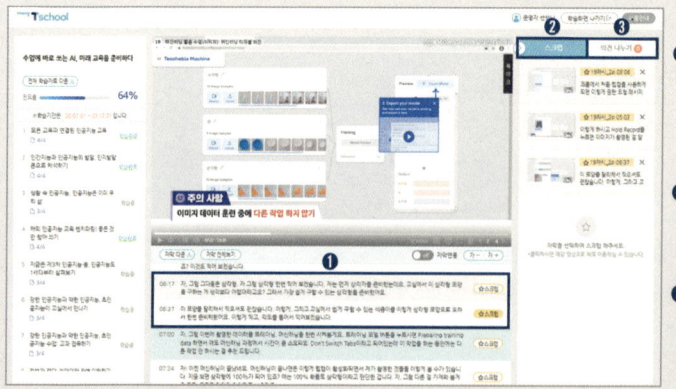

주요 기능

❶ 영상으로 만들어진 과정의 자막을 연동하여 보면서 학습이 가능

❷ 나만의 스크랩을 통해서 중요 학습 내용 저장

❸ 다양한 학습자들과 학습 내용에 대한 의견 공유 및 나누기 지원

강의 구성

1	인공지능과 인공지능 교육	우리 생활 전반에 걸쳐 있는 인공지능에 대한 설명과 함께 현재 학교 현장에서 이루어지는 인공지능 교육에 대해 설명한다.
2	인공지능을 활용한 수업 방안	빅데이터 활용 수업, 알고리즘 활용 수업, 머신러닝 활용 수업, 자연어 처리 기술 활용 수업 등에 대해 살펴본다.
3	인공지능 교육의 미래	인공지능 교육이 미래교육에 어떠한 영향을 미치며, 앞으로 어떻게 나아가면 좋을지에 대해 제언한다
4	인공지능 교육 Q&A	인공지능 수업을 실행히고 있는 현직 교사들이 모여 인공지능 교육에 대한 실질적인 궁금증을 나눈다.

강의 포인트

● 현직 교사가 쉽게 알려주는 AI 실습

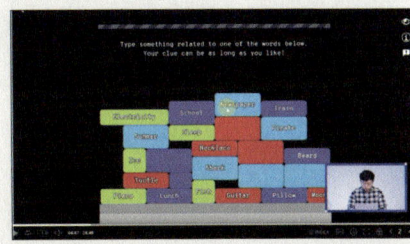

● 교실에 바로 적용해볼 수 있는 실제 사례 소개!

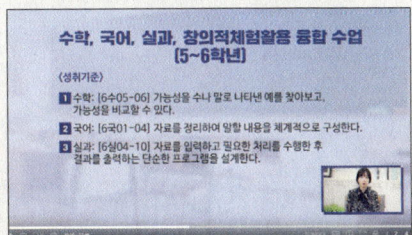
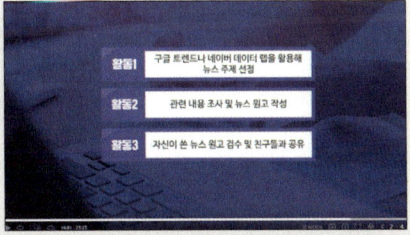

Contents

들어가며	04
수업에 바로 쓰는 AI 100% 활용법	06

01

인공지능으로 변화하는 사회와 교육	13
인공지능과 우리 생활	15
• 인공지능으로 열어가는 우리 사회	16
• 인간의 지능과 인공지능의 비교	21
• 인간의 언행에 기초한 인공지능 수준 분석	23
인공지능 기반 교육의 방향	25
• 인공지능 시대에 교육의 방향과 AI 융합 교육의 필요성	26
• AI 활용 교수학습 방법	32
• AI 응용 시스템과 생성형 AI 활용 교수학습 방법	38
• 머신러닝 활용 교육과 과제	47
• AI 활용 교육 평가	53
• AI와 직업의 변화	57
• AI 윤리 교육	70

02

인공지능과 데이터 분석	77
인공지능의 이해	79

- 인공지능의 시작 … 80
- 인공지능의 발달 과정 … 83
- 전통적인 인공지능과 딥러닝 기반 인공지능의 차이 … 90
- 약인공지능과 강인공지능 … 96
- 약인공지능을 활용한 교수·학습 시스템 … 103
- 강인공지능과 약인공지능을 활용한 수업 방안 … 109
- 초인공지능을 활용한 수업 방안 … 114

데이터와 데이터 분석 … 121

- 데이터와 데이터 분석 … 122
- Google 트렌드란? … 127
- 네이버 데이터랩이란? … 129
- 엔트리 모델 학습 … 131
- 빅데이터를 활용한 조사 수업 방안 … 136
- 엔트리 모델 학습을 활용한 수업 방안 … 141

알고리즘의 이해와 종류 … 145

- 알고리즘의 이해 … 146

Contents

- 알고리즘의 표현 방법   155
- 알고리즘의 유형   157
- 알고리즘 활용 추천 시스템   161
- 알고리즘 기반 추천 시스템을 활용한 수업 방안   163

머신러닝의 이해와 종류   167
- 머신러닝의 이해   168
- 머신러닝의 종류   181

03

도구를 활용한 머신러닝 실습과 수업 방안   185

지도학습 기반 머신러닝 실습과 수업 방안   187
- 텍스트 기반 머신러닝 실습   188
- 이미지 기반 머신러닝 실습   194
- 오디오 기반 머신러닝 실습   199
- 지도·비지도학습을 연계한 수업 방안   203
- 텍스트 기반 머신러닝 수업 방안   207
- 이미지 기반 머신러닝 수업 방안   211
- 오디오 기반 머신러닝 수업 방안   215
- 회귀 분석 기반 머신러닝 수업 적용 방안   219

자연어 처리 기술의 이해와 수업 방안	223
• 자연어 처리의 이해	224
• 자연어 처리 기술을 활용한 학습 도구	232
• 시맨트리스를 활용한 수업 방안	235
• 심심이를 활용한 수업 방안	238
이미지 처리 기술의 이해와 수업 방안	241
• 이미지 처리의 이해	242
• 생성적 적대 신경망 기술의 이해	247
• 이미지 인식을 활용한 수업 방안	251
• 이미지 생성을 활용한 수업 방안	254
생성형 AI의 이해와 수업방안	257
• 생성형 AI 소개와 프롬프트 사례	258
• 생성형 AI를 활용한 수업 방안	267

부록

수업에 활용하기 좋은 Google AI 체험 도구	272
APPENDIX	275

01

인공지능으로 변화하는 사회와 교육

인공지능으로 열어가는 우리 사회

"인공지능은 불이나 전기보다 영향력이 크다[1]."

2020년 1월, 스위스 다보스에서 열린 세계경제포럼(WEF) 콘퍼런스에 참석한 구글 CEO 순다르 피차이(Sundar Pichai)는 "인공지능은 우리 인류가 작업하고 있는 가장 영향력이 큰 것들 중 하나"라며 "그것은 불이나 전기보다 더 영향력이 심대하다."고 말하면서 인공지능의 영향력과 중요성을 강조했다.

인공지능 시대의 서막이 열리고 있다. 우리는 이미 주변에서 인공지능을 쉽게 접할 수 있다. 휴대폰 지문 인식이나 검색 포털 사이트의 예측 검색은 인공지능이 일상생활 속에 들어와 있다는 것을 보여주는 사례다. 검색 사이트에서 주제어 검색을 하면 관련 검색어가 자동적으로 나타나고, 우리는 그것을 편리하게 이용하고 있다.

그리고 다음 그림은 이와 관련된 검색 예측이나 관련 검색어 기능을 캡처한 것이다. 이같이 유사하게 검색하려는 주제어를 제시하는 것은 사용자의 의도를 예측해서 제공하는 것으로써 빅데이터 기반 인공지능 기술을 보여주는 사례다.

또한 구글의 어시스턴트, 마이크로소프트의 코타나, 삼성의 빅스비와

인공지능을 활용한 검색어 추천 기능_ 출처: 네이버

같은 음성 비서, 자율 주행 차, 각종 무인 시스템 등의 AI 응용 서비스가 점차 확대되고 있다. 산업계에서는 드론, 지능형 공장 제어, 빅데이터 시스템 등을 활용해 물건을 저렴하고 신속하게 만들고 배송하고 있다. 이러한 인공지능 시스템은 인간의 역할을 부분적으로 대체하고 생활을 편리하게 하고 있다.

그런데 현재의 인공지능 기술 수준으로는 인간의 언어를 완벽하게 이해할 수 없다. 또한 일상생활에서 일어날 수 있는 수많은 변수에 사람과 같이 대응할 수도 없다. 대신 인공지능은 인간의 언어를 이해하는 것처럼 행동할 수 있다. 인공지능은 이를 활용하여 우리가 말하는 것을 해석하고 일정한 작업을 수행하고 있다. 예를 들어 우리는 가상 도우미를 활용하여 전화를 걸거나 메시지나 이메일을 보내고, 간단한 음성 명령으로 인터넷을 검색할 수도 있다. 이처럼 음성을 해석해 사람 대신 활동하거나 사람의 활동을 지원하는 인공지능은 향후 사회적으로 상당한 파장을 불러올 것이다. 특히 기기 조작에 어려움을 겪는 사회적 약자나 편리함을 원하는 대중이 디지털 기기를 쉽게 활용할 수 있도록 만들 것이다. 반면에 비교적 간단한 활동에 종사하는 직장인은 해당 업무가 인공지능에 의해 자동화될 경우 직장을 잃을 수도 있다.

이처럼 인공지능은 사회적으로 긍정적인 영향만 주는 것은 아니어서 사회적 합의와 정책적인 배려도 매우 중요한 요소이다. 기존 컴퓨터·ICT와 관련된 제도와 정보 윤리 등의 영역에 관련된 각종 정책을 재수립하고 강화해야 할 이유이기도 하다.

인공지능의 발전과 관련하여 투오미(Ilkka Tuomi)는 〈교육에서의 인공지능의 영향(The impact of artificial intelligence on learning, teaching and education)〉[2]이라는 보고서에서 인공지능을 제2의 '전기의 발명'에 비유했다. 전기 발명 그 자체는 사회적 변화를 크게 가져오지 않았지만, 전기의 응용은 엄청난 변화를 일으킨 것처럼 인공지능 역시 어떻게 응용하느냐에 따라 우리 사회의 큰 변화를 일으킬 수 있다고 했다[3].

그리고 인공지능을 활용한 교육 시스템은 우리 사회에 구조적인 변화를 가져다줄 것이며, 교육 분야에서도 혁신적인 변화가 불가피하다고 볼 수 있다.

'인공지능'이라는 말에서 알 수 있듯이 인공지능은 인간의 지능을 모방하고 표준화하며 외부에 표현할 수 있게 구현하고자 하는 것에부터 시작되었다. 그래서 판단, 예측, 지각 등의 인지 활동은 인간의 지능과 유사한 측면이 많다. 그런데도 인간의 인지 기능을 완전히 분석하거나 표준화할 수 없기 때문에 인간 지능의 모방은 아직까지 해결해야 할 과제가 많다. 특히 인간은 생물이며 인간의 감정이 인지 기능에 영향을 줄 수 있어 이것을 표준화하는 작업은 아직 초보 단계에 머물러 있다. 그러나 이러한 수준임에도 불구하고 인공지능은 사회에 많은 변화를 가져오고 있다.

현재는 약인공지능(Weak AI)이 일반적이며, 인간의 언어를 실제로 이해하기보다는 데이터를 학습하여 확률에 기반하여 예측하는 활동에 머물러 있다. 앞서 언급한 것처럼 인간의 인지 구조를 지금보다 더 이해하고 표준화한 강인공지능 시대에 접어들면 예상을 뛰어 넘는 혁신적인 변화가 일어날 것이다. 강인공지능 시대에 우리는 영화에서처럼 인간과 로봇이 어우러져 생활하고, 각종 무인 기기가 일상화된 환경에서 살아갈 것이다.

학계에서는 생활환경의 전면적인 변화를 '새로운 시대'라고 정의하고 있으며 '제4차 산업혁명'이라는 용어로 일컫기도 한다. 전 세계적으로 '제4차 산업혁명' 또는 '4차 산업'이라는 용어를 일반적으로 사용하고 있지 않지만 다음 그림과 같이 새로운 시대에 진입하고 있다는 것은 명확하다[3].

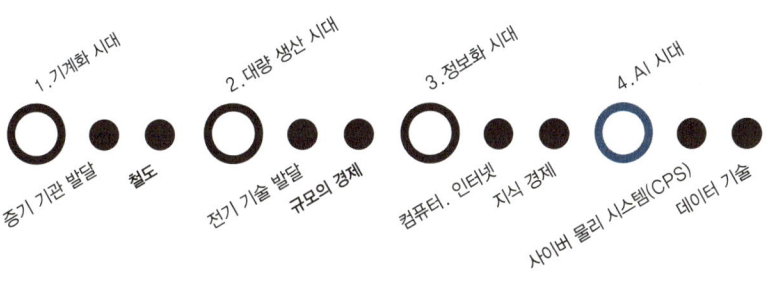

제1차 산업혁명 이후 시대별 주요 기술

위의 그림은 기계, 산업, 정보, 인공지능의 네 개 세대를 연대순으로 제시하고 있다. 증기기관 및 철도는 기계화 시대를, 전기 기술 발명은 대량 생산 시대를, 컴퓨터와 인터넷은 정보화 시대를, 그리고 데이터는 인공지능 시대를 대표하는 기술이다. 여러 종류의 데이터 중에서도 디지털 데이터의 폭발적인 증가는 현재의 인공지능을 가능하게 했다. 한편, 현재 인공지능의 엄청난 발전은 여러 가지 요인이 있지만, 디지털 데이터의 폭발적인 증가가 가장 주요한 요소라고 할 수 있다.

다음은 세계 시장에서 빅데이터 시장의 성장을 보여주는 통계이다[4].

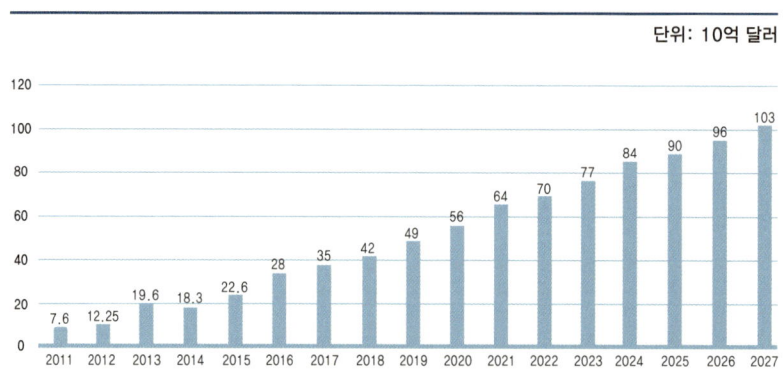

세계 시장에서 빅데이터 시장의 성장

위 그림에서 보면 빅테이터 시장은 2027년 10조 3,000억까지 성장할 것으로 예상하고 있다. 그리고 인공지능 분야는 상당히 다양하다. 컴퓨터 공학에서부터 인지 과학, 철학 분야까지 인공지능을 활용하고 있다[5]. 그렇다면 인지과학의 영역이라고 할 수 있는 인간의 지능과 인공지능을 비교해 보면 어떨까?

인간의 지능과 인공지능의 비교

오늘날 AI의 여러 성과가 있음에도 우리는 여전히 AI를 좁은 관점에서 활용하고 있다. 현재로서 광의의 AI는 실험 단계에 머물고 있으며, 아직 실제로 활용되지 못하고 있다. 그렇지만 좁은 관점에서의 AI의 경우도 놀라운 변화가 나타나고 있으며 예를 들면 자율 주행 자동차, 음성 및 안면 인식 프로그램, 추천 시스템 등이 있다.

누군가가 AI가 인간보다 똑똑하다는 것을 묻는다면, 많은 사람이 "그렇다"라고 말할 수 있다. AI 기능은 대량의 데이터를 신속하게 처리하는 것과 같은 특정 작업에서 인간의 능력을 능가하지만, 특정 작업 이외의 분야에서는 실제 이게 지능형 기계인지 의심할 수도 있다.

인간의 지능에 대한 기계 지능을 측정하는 아이디어는 그 자체로 논란의 여지가 있는 주제다.

HI(Human Intelligence)와 AI(Artificial Intelligence)를 기능이 겹치더라도 두 가지 다른 것으로 살펴보자. 예를 들어 HI와 AI는 모두 인식, 표현, 추론, 문제해결, 학습 및 언어를 포함한다.

그러나 인간이 이러한 기능을 수행하는 방법, 관련된 노력 및 이해 수준은 AI 시스템이 수행하는 방식과 매우 다르다. 그리고 이와 같은 내용을 반영하여 인간 지능과 인공지능을 다음 그림과 같이 요약해서 정리할 수 있다.

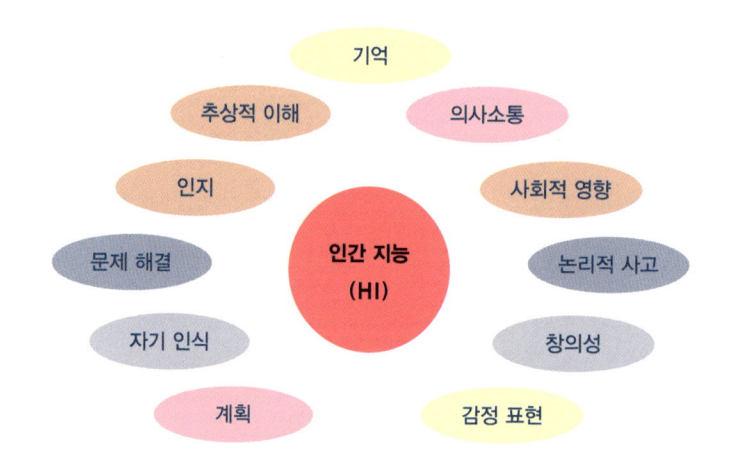

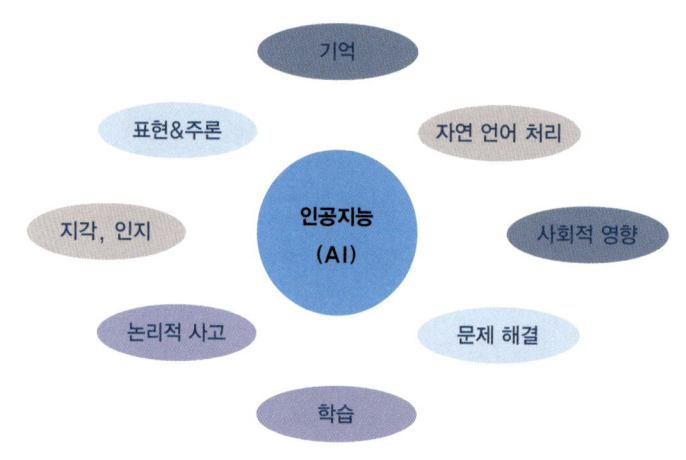

인간 지능과 인공지능의 비교

인간의 언행에 기초한
인공지능 수준 분석

Tuomi는 AI의 발전을 인간 행동의 3가지 유형과 연계하여 제시하였다. 가장 상위에 있는 인간의 행동은 문화 사회적으로 영향을 받는 것이며 동기가 큰 영향을 미치게 된다고 제시하였다 [2].

그리고 비고스키는 인간의 인지 활동이 사회문화적인 영향을 크게 받아 이루어진다는 구성주의를 주장한 학자로, 그는 현실에서 인간 내면의 상태가 완전히 표현되는 것은 일부라고 했다. Tuomi는 현재의 인공지능 기술 수준에서 인간 활동 데이터를 제한적으로 수집할 수밖에 없다

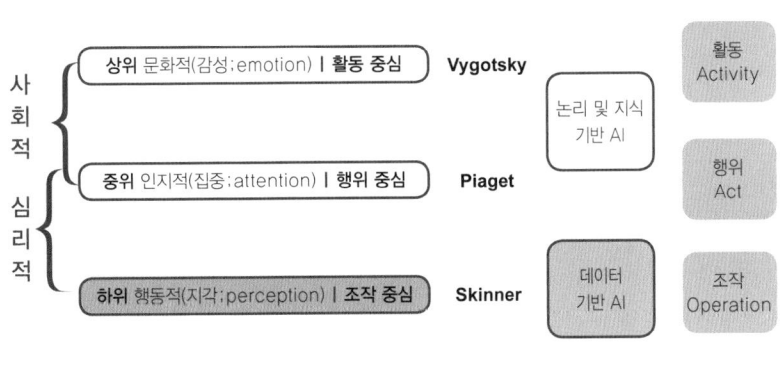

인간 행동의 유형과 연계한 인공지능의 분류

고 제시하였다. 이것은 전술하고 있는 바와 같이 인간의 표현은 수많은 인간 내부 심리의 일부이거나 내면과 다른 측면을 표현할 수도 있기 때문에 사회문화적 구성주의 관점에서 인공지능이 인간을 완벽하게 모방하는 것은 제한적이라는 점이다. 일례로 인간이 밥을 먹고 걸음을 걷는 것은 매우 간단해 보이지만 수많은 외적 요인과 인간으로부터 영향을 받아 형성된 느낌 등이 행동으로 나타나는 것이기 때문에 이와 같은 움직임에 인공지능이 즉각적으로 모방할 수 없다는 논리이다[2]. 그렇기 때문에 비고스키의 관점에서 인간의 인지 활동을 인공지능이 모방하는 것은 매우 어려운 것이며 강인공지능 수준에서 현실화 될 것으로 판단된다. 이에 Tuomi는 인공지능 실현 단계에서 가장 어려운 상위 수준에서 제시하였다.

중위 수준의 인간 활동을 모방한다는 것은 목표지향적인 인간의 행동을 AI가 모방한다는 것이다. 이것은 현재 AI기술이 도전하고 있는 단계라고 할 수 있다. 즉 인간이 목표를 설정하고 수행하는 활동, 학생들을 가르치는 활동 등 모종의 지적인 활동을 수행하는 것은 현재 AI가 초보적인 수준에서 가능한 수준이다. 하지만 현재의 AI는 인간이 시키는 것만 수행하는 수준이거나 인간의 모방은 겉으로 표현되는 것에 한해서 이루어질 수 있다. 가장 하위의 인간의 인지 구조는 행동주의 기반이며 현재의 AI 기술 수준은 여기에 해당된다고 Tuomi는 제시하였다. 즉 행동주의에서 인간의 학습은 수동적으로 나타나며 표현한 것에 대해서 학습으로 인정하고 있듯이 현재의 AI는 스스로 행동할 수 없으며 표현된 데이터에 한해서 수집할 수 있다. 이에 대한 전체 구조를 위의 그림과 같이 제시하였다.

인공지능 기반 교육의 방향

인공지능 시대에 교육의 방향과
AI 융합 교육의 필요성

이 장에서는 다양한 인공지능 시스템을 활용하기에 적합한 교육 목표와 교육 과정 운영 방향에 대해서 살펴보고자 한다. 국내외에서 학교 교육에 정보통신기술을 도입한 역사는 오래전부터 있었다. 정보통신기술 이전에도 오디오 및 비디오, 투명 필름 등을 활용하여 학교 교육을 개선하는 시도는 꾸준히 이어오고 있었다.

1980년대의 컴퓨터 교육은 혁신적인 활용 전략으로 여겨져 학교 교육에 혁명적인 변화를 가져올 것으로 기대되었다. 그러나 국내외에서 그 효과성에 대한 의문이 제기되었으며, 특히 국내에서는 교과 중심주의 교육 과정과 대학 입학시험에 연계된 교육 과정 등으로 인해 교육용 콘텐츠, 응용 소프트웨어, 인터넷 활용에 상당한 어려움을 겪었다. 또한, 하드웨어의 관점에서도 많은 문제점이 드러났다. 교육용 콘텐츠는 학생들이 자유롭게 활용할 수 있는 다양한 장비의 부족으로 인해 개별화 수업의 목표를 달성하는 데 어려움이 있었다. 이러한 어려움 속에서도 컴퓨팅 사고, 소프트웨어 교육, 그리고 인공지능 교육의 필요성이 새롭게 강조되었다.

소프트웨어 교육은 소양 교육에 가까운 개념이지만, 인공지능 교육은 매우 범위가 방대하여 활용과 소양을 모두 포함하고 있다. 또한 인공지능의 역할은 기존 교육용 콘텐츠나 인터넷 콘텐츠보다 능동적이며 혁신적이고 광범위해 학교 교육에 미치는 범위가 매우 크다. 그래서 교육의 목표, 내용, 방법과 평가에 이르는 일련의 교육 절차에 상당한 변화가 불가피하다. 이에 현재 학교 교육이 당면하고 있는 현안 사항을 해결하고 인공지능과 교육이 효과적으로 결합하기 위해서 교육 전문가의 안목도 필요하지만, 인공지능 전문가들도 폭넓게 참여하여 교육이 나아가야 하는 방향에 대한 검토도 필요하다.

먼저 인간 우위의 능력을 보여줄 수 있는 교육 목표 설정이 요구된다는 점이다. 현재의 데이터 기반 인공지능은 복합 인지 능력 분야가 미약하다.

이에 대해 Luckin(2018)은 다음과 같이 부연설명하고 있다. 인공지능은 자신의 논리를 정당화하거나 자신을 인식하는 능력이 없다고 제시했다(OECD 보고서 재인용). 또한 상황 인식 능력, 사물을 주관적 관점에서 해석하는 능력이 없는 것으로 제시했다. 이와 같은 관점에서 학교 교육에서 집중해야 하는 교육 목표는 기계가 하지 못하거나 미약한 영역에 대한 교육훈련이 요구될 수밖에 없을 것이다. 그것에 대해서 Luckin은 다음과 같이 일곱 가지 인간의 지능을 제시하였다.

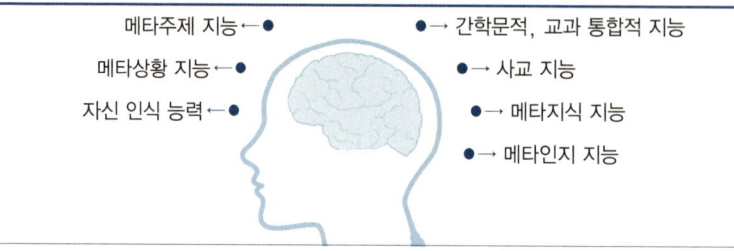

인공지능 대비 인간 우위의 일곱 가지 인간의 지능

메타능력이란 일종의 추상화 역량과 일맥상통한다. 사물과 내용을 통합하여 정리하는 능력이라고 판단되며 인공지능이 이러한 능력은 미흡하다는 점이다. 이에 교육 목표는 위와 같은 내용에 집중이 필요하다는 것이다. 또한 인간의 기본적인 학습량이나 지식 수준이 상승하기 때문에 하나의 교과, 학문 영역보다 다방면의 역량을 갖춘 사람이 필요한 것이다. 이를 위한 교육 과정 구성이 필요하며 Curriculum center for Redegsin에서는 다음과 같이 T자형 교육보다 M자형 교육이 필요함을 제시하고 있다.

'M'형 교육이 의미하는 것은 기존 'T'형 교육과 같이 한 분야의 지식을 깊게 학습하는 체제보다 다양한 분야의 지식을 학습할 수 있는 체제가 필요하다는 것이다. 그것은 AI로 인하여 기본 학습량이 증가하고 직업 전이를 쉽게할 수 있게 하기 위한 전략이라고 할 수 있다. 이에 따라서 교육 내용은 폭넓은 설계, 인간의 고유한 역량을 발휘할 수 있는 것으로 구성해야 할 것이다.

그리고 AI 활용을 위해 필요한 교육 과정 운영 전략 중에서 AI 융합 교육 과정의 필요성에 대해서 소개하고자 한다. 융합(Innovation)이란

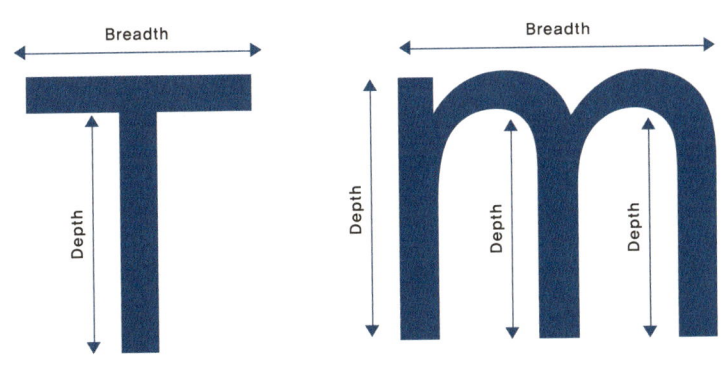

인공지능 시대에 필요한 교육 방향

화학적인 재결합을 의미한다. 또는 교과 연계라는 용어를 사용해도 일맥상통한다. 융합, 연계, 통합이라는 용어를 사용하든지 간에, 교과목과 수업 목표를 달성하기 위해 AI 코딩 활동, 자료 수집 및 분석 활동을 포함하는 것이 바로 AI 융합 교육의 핵심이다. 이처럼 융합 교육이 제시하는 것은 정보 및 컴퓨터 공학의 관점에서 다음의 세 가지 요소로 설명하고자 한다.

첫째, 컴퓨터 공학이라는 학문의 성격이다. 컴퓨터 공학은 어떤 학문 분야보다 현실의 문제 해결을 목적으로 두고 있는 학문이다. 물론 일부 컴퓨터 공학자들은 학문 자체에 의미를 두는 일도 있으며 대표적으로 Denning이 있다. 그런데도 컴퓨터 공학은 일반 공학(Engineering)과 유사한 성격으로 현실의 복잡한 문제에 대해서 프로그래밍 관점으로 해결하고자 하는 영역이 큰 비중을 차지한다. 즉 컴퓨터 공학은 내용보다 방법에 중점을 두는 분야이기 때문에 내용과 연계할 필요가 있으며 그 내용이 교과의 내용으로 채워질 때 효과적으로 일반 교과 교육도 가능하기 때문이다.

둘째, 국내의 교육 과정 운영 스타일도 중요한 요소이다. 한국의 초중등 교육 과정은 총 시수가 많음에도 불구하고, 중등 단계에서 정보 과목이 단독 필수 교과로 운영되고 있지만 시수 자체는 제한적이며, 초등 단계에서는 실과 교과에 통합되어 운영되고 있다. 이러한 상황에서 인공지능 교육을 초중등 학생들에게 소개하는 가장 현실적인 방법은 기존 교과와의 연계이다.

셋째, 융합 교육은 고도화된 AI 활용 교육 과정에 매우 적합하다. 일반화된 AI 시스템을 활용하는 교육 환경에서는 기본적인 기억과 이해의 단계부터 복잡한 분석과 평가의 단계에 이르는 학습을 지원할 수 있어, 보다 고도화된 학습에 집중하기가 용이해진다. 이는 학습의 양이 증가하고 높은 수준의 수업을 지향하기가 더 용이해진다는 것을 의미한다. 이는 Curriculum Center for Redesign이 제안한 M자형 인간 모델과도 일맥상통한다. 또한, 교과 내용의 통합 또는 융합은 디지털 도구 기반의 교수 내용 지식, 즉 TPACK의 관점과도 유사한 점을 가지고 있다.

TPACK은 디지털 도구, 교육 내용, 교육학 지식의 접점을 찾는 것이 필요하며 그것은 교사의 경험에서 암묵적으로 형성된다는 개념이다. TPACK에서도 디지털 도구의 활용을 위해서는 기존 교육 내용과 교육학적 지식의 변화가 불가피하다라는 것이다. 이제 인공지능의 활용 교

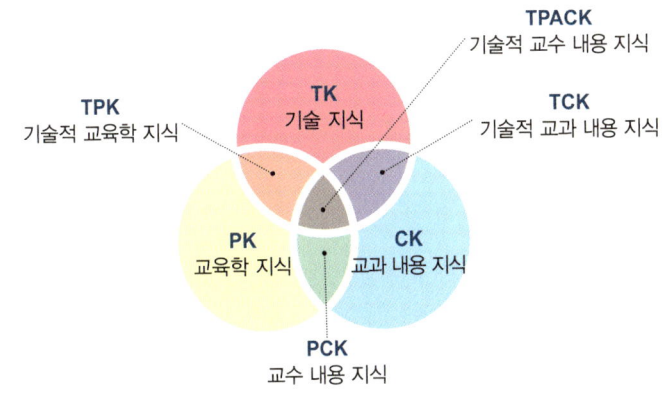

테크놀로지 교수 내용 지식(TPACK)

과연계, 통합, 융합이라는 것은 외부 교육 정책에 의해 따라 하는 수준이 아닌 교사가 그 효율성을 인지하고 새로운 내용과 절차를 연구 적용하는 관점이 필요한 상황이다.

AI 활용 교수학습 방법

교수학습 방법은 교수자가 학습자에게 다가서는 방법이다. 인공지능 교육을 소양과 활용으로 구분할 때 소양 교육에서 지향해야 하는 교수법은 프로젝트 학습, 문제 해결형 학습이라고 할 수 있다. 물론 목표 수준을 낮게 잡을 경우 시범 수업 등 직접 교수법도 효과적일 수 있다. 반면에 인공지능 활용 교육 그중에서도 인공지능 응용 시스템, 생성형 AI를 이용한 교수학습 방법에 대해서는 명확하지 않은 측면이 있다. 이에 인공지능 시스템을 활용하는 교수학습 방법을 설명하고자 한다. 인공지능 응용 시스템은 여러 가지 영역이 있다. 간단하게는 AI 스피커, Smartdraw에서부터 Duolingo, 지능형 학습 시스템에 이르기까지 다양하다. 그리고 이 책에서는 그 영향력이 가장 광범위하다고 판단되는 지능형 학습 시스템과 생성형 AI를 이용한 수업에 초점을 맞추어 제시하고자 한다. 다음은 지능형 학습 시스템을 이용한 수업에서 가능한 교수학습 활동 분류다.

NESTA, Holmes AI 교육 시스템과 상호 작용하는 분류를 학생 가르치는 활동, 학생 지원 활동, 교사 지원 활동, 시스템 지원 활동의 네 가지로 분류하였다[34]. 그리고 이 책에서는 다음 표와 같이 세 가지로 제시

수업 중 학생 지원	● 질문/퀴즈 자동 생성 등을 포함한 ITS ● 대화식 튜터링 시스템 ● AI 지속 평가 시스템 ● 언어 학습 시스템
수업 전후 학생 지원	● 지능적인 학습 네트워크 구성 ● AI 협력 학습 시스템 ● 개별적 튜터 시스템 ● 코스 추천 ● 학습 결과 분석 ● 언어 학습 시스템
교사 지원	● ITS+학습자 분석 ● 서술형 평가 및 종합 평가 ● 표절 상시 감시 ● 학습자 커뮤니티 모니터링 ● 학생 집중도 및 감정 모니터링 ● AI 교수 지원(교사 역할) ● OER 콘텐츠 추천

지능형 학습 시스템 기능 분류

하였다.

이 표는 전통적인 교수학습 방법으로 정의하기에는 정확하지 않지만, 수업이 어떻게 진행되는지 이해하는 데 도움이 되는 내용을 담고 있다. 수업 중에는 학생 지원이 개별화, 상시 평가 체제, 음성 언어 처리 및 피드백의 형태로 이루어질 수 있다. 또한, 인공지능 시스템의 일반화로 인해 접근성이 향상되어, 학생들은 수업 전후 언제든지 이 시스템을 활용할 수 있다. 이는 학생들이 수업 전후에도 인공지능 시스템의 영향을 크게 받을 수 있음을 의미한다.

학생 지원 뿐만 아니라 교사에게도 상당히 많은 시스템적 지원이 있으며 교사는 이를 적극적으로 활용할 수 있는 능력이 요구된다.

이제 보다 구체적으로 지능형 학습 시스템을 활용하는 프로세스에 대해 설명하고자 한다. 특히 한국에서는 지능형 학습 시스템이 내장된 디지털 교과서 형태가 일반화되고 있다. 이러한 디지털 교과서에는 텍스트와 이미지를 생성하는 AI가 포함될 수 있다. 따라서 디지털 교과서를 기반으로 한 수업은 다양한 인공지능 응용 시스템을 활용하는 교수학습 방법으로 볼 수 있다. AI를 내장한 디지털 교과서의 주요 특징 중 하나는 학습자와 학습 수준을 모니터링하여 개별화된 학습 전략을 제공하는 것이다. 물론, 학습자를 효과적으로 모니터링하려면 이러닝 환경이 필수

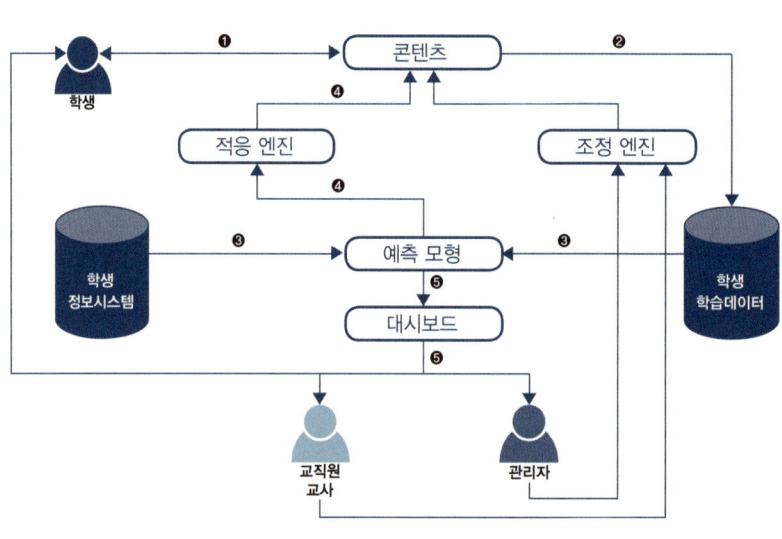

지능형 교수 시스템의 전체 프로세스

적이다. 옆 페이지에 제시된 그림은 지능형 학습 시스템을 활용하는 절차를 나타내는 것으로 자동화 수준이 매우 높은 프로세스를 제시하고 있다. 물론 교사가 학습 수준을 모니터링하고 이에 대한 피드백을 제시할 수는 있지만, 교수자의 역할은 매우 축소되어 있다. 하지만 아래의 그림은 교실 공간에서 지능형 시스템을 이용하는 절차를 제시한 것이고 교수자의 역할은 상황에 따라 달라질 수 있다.

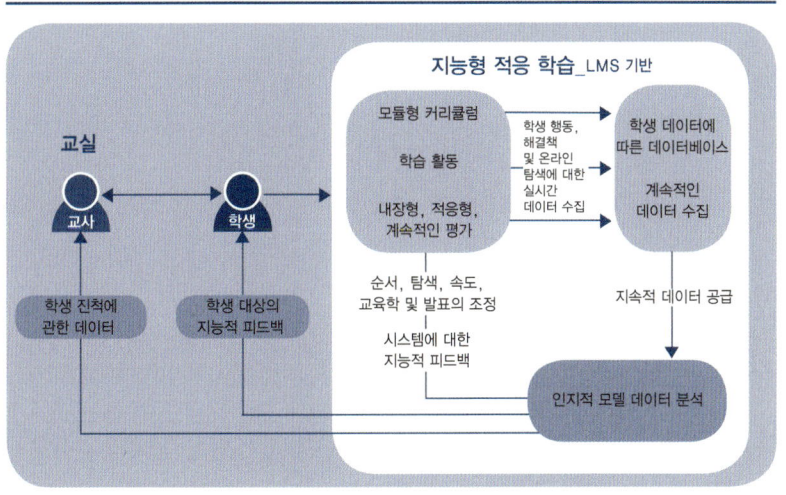

교실 공간에서 지능형 학습 시스템 이용 구조도

이와 같이 디지털 교과서 또는 지능형 학습 시스템을 이용하는 교수학습 환경은 여러 형태로 나타날 수 있다. 위의 그림에서 학생들은 지능형 시스템을 통해 학습하기도 하지만 교사와의 상호 작용도 이루어지는 교수학습의 형태이다. 이러한 절차에서 교사는 지능형 시스템에서 나오는 각종 결과물을 효과적으로 활용하는 역량이 요구된다. 또한 시스템 기반 교수 방법 전개도 중요하지만, 위의 그림에서는 시스템 수업의 결과물을 효과적으로 이용할 수 있는 역량이 필요한 것이다.

다음은 위와 같은 프로세스로 수업이 이루어질 때 요구되는 교수학습 방법에 대한 것이다. 여러 가지 교수학습 방법이 필요할 수 있지만 본 책에서는 개인화, 적응형, 역량 기반 학습 등 세 가지를 가장 중요한 방법으로 제시하였다.

가. 개인화 수업

- 개인화(Personalized) 학습은 학습자가 필요로 하는 내용, 흥미, 관심사, 그리고 지속적인 성과를 위해 학습 목표, 학습 경로와 학습 속도를 최적화하는 하는 학습 방법임
- 개인화 학습은 1800년대부터 나온 개념으로 학습자 자신의 학습 속도로 학습할 수 있는 방법으로 제시되었음
- 개인화 학습(Personalized Learning)은 개별화 학습(Individualized Learning)과 유사 개념으로 전자는 인지 영역과 함께 개인의 학습 방법, 선호도 등도 포함된 개념이고 후자는 인지 역량만을 개별화 요소로 제시하고 있음[7]
- 지능형 시스템을 이용한 학습은 개별화보다는 개인화 성격이 강함
- 그것은 현재의 심리 상태, 학습 이력, 적극성 등도 포함해서 학습 분석을 제시하고 그에 맞는 학습 경로를 추천하기 때문임
- 개인화 학습은 다양한 배경을 가지고 있는 학생들에게 높은 성취도를 제공할 수 있는 우수한 수업 방법이지만 현실적으로 실현이 어려운 방법이었음. 그런데 지능형 학습 시스템의 발전으로 개인의 다양한 요구를 즉각적으로 처방해 줄 수 있는 체제인 개인화 학습이 현실화되고 있음

나. 적응형 수업[6, 7]

- 적응형(Adaptive) 학습의 기원은 1950년대 Skinner와 관련이 있는 것으로 해석하고 있으며 1970년대 AI가 확대되면서 부각되기 시작하였음
- 적응형 학습은 1970년대에 AI의 대중화와 같이 나타난 개념
- 적응형 학습은 학습자의 요구에 따라 학습 내용에 대한 이해와 기억을 용이하게 하기 위해 컴퓨터와 기술을 사용하는 교육 방법으로써 테크놀로지와 같이 생성한 개념임
- 개인화, 맞춤형, 역량 기반은 테크놀로지와 상관없이 학생 개개인의 특징과 능력에 맞게 수업을 전개한다는 수업 방법임
- 특히 현재의 머신러닝 개념 자체가 적응형 매커니즘이라고 할 수 있기 때문에 적응형 학습 체제는 현재의 데이터 기반 AI 시스템 기반 학습에 가장 어울리는 학습 방법이라고도 할 수 있음
- 적응은 학습자의 역량, 반응에 따라서 변화한다는 것인데 변화하는 내용은 '학습 내용', '학습 경로', '학습 평가' 세 가지로 제시할 수 있음

다. 역량 기반 수업

- 국내의 교과 내용보다 개인 역량을 중시한다는 역량 중심 교육 과정과 일맥상통하는 성격이 있음
- 국내의 역량 중심 교육 과정은 학문보다 개인의 능력을 중시하는 목표 수립이 중요하다는 개념임
- 시초는 1960년대에 촘스키가 언어 교육에서 사용했다는 논문도 있으며 미국의 교사 교육 프로그램, 직업 교육 프로그램에서 시작되었다는 설도 있음[10]
- 지능형 시스템 활용 학습과 관련 학습 방법으로서 역량 기반 교육은 시간이 지나가면 다음 학습 내용을 배우는 개념이 아니라 학습 내용을 습득할 때까지 학업을 지속 수행하는 개념임
- 같은 장소와 시간에서 유사한 연령 구조의 프레임 공간에서 탈피하여 개인에게 필요한 교육 내용을 제공하는 교육 방법임

AI 응용 시스템과 생성형 AI 활용 교수학습 방법

인공지능을 이용한 교육에서 반드시 머신러닝 절차를 이용해야 하는 것은 아니며, 인공지능 응용 시스템을 활용할 수도 있다. 인공지능 응용 시스템은 일반적으로 임베디드 AI와 클라우드 기반 AI로 구분할 수 있으며 구체적인 사례는 다음 표와 같다. 임베디드는 주로 독자적인 AI 어플리케이션을 하드웨어에 내장시킨 시스템으로써 일반 사물 또는 기존 전자 제품이나 로봇과 같은 새로운 하드웨어를 의미한다.

임베디드 AI	• 스마트 스피커 • 스마트워치 • 웨어러블 AI
클라우드 기반 AI	• 생성형 AI • 개인화된 학습 플랫폼 • 평가 시스템 • 각종 음성, 영상 분석 AI 응용 SW • 협업, 공유, 제작 지원 응용 SW

AI 응용 시스템 분류와 사례

위의 시스템을 이용하는 것은 머신러닝에 대한 이해도가 낮은 수준이어도 이용 가능하다. 최근 이와 같은 어플리케이션을 수업에 활용하는 절차를 '에듀테크'라고 일컫고 있으며 이것은 기존 ICT와 정보통신기술 활용 용어와도 일맥상통한다. ICT와 정보통신기술에서 주로 활용하고자 한 디지털 도구는 디지털 문서 제작 도구, 인터넷 등이다. 또한 에듀테크에서도 디지털 문서 제작 도구를 이용하지만 이용할 수 있는 도구의 범위가 확장된 수준이라고 할 수 있다. 이런 에듀테크 또는 AI 응용 시스템 활용의 수업 효과는 기존 수업 목표를 효율적으로 높여주는 수준에서 나타날 수 있다. 즉 기존 수업 목표의 도달 수준을 보다 쉽게 성취할 수 있다.

이것은 기존의 ICT 활용 및 교육용 소프트웨어 활용과 유사한 측면이 있다. 물론 생성형 AI나 이미지 분석 등 기존의 소프트웨어로 할 수 없었던 역할이 광범위하게 나타나기 때문에 ICT 활용과 바로 비교하기 어려운 요소가 있지만 기본적으로 수업 목표 달성의 효율화라는 관점에서는 유사하다고 할 수 있다. 중요한 점은 AI 응용 시스템을 활용함으로써 수업 목표 수준의 심화 수준, 학습자 활동의 강화 정도, 수업 목표 달성의 효율성 수준 등이 확인돼야 한다. 국내의 ICT 활용의 한계에서 중요한 점은 다소 과도하게 동기 유발에 집중한 측면이 있기 때문에 그 활용의 효율성 측면에서 폭넓게 인정받기 힘든 면이 있었다. 이에 AI 응용 시스템의 활용에서 중요한 점은 활용 자체가 중요하기 보다 그 시스템을 활용함으로써 어떤 변화가 나타났는지에 대한 분석과 평가가 필요하다. 위의 표에서 제시하고 있는 바와 같이 AI 응용 시스템은 다양한 유형이 있지만 생성형 AI 시스템의 영향력이 가장 크고 활용 범위도 광범위하기 때문에 이 단원에서는 생성형 AI 활용에 대해서 집중적으로 기술해 보고자 한다. 생성형 AI 시스템도 일종의 AI 응용 소프트웨어라고 할 수 있지만 전 산업 분야와 교육 분야에서 미치는 영향력이 대단하기 때문에 별도로 분류할 필요가 있다. 생성형 AI가 교수학습과 교사의 업무에 가져다주는 변화는 광범위하고 파괴적인 수준이라고 할 수 있다.

다음 표는 생성형 AI가 제공할 수 있는 교수학습 효과를 분석한 것이다. 교수학습 전후 효과라는 것은 교사 중심의 관점이라고 할 수 있다. 수업 전후 단계는 기획하고 정리하는 시간이기 때문에 학생들이 생성형 AI를 사용하면서 나타나는 돌발 변수를 고려하지 않아도 된다.

주요 내용	설명
수업계획 오버뷰	● 수업 목표, 수업 활동 주요 내용, 평가 계획이 포함돼 있는 전반적인 수업 계획에 대한 도움
질문과 토론 주제 설정	● 학습 내용에 대해 질문 및 토론 목록 요청
학습지 작성 지원	● 다양한 형태의 문제 및 학습 절차, 학습 내용을 설명하는 학습지 작성 요청 ● 학습 내용에 대한 슬라이드 목록 작성 요청
평가 문항 개발 지원	● 퀴즈 등 단답형 평가와 에세이 및 루브릭 평가 척도표 제작 요청
오개념 분야 파악	● 일반적인 오개념과 학생들이 힘들어할 수 있는 학습 내용에 대한 파악
교구 기자재 파악	● 수업에 필요한 교구 및 환경에 대한 조언
평가 및 피드백	● 단답형 퀴즈, 에세이 보고서에 대한 평가와 피드백

교수학습 전후 텍스트 생성형 AI 활용 효과[43-46]

위의 도표에 따르면 전체 수업 계획에서부터 평가 문항 개발과 채점에 이르기까지 생성형 AI를 활용할 수 있다. 가장 두드러진 영역은 평가 문항 개발이라고 할 수 있다.

간단한 퀴즈에서부터 복잡한 루브릭형 평가 문항 개발까지 가능한 점을 다수의 선행 연구에서 제시하고 있다. 그 이외에 전술한 바와 같이 사전에 학생의 오개념 파악, QnA 시나리오 작성 등에 활용할 수 있다. 또한 학습 결과물에 대한 평가와 피드백에 이용할 수 있다. Anastasia Olga et al.(2023)은 인간 교사와 챗GPT 평가 및 피드백을 비교하는 연구에서 인간 강사가 우위에 있다는 점을 제시하면서도 챗GPT 피드백의 일관된 평가 능력을 제시하였다[11].

다음 그림은 위 연구에서 학생들의 만족도를 분석한 것이다. 이 그림은 인간 강사의 피드백이 우수한 점이 있으나, AI의 피드백보다 큰 편차를 보여주고 있다. 그리고 이 그림에서 챗GPT는 학생들의 불만족도를 최소화하는 모습을 보여주고 있다. 이것은 AI 피드백도 교사의 업무를 보

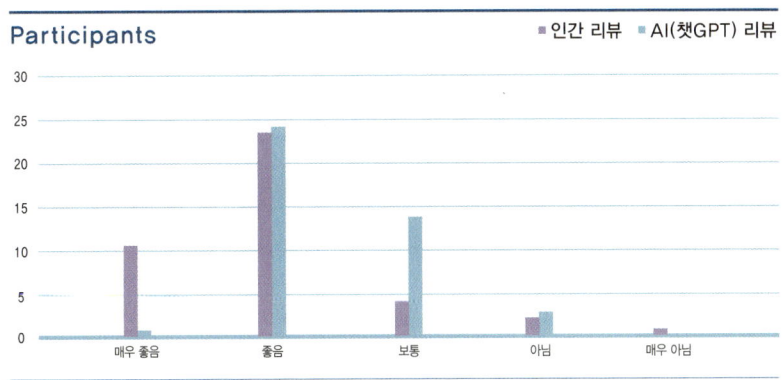

대학생 보고서에 피드백에 대한 인간 VS AI 비교

완해 줄 수 있는 점을 내포하고 있다. 단 이 실험은 대학생 보고서에 대한 것이다.

다음은 교수학습 과정에서의 생성형 AI 활용 효과에 대한 것이다. 생성형 AI는 수업 중에 학습자의 다양한 활동을 촉진할 수 있으며 구글에서 검색한 주요 내용을 다음 표에 요약하였다[11-16]

주요 내용	설명
독해 도구	● 학생이 교과서 지문, 신문 등 외부 지문을 가져와서 요약 정리 및 해석을 위한 지원 요청
단어 정의 확인	● 학생이 즉각적으로 문장 속의 단어의 뜻, 의미 등을 다양한 수준에서 확인 가능
보고서 쓰기 지원	● 학생이 특정 주제에 대한 글쓰기 과정에서 부분, 전체에 대한 아이디어와 구체적인 문장 예시 확인 가능
문법 오류 체크	● 학생이 문장 및 단락 단위로 입력하여 문법적 오류를 검토받을 수 있음

교수학습 중 텍스트 생성형 AI 활용 효과

전술하고 있는 바와 같이 교수학습 과정 중에 생성형 AI의 사용은 학습자의 활용 비중이 크다고 할 수 있다. 또한 학습자가 활용하기 위해서는 교사의 허락이 필요하며 제한적인 사용이 가능하다고 할 수 있다. 그리고 교수학습 과정에서 가장 일반적으로 추천되는 생성형 AI 사용법은 다양한 형태의 글쓰기 활동에서 예시 문장 요청, 글쓰기 전체 개관 예시 요청이라고 할 수 있다.

교사가 학습자의 보고서에 대한 개별적인 피드백을 수행할 수도 있지만, 수업 중에 모든 학생 대상으로 즉각적인 피드백은 곤란하다. 또한 위의 Anastasia Olga 등의 연구와 같이 교사의 피드백은 편차가 클 수 있다. 이때 생성형 AI는 일관되며 효과적으로 학습자 보고서에 대한 피드백을 수행할 수 있다. 즉 글쓰기 지원, 외부 글의 요약 및 평가가 일반적인 학습 과정에서의 텍스트 생성형 AI의 잠재적인 역할이라고 할 수 있다. 그리고 특정 영역에서 생성형 AI는 더욱 다양한 역할을 수행할 수 있다. 즉 생성형 AI는 학습자의 코딩 지원, 작곡 지원, 가상의 인물과의 대화 등의 활동도 가능하다[17].

다음은 생성형 AI를 수업에서 활용할 때 고려해야 하는 사항에 관한 것이다. 교수학습에서의 챗GPT 등의 생성형 AI를 이용하는 것은 여러 가지를 고려해야 한다. 학습 결과도 중요하지만 학습 과정에서 얼마나 유의미한 학습이 나타났는지 검토해야 하기 때문이다. 이에 대해 Olivia는 다음 네 가지를 제시하였다[17].

이상의 생성형 AI를 수업에 활용할 때 고려해야 하는 사항 네 가지는 문제 해결을 위해 AI에 지나치게 의존하는 것, 인간 관계의 축소, 편향과 부정확성, 보안과 개인정보 유출이다. 특히 Olivia는 문제 해결을 위해 지나친 시스템, AI 등에 의존할 경우 학생의 사고 활동이 진전될 수 있는가를 고려해야 한다고 제시하였다. 또한 Kelly Treleaven(2022)은 일종의 부정 행위, 진정한 학습에 대한 위협, 학습자의 글을 왜곡하여 SNS에 전달 등의 문제가 나타날 수 있음을 우려하였다[32].

1. 학습에 대한 새로운 관점이 필요하다.

Bill Cope 등(2022)은 인간의 지식이란 개인적인 저장 장치 즉 자신의 두뇌에서부터 나올 수도 있지만, 기계와의 상호 작용(Cyber-Social)을 통해서 나올 수 있다고 제시하였다[33]. 즉 인간의 지식이란 기본적으로 자신의 뇌와 신체에서 비롯된 것으로 인식되어 왔다. 하지만 인공지능 시대에 인간의 지식은 새로운 방식으로 형성될 수 있다는 점이다. 그것은 기계와의 상호 작용을 통해서 지식을 구성할 수도 있다. 이는 'cyber-social 체제'라고 불리는 시스템에서 기계 지성과 인간 지성이 상호 작용하여 형성되고 발전한다는 개념과 관련이 있다. 일부 선행 연구에서 챗GPT를 학습에 이용하는 것에 부정적인 견해를 보이는 이유 중의 하나가 진정한 학습이 일어났다고 할 수 있는지에 대한 회의적인 관점이 있다. 이것은 Cope의 Cyber-Social 체제 기반 학습 관점을 고려할 필요가 있다.

2. 학습자 참여형 수업에서 생성형 AI 활용의 권고가 필요하다.

블룸은 교육 목표 분류 기준에서 지식, 이해 수준의 학습 목표를 설정하고 학생들의 활동이 적은 강의식 수업에서 생성형 AI의 활용은 부정적인 효과를 극대화시킬 수 있다고 했다.

Jo Adetunji(2023)는 공정하게 학생들이 사용할 수 있는 전략으로 정답을 도와주는 도구가 아니라 학습 과정의 파트너로서 생성형 AI 활용을 제안하였다. 또 프로젝트 활동에서 과정의 중간 단계에서 활용할 경우 효과적이라고 제시하였다[34]. 이와 같은 의견은 생성형 AI에게 요청하는 내용이 수업의 목표와 일치하는 수준의 내용이라면 학생들은 생성형 AI에게 질문을 하는 것으로 수업 목표에 도달할 수도 있기 때문이다. 이것은 AI 시대에 수준 높은 수업, 창의성 향상 수업을 지향해야 한다는 점과 일맥상통한다. 반면에 간단한 이해 수준 도달을 목표로 하는 수업에서 생성형 AI의 사용은 신중할 필요가 있다는 의미이다. 즉 수업 목표 수준이 간단한 상황에서 생성형 AI의 사용은 위의 Olivia 등이 언급한 부정적인 효과가 커질 수 있다.

3. 교사의 프롬프트 작성 능력이 요구된다.

전술하고 있는 교수학습에서의 생성형 AI의 효과는 정교한 프롬프트가 필요할 수 있다. 일반적인 수준에서 질문할 경우 피상적이거나 국내 교육 여건에 맞지 않는 답변이 나오기도 한다. 특히 학생 보고서에 대한 피드백, 평가 등의 활동, 수업 목표 도달에 적합한 가상의 인물과의 대화 등을 이끌어 내기 위해서는 세밀한 질문이 필요하다.

수업에 활용할 경우 교사는 사전에 조정하여 부정적 요소를 최소화할 필요가 있다. Anca Budau(2023)는 '비교 분석, 목록, 단계별, 순위' 등의 다양한 출력 형식에 대한 프롬프트를 제시하였다[47].

이처럼 수업 전후와 실제 수업 단계에서 사용할 수 있는 프롬프트 사용 능력이 요구된다. 세부적인 프롬프트를 작성할 수 있을 때 생성형 AI의 교육적 역할이 현실화될 수 있을 것으로 판단된다. 위의 Anastasia Olga의 연구에서도 챗GPT의 활용을 위해서 학생의 보고서를 세분화하는 등 전처리 작업을 한 후에 비교 분석하였다. 정확한 답변을 위해서는 학생 보고서에 대한 전처리 작업이나 세밀한 프롬프트를 이용할 수 있어야 한다.

4. 기계와 인간의 상호 보완 전략 수립이 필요하다.

인공지능은 완벽하지 않지만 일부 분야에서 인간을 뛰어넘을 수 있으며, 대학생 보고서 피드백에 대한 인간과 AI 비교 연구 결과에서 평균 업무 수행 능력이 우수하다는 것을 증명하기도 했다. 그것은 인공지능 시스템과 인간의 상호 보완이 필요하다는 점이다. 전술하고 있는 바와 같이 생성형 AI는 학습지 개발, 평가 문항 개발과 채점 그리고 피드백 분야에서 분명히 강점을 보일 수 있다. 하지만 학생과의 상호 작용, 토론 활동에서 생성형 AI의 역할은 축소될 수 있다. 즉 생성형 AI가 효과를 발휘하는 영역에서는 적극적으로 활용하며, 부정적이거나 효율성이 떨어지는 영역에서는 그 역할을 축소하는 교사의 전략이 필요하다는 것이다.

머신러닝 활용 교육과 과제

인공지능의 가장 핵심적이며 기초적인 내용을 가르치는 교육 영역은 인공지능 소양(리터러시) 교육이라고 할 수 있다. 그리고 머신러닝 활용 교육은 머신러닝 또는 딥러닝을 교과 내용과 융합하여 가르치는 형태이다. 즉 인공지능과 교과 교육의 목표를 동시에 달성하는 교육 형태라고 할 수 있다. 두 가지 모두 인공지능 교육이라고 할 수 있는데 특히 후자의 경우를 'AI 융합 교육'으로 지칭하고 있다. 이 책에서는 AI 융합 교육의 필요성을 앞서 다루었으며, 이 장에서는 AI 융합 교육의 당면 과제를 살펴볼 것이다. 또한 명확하게 표현하기 위해서 AI 융합 교육을 '머신러닝 활용 교육'으로 제시하고자 한다.

활용 교육에 대한 시도는 지속적으로 이어오고 있으나 실제로는 그 확산이 쉽지 않은 형편이다. 그것은 교사가 인공지능 리터러시를 갖추어야 할뿐만 아니라 머신러닝을 적용할 만한 교육 내용 선정도 쉽지 않기 때문이다. 머신러닝을 기획하고 데이터 수집과 전처리와 모델 수립 그리고 프로그래밍으로 구현한다는 것은 인공지능의 이해 수준이 어느 정도 이상이어야 한다. 또한 각종 툴킷을 사용하여 편리하게 머신러닝을 수행할 수 있다고 하더라도 그에 적합한 단원을 찾아야 하는데 쉽지 않다. 그리고 머신러닝은 다양한 초기 데이터가 많이 필요하다. 예를 들어 다음 표는 초중등학교에서 이용할 수 있는 머신러닝 데이터 예이다.

아래 표에서 날씨 데이터를 제시하였는데, 날씨에 대한 머신러닝을 수행하기 위해서는 관련 단원을 찾아야 하며 날씨 관련 기초 데이터가 각각 대체로 20개 이상씩 필요하다. 다행히 날씨 소재는 관련 단원 찾기가 다른 소재에 비해 비교적 용이하며 수업 목표도 어느 정도 재구성할 수 있을 것으로 판단된다. 하지만 동물 사진, 과일 사진, 각종 소리 클립 데이터를 이용하는 머신러닝은 관련 단원 찾기도 쉽지 않으며 수업

데이터 종류	설명 및 활용
날씨 데이터	최고 기온, 최저 기온으로 다음 날의 날씨 예측
동물 사진	다양한 동물 사진으로 강아지와 고양이 등 분류
과일 사진	다양한 과일 사진을 이용하여 종류 구분
학교 급식 메뉴	요일별 메뉴 기록하여 다음 주 메뉴 예측
꽃 사진	꽃의 종류나 색상에 따라 분류
학생들의 키와 몸무게	키와 몸무게 사이의 관계 예측
도서 대출 기록	어떤 책의 인기도나 계절별 인기 책 분석
계절별 옷 착용 사진	사진의 옷 종류나 색상으로 계절 예측
교통수단 사진	버스, 기차, 자동차, 자전거 등의 교통수단 분류
음악 또는 소리 클립	다양한 소리를 듣고 그 소리의 종류 분류

초중등학생을 위한 머신러닝 데이터 소재

목표 상승 효과를 거두기에 힘들거나 초중등 교육 목표를 뛰어넘는 경우가 대부분이다.

아래의 표에도 나타나고 있듯이 머신러닝, 딥러닝을 하는 이유는 두 가지로 요약된다. 그것은 예측과 분류이다. 그런데 현재 국내 초중등학교 교육 목표 수준은 예측, 분류 활동과는 다소 상관없다. 뿐만 아니라 국내 교육 현실에서 창의적인 수업의 지표 중 하나인 종합, 평가, 제작 활동도 힘든 상황에서 한 단계 더 나아가는 성격을 가지고 있는 예측과 분류 활동은 더욱 부담스러울 수밖에 없다. 이렇기 때문에 세계 각국에서는 인공지능 친화적인 교육 과정으로 개혁하고 있다. 이에 대해 교육과정재설계센터에서는 아래 표와 같이 AI 친화적인 교육 내용을 제시하였으며, 이것은 머신러닝 소재에 적합한 내용이라고 판단된다.

AI 친화적 교육 내용	인간 친화적 교육 내용
반복적이며 예측 가능한 과제	진실한 감정을 교류하며 관계를 구축하기
컴퓨팅 파워가 필요한 과제(계산, 시뮬레이션)	추상적 가치에 따른 의사결정하기
많은 데이터를 입력하고 분류하기	인공지능 시스템이 필요한 데이터를 결정하고 어떤 과제를 수행해야 하는가를 결정하기
구체적인 규칙에 의한 의사결정하기	

머신러닝 통합에 친화적인 교육 내용 분류

위의 표에서 컴퓨터의 파워가 필요한 교육 내용, 구체적인 규칙에 의한 의사결정할 수 있는 교육 내용은 초보 머신러닝 활동 단계에서 교과와 연계하여 적용하기에는 더욱 어렵다고 판단된다. 이에 머신러닝 소재로 중요한 영역은 반복적으로 나타나는 현상과 많은 데이터를 다루는 교육 내용이라고 할 수 있다. 전술하고 있는 바와 같이 머신러닝의 목적인 예측, 분류, 분석, 제작 등의 활동을 기반으로 이루어질 수 있는데 현재의 국내 교육 과정에서는 분석, 제작 활동도 어려운 여건이다. 즉 국내 교육 여건은 일반적인 문제 해결 학습, 프로젝트 학습을 일상적으로 전개하기 어려운 형편이다. 이런 상황에서 머신러닝 절차와 교육 내용을 통합하여 수업을 전개하는 것은 소재를 찾기도 어려우며 소재를 찾은 후에도 수업 목표 상승 효과를 거두기에도 쉽지 않다는 점이다. 또한 수업 목표 상승 효과를 뛰어넘는 비약 수준의 목표 설정이 요구되는 상황이라고 할 수 있다. 뿐만 아니라 머신러닝 절차는 PC 실습을 요구하며 수많은 시행착오를 수반하게 된다. 이것은 하나의 머신러닝 활용 수업을 전개하기 위해서 많은 수업 시간을 소요하게 된다. 시범 수업 차원에서 AI 융합 머신러닝 수업을 전개할 수 있지만, 일상적으로 교사가 정규 수업 시간에 일반 교과와 머신러닝을 융합하는 수업을 전개하기란 더욱 어려움이 따를 수밖에 없다. 그리고 머신러닝 활동은 처음부터 예측, 분류 활동을 위해서 수행하는 것이기 때문에 적당한 수준에서 도입해 운영하기에 곤란하다. Ruben Puentedura는 SAMR모델로 4단계 교육과 기술 통합 모델을 제시하였으며 ICT 활용에서는 그 논리가 합당하였다. 그런데 머신러닝을 이용할 때는 SAMR모델 적용이 어려운 것으로 판단된다.

이것은 학급이나 학교 차원에서 교육 과정을 재구성하는 차원을 뛰어넘어 국가 차원에서 대대적인 교육 과정 개편과 운영 방식에 혁신적인 변화가 수반되어야 AI 융합 수업을 전개할 수 있을 것으로 판단된다. 교육청과 교육부에서는 많은 교원 연수를 수행했고 다양한 인프라를 보급했기 때문에 이제 인공지능 소양 및 활용에 대해서 교사에게도 그 책임을 부과하고 있는 상황이다. 그런데 이러한 점은 신중하게 생각할 필요가 있다.

현재 수준에서 AI 융합 교육 활성화는 창의적 체험 활동, 교육청 단위 수준에서 자율적으로 운영할 수 있는 교과 및 교사 수준에서의 재량 활동 등에서 이루어지는 것이 보다 현실적이다. 또한 각종 도구를 이용해서 머신러닝 절차를 간소화해서 진행할 수 있는 방법을 지속적으로 강구할 필요가 있다. 그리고 머신러닝의 목표인 예측과 분류 중에서 분류가 현재 교육 내용 수준에서 좀 더 현실적이다.

분류 활동은 기존 초중등학교 학습 내용에 일부 나타나고 있기 때문이며 초중등 교육에서 예측, 예상, 예견 등의 학습 목표와 유사한 사례를 찾아보기 힘든 상황이다. 머신러닝 친화적으로 교육 내용을 개선한다면 예측, 분류 활동이 원활하게 나타나게 교육 목표를 심화시키는 작업이 필요하다.

머신러닝 교육을 일반 교과 목표 달성을 위한 도구의 성격으로 판단하는 것은 신중해야 한다. AI 융합 교육의 관점에서 인공지능이 일반 교과의 수업 목표 달성을 위한 도구로서의 관점은 학습 목표 설정, 수업 시수 확보 등에 어려움을 초래하게 된다. 머신러닝 활동을 위해서는 인공지능 개념과 PC 실습 역량도 요구되며 일반 교과의 목표와 동등한 수준에서 목표 달성도를 평가하는 과정이 필요하다는 것이다. 인공지능 시대의 교사와 학생들에게 인공지능을 가르쳐야 하는 것이 중요하다면 융합의 관점으로 교육 과정에 통합하되, 그것이 일반 교과의 목표 달성을 위한 종속적인 관점으로 인식하는 것에서 탈피해 인공지능 개념과 실습을 습득하는 과정으로 보는 관점이 요구된다.

AI 활용 교육 평가

학교 교육에서 학생 평가는 지필 평가보다 관찰, 인터뷰, 포트폴리오 등 대안 평가의 필요성에 동의하면서도 현실적으로 실천하기 어려운 점이 있다. 그렇지만 AI 시스템은 일상적인 학생 관찰과 대화와 기록이 매우 편리하게 이루어지기 때문에 평가의 질을 획기적으로 개선할 것으로 보인다. Tuomi의 교사 직무 자동화 평가 의견에서도 평가 영역은 자동화 대상이 높은 분야로 선정된 바 있다[2]. 또한 실제 AI 평가 솔루션들이 기업의 인재 채용, 선발 시험에 활용되고 있어서 AI 기반 평가 체제는 학교 교육에 빠르게 도입될 것으로 판단된다. 특히 구글 클래스룸, MS팀즈 등의 디지털 교실을 구현하는 솔루션의 일반화로 대면 수업에서도 과제, 평가는 디지털 포맷으로 편리하게 제출 가능하므로 평가 자동화는 더욱 빠르게 가능할 것으로 보인다. 디지털 문서로 저장된 자료는 에세이 보고서 평가까지 가능하다. 또한 AI 기반 평가 체제는 지속적인 수행 평가가 가능하므로 별도의 평가 시간 설정이 필요하지 않다. 물론 현재의 체제에서 당장 지속적인 수행 평가와 피드백은 어려운 측면이 있다. 또한 평가자의 개인적인 판단과 감정을 최대한 배제한 채 평가 활동을 수행할 수 있다. 그런데 지속적인 학습자 관찰과 피드백 체제는 향후 발전 방향이며 현재 수준에서 가능한 AI 활용 평가는 특정 시간을 할애해서 진행하는 객관식, 주관식 평가에 대해서 객관적이며 빠른 속도의 평가 활동이 가능하다는 점이다. 코로나로 인해 온라인 교육의 강화와 AI 기반 평가를 실시한 영국에서 학생들의 항의가 이어진 것으로 나타났다. 7학년 역사 수업 시험 문제는 "콘스탄티노플의 위치가 어떻게 부유하고 번영하는 데 도움이 되었습니까?"였으며 일부 채점에 문제가 있었던 것으로 인터뷰 결과가 나타났다[31]. 이처럼 현재의 AI 기반 평가 체제는 최종 결과로 바로 활용하기에 리스크가 있을 수 있다. 이를 위해 최종적으로 인간 교사가 판단하는 절차를 가져야 할 것이다. 그런데도 현재 수준에서 AI 기반 평가 체제는 혁신적인 방법을 제공해 줄 수 있다. 미국 교육부(2023) 보고서는 AI 기반 평가 체제의 핵심에 대해서 즉각적인 피드백이 가져다주는 효과에 대해서 집중적으로 분석하였다[48].

이 보고서는 AI를 통해 실시간으로 이루어지는 교육적 피드백이 학습자와 교사 모두에게 유용한지에 대한 의문을 제시했다. 하지만 결과적으로 이러한 피드백은 학습자들이 더 효과적으로 학습하고 교사가 학생들을 지원하는 데 도움이 될 수 있다고 했다. 학생이 답답하거나 혼란스러울 때 도움을 요청하고 피드백을 받을 수 있다면, 학생의 혼란을 감소시킬 수 있으며, 이를 통해 학생들은 안정감과 자신감을 가질 수 있다. 그리고 이러한 AI 지원 시스템이 생성한 피드백에 대한 신뢰가 형성되면서 AI 시스템은 학습에 더욱 효과적으로 기여할 수 있다. 또한 AI 기반 평가 활동으로 교사는 시간을 절약할 수 있으며, 교사가 볼 수 없는 학생의 강점, 학습 내용을 마스터하기 위한 권장 사항을 제공함으로써 평가 효과를 극대화할 수 있다.

교실 밖에서도, 교사 없이 학습자에게 피드백을 제공할 수 있는 시스템이 있다면 (예를 들어, 숙제할 때나 개념을 연습할 때) 학습자에게 큰 도움이 될 수 있다. 하지만 실제로 AI를 이용한 평가를 수행할 때, 교사는 인공지능 시스템의 장단점을 잘 이해하고 있어야 한다. 에세이 채점의 경우를 예를 들면, 학생들이 능숙한 작가로 성장하기 위해서는 정기적이고 구체적인 피드백이 필수적이다. 그러나 에세이 검토 및 피드백 제공은 인간 교사에게 많은 시간을 요구하는 작업이다. AI는 에세이의 일부만 분석할 수 있으며, 인간 교사가 쉽게 파악할 수 있는 길이나 적절한 키워드를 사용하지 않은 의미 없는 문장에 대한 피드백을 제공하는 데 어려움이 있을 수 있다. 즉, AI는 인간이 쉽게 처리할 수 있는 평가 활동에 대해 어려움을 겪을 수도 있다는 점을 교사는 인식해야 한다. 또한, AI를 통한 평가에서의 편향과 공정성 문제는 기존의 평가 방식에서 나타나는 문제와 유사하지만, AI를 통해 새로운 차원의 문제로 확대될 수 있어 이에 대한 대응이 더욱 중요하다. AI를 통한 평가는 인간 평가자와는 다른 방식으로 편향과 공정성 문제를 야기하거나 확대시킬 수 있다. AI 시스템은 대규모 데이터를 기반으로 작동하지만, 이 데이터는 편향된 경향을 가질 수 있다. 따라서 교사와 교육 기관에서 AI를 사용할 때는 데이터 수집 및 처리 단계에서부터 편향을 감지하고 수정하는 방법에 대한 고려가 필요하다. 또한 AI 시스템의 설계와 평가 과정에서 공정성을 확보하기 위한 노력이 필요하다. 한편 Thomas K. F. Chiu는 그의 연구에서 인간 교사가 평가하기 어려운 영역에 대해서 상대적으로 쉽게 평가할 수 있는 AI 시스템에 대해서 소개하고 있다[49].

이 연구에서는 형성 평가를 위해서 다음의 일곱 가지 평가 방법을 사용할 수 있는데 기존 형성 평가에서는 현실적으로 1번의 관점에 치우쳐 있었지만 챗GPT의 등장으로 나머지 항목에 대한 평가 가능성이 커졌다고 제시하고 있다.

(1) 수업 복습을 위한 과제
(2) 수업 활동 중 관찰
(3) 반성 일지
(4) 즉석 질문 및 답변 세션
(5) 교사와 학생 간의 회의
(6) 비공식적인 학생 공유/발표
(7) 학생의 성과 및 학습 진행 자체 평가

AI와 직업의 변화

인공지능 기술은 우리의 일상생활을 편리하게 변화시키고 있지만 파괴적인 혁신이라는 문구가 나타나고 있듯이 그 분야가 광범위하여 직업 사회에도 많은 영향을 미치고 있다. 이 장에서는 AI로 인한 직업 사회에 변화에 대해서 기술해보고자 한다. 교육의 목적에는 학생의 미래 사회에 적응력을 향상시켜주는 것이 있다. 인공지능의 파괴적인 혁신으로 인하여 미래 직업 사회가 어떻게 변화하는지에 대한 원리에 대해서도 학생들에게 제공해 줄 필요가 있다. 그것이 미래 사회의 적응력을 향상시켜주는 계기가 될 수 있을 것이다.

1. 자동화와 실업률의 관련성

교육의 큰 목적 중의 하나는 산업 사회에서 필요로 하는 인력 양성일 것이다. 이에 교육 정책은 인공지능이 업무와 고용을 어떻게 변화시킬 것인지에 대한 분석은 중요하다. 그리고 교육분야 이전에 경제학자들은 이에 대해 연구를 진행했으며 기계에 의한 자동화가 실업률을 증가시키는지에 대한 연구를 진행하였다. 기술 진보의 효과에 대한 연구의 증가로 실업률에 대한 증거는 엇갈리고 있으며 해당 문헌을 다음과 같이 정리할 수 있다.

연구자	AI가 실업률에 미치는 영향에 대한 연구 결론
Georgieff, Milanez (2021)	● 자동화 위험이 높은 직업 선정 후 7년 후 분석했는데 자동화에 노출된 직업이 다른 직업보다 고용 성장이 약하며 고용 수준이 약간 감소한다고 결론
Felten et al.(2019)	● 인공지능이 고용에 영향을 미치지 않는다고 결론
Acemoglu et al. (2020)	● 온라인 공석(구인 중인 직업)에 대한 데이터를 사용했으며 AI 노출과 고용 및 임금 사이에 상관 관계가 없음을 발견
Webb (2019)	● 자동화 기술에 대한 노출이 많은 직업이 고용과 임금 감소를 경험한 것으로 결론
Bessen et al.(2019)	● 자동화가 근로자의 퇴사 가능성을 높인다는 결론

인공지능이 실업률에 미치는 영향에 대한 연구 결론[50]

인공지능의 자동화로 인한 실업률에 대한 해외 학자들의 전체적인 결론은 양분된다고 할 수 있다. 하지만 Georgieff 등의 연구는 특정 분야에서만 상관 관계를 분석하였으며 전체 산업의 실업률에 대한 상관 관계 분석은 이루어지지 않았다. 인류는 산업 발전이 이루어지면서 점차적으로 농업 분야에서 제조업 분야로 다시 서비스 분야로 노동 인력이 이동하는 사례가 나타났다. 즉 자동화로 인한 노동 생산성 신장이 실업률을 증가시키지는 못하는 것으로 나타났다. 실업률이 증가하지 않는 것은 새로운 산업 분야의 확대와 이에 대한 수요 증대 그리고 인구 증가에 기인한다[2]. Jaures Badet(2021)의 경우에도 자동화로 인하여 일자리는 증가한다고 제시하고 있다[51].

다음은 영국 회계회사 Pwc에 의해 제작되었으며 인공지능에 의해 증가하고 사라질 수 있는 직업 영역을 제시한 그림이다[18].

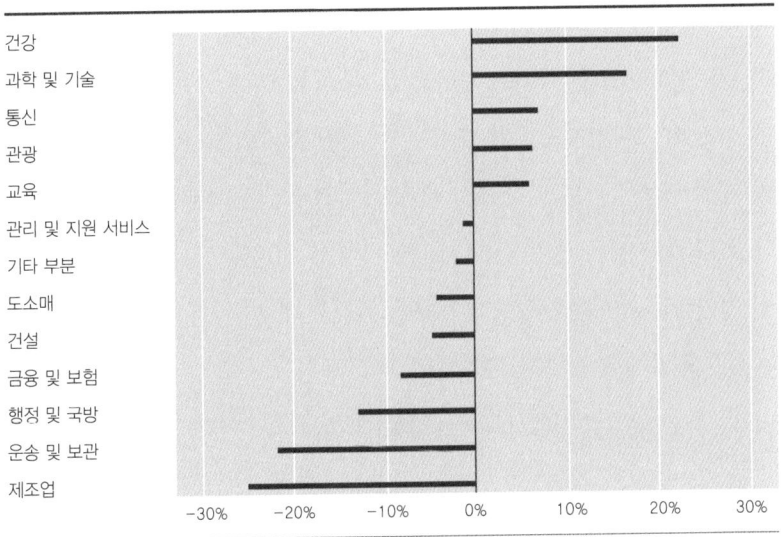

인공지능에 의한 고용 시장의 변화 예측(2017~2037)

이 그림에 의하면 헬스케어 산업에서 새로운 직업이 20%이상 나타난다는 것이며 제조업 분야의 직업은 20% 이상 줄어드는 것으로 해석할 수 있다. 이 이외에 교통, 공공 분야 일자리도 줄어들 것으로 예측했다. 위의 그림에서 의미하는 것은 인공지능에 의한 일자리 감소보다는 일자리에 이동이 일어난다는 것이다.

Tuomi의 경우에도 산업 사회 전체 관점에서 실업률은 증가하지 않고 노동 인구가 새로운 산업, 확대되는 산업으로 이동한다는 점을 제시하였다. 아울러 국가 간의 이동도 크게 나타나서 전 인류의 관점에서 보면 인공지능의 자동화로 인한 실업률은 증가하지 않는다고 할 수 있다. 2020년에 개최한 세계경제포럼(WEF)에서는 2025년까지 15개 산업 분야에서 8,500만 개의 일자리가 AI 자동화로 인하여 축소될 것이라고 제시하였다. 특히 데이터 입력, 회계 및 관리 지원과 같은 영역의 감소가 클 것으로 설명하였다. 그리고 Mike Thomas(2022)가 제시한 글에 의하면 세계경제포럼의 의견에 동의하며 실제 2000년 이후에 170만 개의 제조업 일자리가 감소했다고 제시하였다. 하지만 WEF보고서는 2025년까지 인공지능 자동화에 의해 9,700만 개의 일자리가 창출될 것이라고 제시하였다. 이와 같은 의견은 인공지능 자동화에 의해 전체적인 인간의 일자리는 늘어날 것으로 제시하고 있는 것이라 할 수 있다[16]. 또한 포브스지에 게재된 Amit Chowdhry(2019)의 글에 의하면 2022년까지 50만 개의 새로운 일자리가 인공지능에 의해 만들어지는 것으로 기술했다[17].

그런데 AI에 의해 직업 이동이 나타날때 많은 노동자들의 삶의 질이 하락하고 기계에 의해 지배당할 수 있다. 이에 대해 미디어 학자 Ruskoff는 프로그래밍을 하지 않으면 프로그래밍이 된다라는 상징적인 표현을 사용한 바 있다. Ruskoff의 발언은 2010년대에 나타난 것이며 인공지능이 크게 영향을 미치지 못하는 시대였다. 2010년대는 인터넷 시대였으며 SNS의 활발한 사용이 있었다. 지금 그의 발언이 다시 회자되는 것은 인공지능 시대에 더욱 많은 근로자들이 기계에 의해 조정되는 생활을 할 수 있기 때문이다. 즉 직업은 인공지능에 의해 일방적으로 줄어들지 않는다는 점이다.

역사적으로 이에 대한 충분한 준비 부족으로 산업혁명에서 수백만의 사람들이 목숨을 잃었다. 그것은 많은 사람이 도시로 몰려들었고 비참한 생활을 하는 사람이 많이 나타난 사례가 있다. 이와 같은 점은 인공지능이 인간의 삶에 많은 영향을 미칠 수 있음을 시사하고 있으며 사전에 직업 구조에 관한 충분한 연구가 필요한 것이다.

2. 인공지능과 자동화 직업 영역

구체적으로 어떤 영역에 인공지능이 많은 영향을 미치는가에 대해서 Frey&Osborn의 연구가 있다. 이들은 인공지능, 컴퓨터가 인간의 직업 활동에 어떻게 영향을 미치는 것을 확인하기 위해 직업 활동을 분석하였으며 이를 위해 직업 분류 사이트(https://www.onetonline.org/)에서 직업의 책무를 분석하였다. 그리고 인공지능, 로봇공학 전문가들과의 협의를 통해 현재 기술 수준에서 병목 현상이 나타나는 책무 요소를 확인하였다. 즉 병목(bottleneck)이란 직무를 확인하였을 때 로봇, 인공지능으로 그 직무를 대체하기에 어려운 활동이란 의미로서 자동화가 어려운 요소라고 할 수 있다. 이 연구는 2003년부터 2007년까지 진행됐는데 가까운 장래에 미국 직업의 절반 정도가 자동화에 노출돼 있다고 분석하였다. 이것은 전술하고 있듯이 교육 시스템에 심각한 변화를 요청하고 있는 것이라 할 수 있다. 즉 Frey&Osborn의 연구에 의하면 인공지능이 노동 시장에 막대한 영향을 미칠 것이기 때문에 현재의 교육 정책과 계획은 새롭게 재구성되어야 한다는 것이다. 이것은 AI가 만들어 내는 자동화 사회를 대비해서 교육의 내용과 역할을 전면적으

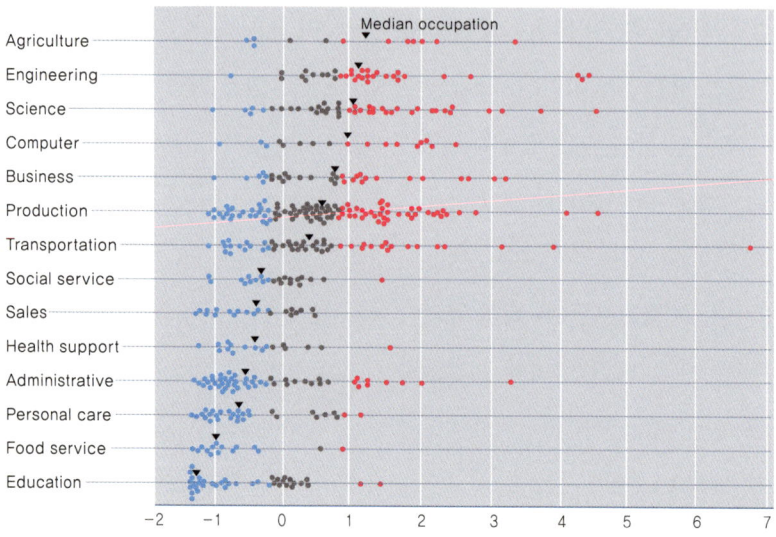

산업별 자동화 노출 수준

로 재고해야 하는 점을 의미한다.

부르킹스연구소에서도 자동화에 노출돼 있는 직업군을 분석하였으며 위의 그림은 일부 직업 영역을 제시한 것이다. 위의 그림은 보고서의 일부를 제시한 것이며 보고서는 총 22개의 직업군에 대하여 인공지능의 자동화 영역에 노출된 정도를 제시하였다. 높게 나타나는 직업군은 공학, 과학, 생산, 운송 직업군이며 낮은 부분은 개인 의료 지원, 교육부, 음식료 업종군으로 제시하였다. 왼쪽의 파란색 부분은 자동화 가능성이 약한 부분이고 오른쪽 빨간색 부분은 자동화 영역이다. 같은 직업군에서도 구체 활동에 따라서 나누어지는 것을 나타내고 있다.

다음 표는 OECD(2018) 보고서에 나타난 인공지능 자동화로 대체될 가

	높은 자동화 직업 사례	대체 비율	낮은 자동화 직업 사례	대체 비율
1	음식 준비 보조원	64%	ICT 전문가	41%
2	환경미화원	59%	경영 전문가	41%
3	광업, 건설, 제조 및 운송 분야의 근로자	59%	과학 공학 관련 전문가	40%
4	부품 조립 근로자	59%	법률, 사회 문화 관련 전문가	39%
5	운전자 및 이동식 플랜트 운영자(건설 중장비 운전)	58%	의료 전문가(예술 치료사, 레크리에이션 치료사 등)	35%
6	오물 수거 및 초급 근로자	58%	접객, 소매 및 기타 서비스 관리자	34%
7	농림 어업 근로자	57%	행정 관리자	32%
8	고정식 플랜트 및 기계 작업자	57%	최고 경영자, 고위 관리 및 임원	30%
9	식품 가공, 목공, 의류 및 기타 공예 및 관련 산업 종사자	56%	생산 및 전문 서비스 관리자	30%
10	임업·어업·수렵인	55%	교수 전문가	28%

AI 자동화에 의한 대체 가능 최고 및 최저 직업

능성이 높은 직업과 낮은 직업 10개를 요약해서 제시하고 있는 도표다. 위의 도표에 나타난 사례를 보면 자동화 노출 고직업군은 대부분 특정 훈련이나 기술이 필요하지 않은 직업이며 다음 범주가 최소한의 교육을 받은 근로자라고 보고서에서 제시하고 있다.

또한 위의 표에서는 생략됐지만 다음 단계 고위험군은 기계와 상호 작용하는 직업으로 해석하였다. 반면에 자동화에 노출 비중이 적은 직업은 높은 수준의 교육, 사회적 상호 작용, 창의성 그리고 문제 해결과 타인의 배려가 필요한 직업으로 제시하였다.

Tuomi(2019)는 인간 직업의 자동화 모델을 기술 지향과 과제 지향으로 나누어 자동화의 기준을 제시하였다.

첫째, 기술지향 모델(skill-biased model)은 전통적인 관점으로 교육, 경험, 숙련 기술을 갖추지 못한 근로자는 자동화에 취약하다. 이 모델에서 컴퓨터는 낮은 수준의 기술을 필요로 하는 과제에 사용하며 노동자는 해고를 피하기 위해 추가 교육 훈련을 받고자 한다.

둘째, 과제지향 모델(task-biased model)은 최근의 관점으로 설명 가능한 직업 활동은 모두 프로그래밍이 가능하다고 판단하고 있다.

과제 기반 모델에서의 인간 역할의 대치는 전술한 바와 같이 과제를 명확히 기술할 수 있느냐가 관건이며 이것은 폰노이만의 관점과 유사하다. 즉 모든 직업 활동은 논리와 기호를 이용해서 컴퓨터 시스템에서 시뮬레이션이 가능하다고 할 수 있다. 시뮬레이션이 가능하다는 점은 인간의 직무 활동을 모두 계산 가능한 형태로 바꿀 수 있다는 것이다.

과제 지향 모델에서 반복적인 업무에 대해서는 모두 자동화에 노출돼 있기 때문에 근로자는 고등 정신 능력을 필요로 하는 역량을 키워 반복적인 업무를 피하려고 노력한다.

또한 과제 지향 모델이 함의하고 있는 것은 우리의 교육 정책이 반복적인 인지 활동을 목표로 하기 보다는 비일상적(Non-Routine) 즉 고등 정신 능력을 신장시킬 수 있는 교육을 지향해야 한다는 것이다.

기술 지향과 과제 지향 모델의 차이점은 자동화의 범주가 다르다는 점이다. 기술 지향 모델에서는 기술 수준을 3단계로 구분하였을 경우 고급 기술자 수준은 루틴한 업무일지라도 자동화 대상에서 제외되거나 덜 취약한 것으로 해석한다는 관점이다. 반면에 과제 지향 모델에서는 기술 수준에 상관없이 루틴 업무는 모두 자동화의 대상이다.

그런데 Frey&Osborn의 연구를 재인용한 Tuomi는 비일상적인 직업 활동이라고 하더라도 병목 현상 없는 직업 활동은 자동화에 취약하다고

연번	미국 중학교 교사 직무 세부 내역	자동화 수준
1	학생들의 다양한 요구와 관심사를 충족시키기 위해 교육 방법을 구현하려고 자료를 개발하고 운영함	높음
2	학생들 간의 질서 유지를 위한 규칙을 수립하고 시행	판단 보류
3	학부모 보호자, 다른 교사, 상담원 및 관리자와 협의하여 학생들의 행동 및 학업 문제를 해결	낮음
4	학칙, 지역 정책 및 행정 규정에 따라 학생 기록을 정확하고 안전하게 수정, 관리 유지	높음
5	학업 진도를 평가하기 위해 시험 및 과제 준비, 관리 및 채점	높음
6	수업 활동을 위한 자료 및 교실 환경 준비	중간
7	영어, 수학, 사회학과 같은 하나 이상의 과목에서 강의, 토론 및 시연 방법을 가르침	중간
8	모든 수업, 단원 및 프로젝트에 대한 명확한 목표를 수립하고 학생들에게 전달	중간
9	과외 등 추가 적인 도움이 필요한 학생들을 지원	높음
10	과제 제출 및 피드백	높음
11	학생들을 관리하는 모든 행정 정책과 규칙을 시행	중간

미국 중학교 교사의 직무와 자동화 예상 수준

제시하고 있다. 즉 인간을 모방하는 인공지능은 인간의 인지 활동을 계속해서 따라가므로, 많은 인간 활동이 인공지능의 모방 대상이 된다.

그리고 Tuomi는 그의 연구에서 미국 중학교 교사의 직무를 분석하면서 AI에 영향을 받는 수준을 분석하였으며 위의 표와 같다.

이 도표가 의미하는 것은 교사 직무의 상당수가 인공지능에 의해 영향을 받으며 일부 직무는 인공지능에 의해 대치될 수 있으며 협상과 토론을 하는 교사 직무는 인공지능에 의해 영향을 받지 않거나 대치될 확률이 낮다는 점이다.

셋째, 데이터 기반 모델이다. 경제학자들은 자동화, 컴퓨터 및 AI의 영향을 연구하기 위해 기술 중심 및 과제 중심 모델을 모두 사용했다. 그러나 딥러닝 및 머신러닝은 이러한 모델에 잘 맞지 않는다. 핵심 병목 현상은 작업이 루틴인지 비 루틴인지, 복잡한 문제 해결을 필요로 하는지의 여부가 아니라 작업이 컴퓨터에 의해 학습될 수 있는지 여부다.

이는 학습에 사용될 수 있는 데이터가 있는지 여부에 따라 달라진다. 따라서 AI의 직업에 대한 영향은 '데이터 중심' 모델에서 가장 잘 이해될 수 있다. 데이터가 사용 가능하고 역사가 반복된다면, 현재의 기계 학습 알고리즘은 원칙적으로 과거를 모방할 수다. 학습, 혁신, 지식 창출이 기존의 지식 조각을 결합하는 것에 관한 것이라면, 기계도 그것을 할 수 있을 것이다.

이 모델은 컴퓨터가 이용할 수 있는 데이터를 확보할 수 있냐는 것이다. 데이터 기반 모델은 현재의 데이터 기반 머신러닝과 관점을 같이 하는 방식으로 인공지능이 직업 사회에 미치는 영향을 가장 잘 나타나는 모델이라고 할 수 있다[2].

경제학자들은 자동화, 컴퓨터 및 AI의 영향을 연구하기 위해 기술 기반(Skill-biased) 모델과 작업 편향(Task-biased) 모델을 모두 사용했는데 기계 학습에서 이러한 모델은 잘 맞지 않는다. 병목 현상은 반복적이며 과제의 복잡도 수준에 의해서 결정되는 것이 아니라 머신러닝에 필요한 데이터를 확보할 수 있는지에 의해서 결정된다는 관점이 데이터 지향 모델이라고 할 수 있다.

감정적인 상호 작용
인간의 표정, 목소리, 몸의 움직임 등을 통해 감정을 전달하고 인식할 수 있습니다. 감정을 인공지능이 완벽하게 모방하는 것은 현재까지 매우 어려운 과제이며 관련 직업 활동은 자동화가 곤란함.

상황에 따른 유연한 판단
인간은 다양한 요소를 고려하여 상황을 이해하고 적절한 행동을 선택할 수 있음. 이러한 유연한 판단력을 모방하는 것은 인공지능에게 어려운 도전이라고 할 수 있음. 즉 데이터에 기반한 판단을 제안을 하더라도 인간의 전문성, 감정, 정책적 기준으로 판단해야 하는 직업 영역은 자동화가 곤란함.

창의성과 독창성
독창성은 독특하고 개성 있는 방식으로 생각하고 표현하는 능력임. 인공지능이 창의성을 발휘하더라도 기존에 데이터의 패턴에 기반해서 제시하는 것이기 때문에 인간과 동등한 창의성과 독창성을 발휘하는 것은 아직까지 매우 어려운 과제임.

윤리적인 판단과 도덕성
인간은 윤리적인 문제를 인식하고 판단할 수 있음. 인공지능이 윤리적인 판단과 도덕성을 완벽하게 모방하는 것은 여전히 어려운 과제임.

데이터 중심 인간의 직업 활동을 분석하는 모델은 직업 활동의 복잡도, 반복 수준보다 작업 활동을 디지털 데이터를 통해 표현할 수 있느냐가 중요하다는 의미다. 디지털 데이터로 표현할 수 있다면 복잡도가 높아

공학적 병목	OECD 성인의 기술 조사(PIAAC)	설명
인지 대상 조작	손을 이용한 조작	정교한 수작업을 얼마나 자주 이용하는가? (아주 작은 물체나 민감한 물체를 손상시키지 않고 정확하게 잡는 능력. 예를 들어, 작은 전자 부품을 핀셋으로 잡거나 유리 제품을 조작하는 것과 같은 활동) • 세밀한 조립 작업, 예술 작업, 의료 수술 등 다양한 분야
창의적 지능	간단한 문제 해결	우수 해결 방법을 위해 5분 이상 걸리지 않는 비교적 간단한 문제를 얼마나 자주 사용하는가?
	문제 해결	우수 해결 방법을 위해 최소 30분 이상의 문제 다루기
사회적 지능	교수	그룹 또는 개인을 대상으로 교수활동이 얼마나 자주 이루어지는가?
	충고	얼마나 자주 충고를 하는가?
	타인을 위한 계획	얼마나 자주 타인을 위한 계획을 수립하는가?
	의사소통	동료와 업무 공유를 얼마나 자주 수행하는가?
	협상	조직의 안팎 사람들과 얼마나 자주 협상 활동을 수행하는가?
	영향력	다른 사람에게 얼마나 자주 영향력을 행사하는가?
	판매	물건 판매나 서비스 활동을 자주 행하는가?

유형별 인공지능 자동화 병목 현상

도, 반복적(Routine)으로 나타나지 않아도 인간의 직업 활동에 영향을 미치며 자동화가 가능하다는 점이다.

데이터 기반 모델이라고 하더라도 현재의 기술 수준에서 인간과의 감정 교류, 인간의 정책적인 판단이 필요한 영역 등은 자동화 모델을 적용하기 곤란하다. 이에 대한 세부적인 기준은 다음과 같이 진술할 수 있다.

또한 이 기준은 머신러닝 소재로 하기에 곤란하거나 정확성이 낮은 영역들과 일치한다. 구체적으로 이전의 표는 신경망 기반의 데이터 기반 모델에서도 자동화하기 어려운 직업 활동을 의미한다. 이 연구는 Nedelkoska, Quintini가 기술한 것으로 Osborn 등의 연구를 확장하여 병목 현상을 좀 더 구체화하였다[2].

표에서도 나타나듯이 디지털 데이터로 표현하기 어려운 인간의 직업 활동은 정형화하기 어려운 문제 해결 활동, 촉각을 느끼며 진행하는 정교한 수작업 활동, 타인과의 복잡한 상호 작용으로 정리할 수 있다.

AI 윤리 교육

컴퓨터 윤리, 정보통신 윤리는 디지털 도구의 편리성으로 이슈화되기 시작하였다. 정보의 복사와 이동이 이전보다 매우 편리해짐으로써 윤리적으로 지켜야 하는 여러 가지 유형이 발생한 것이라고 할 수 있다. 특히 인터넷 대중화는 정보 윤리가 사회적인 문제로 확대되는 계기가 되었다. 또한 휴대폰, 다양한 사물 인터넷 장치(IoT)의 대중화와 함께 정보통신 윤리 영역이 주요 일상 생활의 문제로 확대되었다. 그리고 인공지능은 기존 정보통신기술에 더 강력한 기능을 부여하게 하고 AI를 내장한 새로운 디지털 도구가 우리 사회에 영향을 미침으로써 윤리적인 이슈가 더 광범위하고 깊게 우리 사회에 다가올 것으로 판단된다. 이에 학교 교육에서도 AI 윤리에 대해서 그 중요성을 인식하고 이에 대비할 필요가 있다. 이에 이 장에서는 AI 윤리의 주요 요소에 대해서 전반적으로 살펴보고자 한다.

AI의 윤리적인 요소는 매우 방대하다. 2016년도 다보스 경제포럼에서 제시한 윤리 영역은 실업, 불평등, 인종 차별, 불완전성, 보완 등의 이슈를 제시하였지만 AI가 미치는 사회적인 영향도 크게 판단하여 윤리 영역을 설정한 것으로 볼 수 있다. 그리고 이 장에서는 복잡한 AI 윤리 분야에 대해서 이해도를 높이기 위해서 AI 윤리 분야를 보다 명확하고 단순하게 제시해 보고자 한다. 먼저 인공지능 전문가들이 판단하는 AI 윤리 분야의 중요성에 대해서 생각해 볼 필요가 있다. A. Pant 등(2023)은 전세계 AI 엔지니어 100명을 대상으로 인공지능 윤리 분야에 대해서 확인을 했는데 다음과 같이 중요성을 인식하고 있는 것으로 나타났다[52].

AI 윤리 분야	중요도
개인 정보 보호 및 보안	18.03%
신뢰성 및 안전	14.93%
인간 중심 가치	14.93%
책임성	12.68%
공정성	12.11%
투명성 및 설명 가능성	11.83%
모든 AI 윤리 원칙에 대해 알고 있음	3.38%
어떤 윤리 원칙에도 익숙하지 않음	0.56%

AI 엔지니어 관점에서의 AI 윤리 중요도

개발자의 관점에서 보면 개인정보 수집에서 여러 가지 문제가 나타날 수 있음을 가장 잘 알 수 있을 것으로 판단되며 어떻게 하면 인간을 먼저 배려하는 알고리즘을 구성할 수 있는지 알고 있을 것이다. 머신러닝은 데이터 수집, 관리, 그리고 알고리즘 설정으로 구성된다. 데이터 수집 단계에서는 다양한 데이터 소스로부터의 편향이나 불균형이 발생할 수 있다. 관리 단계에서는 데이터의 무단 접근이나 부적절한 저장 방식으로 인한 개인 정보 보호 문제가 발생할 수 있다. 그리고 알고리즘 설정에서는 훈련 데이터의 특정 패턴에 따른 예측의 편향이나 불공정한 결과가 나타날 수 있다. 이와 같이 머신러닝 절차에서 발생하는 윤리적 이슈의 핵심은 개인 정보 보호와 공정성이라고 할 수 있다. 그리고 AI 전문가의 윤리 분야에서 제시된 신뢰성 및 안전, 책임성, 투명성 및 설명 가능성은 모두 개인 정보 보호와 공정성과 관련된 요소라고 할 수 있으며 다음과 같이 연관성을 가지고 있다.

AI 윤리 분야	개인정보보호와 공정성과의 관련성
신뢰성 및 안전 추구	안전하게 데이터 수집 관리 절차를 진행함으로서 개인정보 보호를 추구할 수 있으며 머신러닝 모델의 학습에 신뢰성을 제공
책임성	머신러닝을 통한 의사결정의 결과에 대한 책임성은 개인정보 보호와 공정성을 강화하는 것이 핵심임
투명성 및 설명 가능성	모델의 동작 방식을 명확히 설명할 수 있고, 예측 결과에 대한 설명 가능성을 제공함으로써 개인정보 보호 및 공정성을 강화

개인정보 보호 및 공정성과 기타 AI 윤리와의 관련성

MIT에서 중학생을 위한 AI 윤리 교육 과정에서도 머신러닝 실습을 하면서 나타나는 윤리적인 이슈에 대해서 집중적인 안내가 되어 있다[39]. 이와 같이 AI 윤리에 대한 내용을 올바르게 이해하기 위해서는 머신러닝 프로세스를 실습하는 과정 속에서 개인 정보 보호, 공정성이 무엇인지 파악할 수 있어야 한다. 실습이나 머신러닝 과정과 별도로 AI 윤리에 대한 이해는 피상적일 수 있다.

한편 AI 윤리 분야에서 머신러닝을 초월하여 인간 중심적인 의사 결정의 중요성을 강조할 수 있다. 인간중심 사고는 인간의 가치와 존엄성을 중시하는 원칙이며 개인 정보 보호 뿐만 아니라, 다양한 측면에서 인간의 이익과 가치를 고려하고 존중하는 것을 의미한다. 인간 중심 가치는 다양한 관점에서의 공정성, 차별 금지, 다양성 존중 등을 포함하기도 한다. 유네스코 보고서(2021) recommendation the ethics of AI에서도 AI 윤리의 핵심 가치는 인간을 보호하는 것이라고 제시하였다[53].

추가적으로 이 보고서에서 주요하게 제시한 것은 인권과 존엄성의 보호이며, 투명성과 공정성과 같은 기본 원칙의 발전을 기반으로 하며, 항상 인공지능 시스템에 대한 인간 감독의 중요성을 제시하였다. 이에 이 책에서는 AI 윤리 분야를 다음과 같이 세 가지 핵심 영역으로 제시하고자 한다.

AI 윤리 대영역	설명
공정성	공정성은 인공지능 시스템이 모든 사용자에게 공평하게 작동하고 다양한 인구 집단을 고려하여 편견 없이 서비스를 제공하는 데 관련된 윤리적인 원칙
개인정보 보호	개인정보 보호는 사용자의 개인정보를 존중하고 안전하게 다루는 것을 목표로 하는 원칙. 사용자의 신원, 행동, 특성 등과 관련된 정보를 적절히 관리하고 보호해야 함
인간중심사고	인간중심사고는 인공지능 기술의 개발과 적용 과정에서 인간의 가치, 요구사항, 윤리적 고려를 우선시 하는 원칙

AI 윤리 핵심 요소

최근 국내에서 학교 교육에서 디지털 교과서의 이용 가능성이 현실화되고 있는데, 이를 사용할 때 고려해야 할 윤리적 요소들이 존재한다. AI는 학습자의 인지 능력을 감소시키거나 민감한 정보를 추출하지 않으면서 학습 과정을 지원해야 하며, 관련 개인 데이터 보호 기준을 준수해야 한다. 학습자의 상호작용 중에 수집된 데이터는 상업적 목적을 포함하여 남용, 부정 사용 또는 범죄적 사용에 노출되지 않도록 철저한 관리가 요구된다.

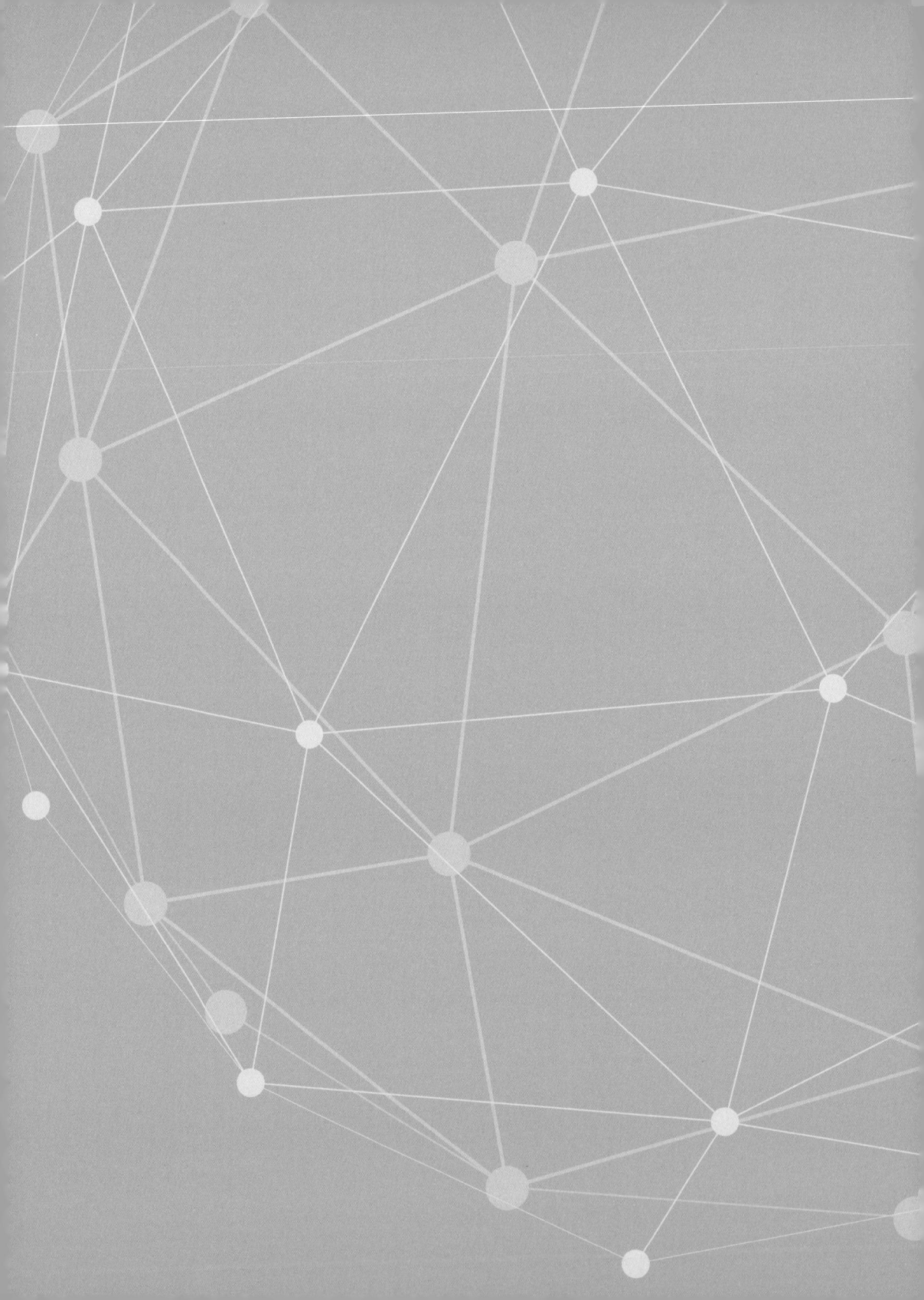

02
인공지능과 데이터 분석

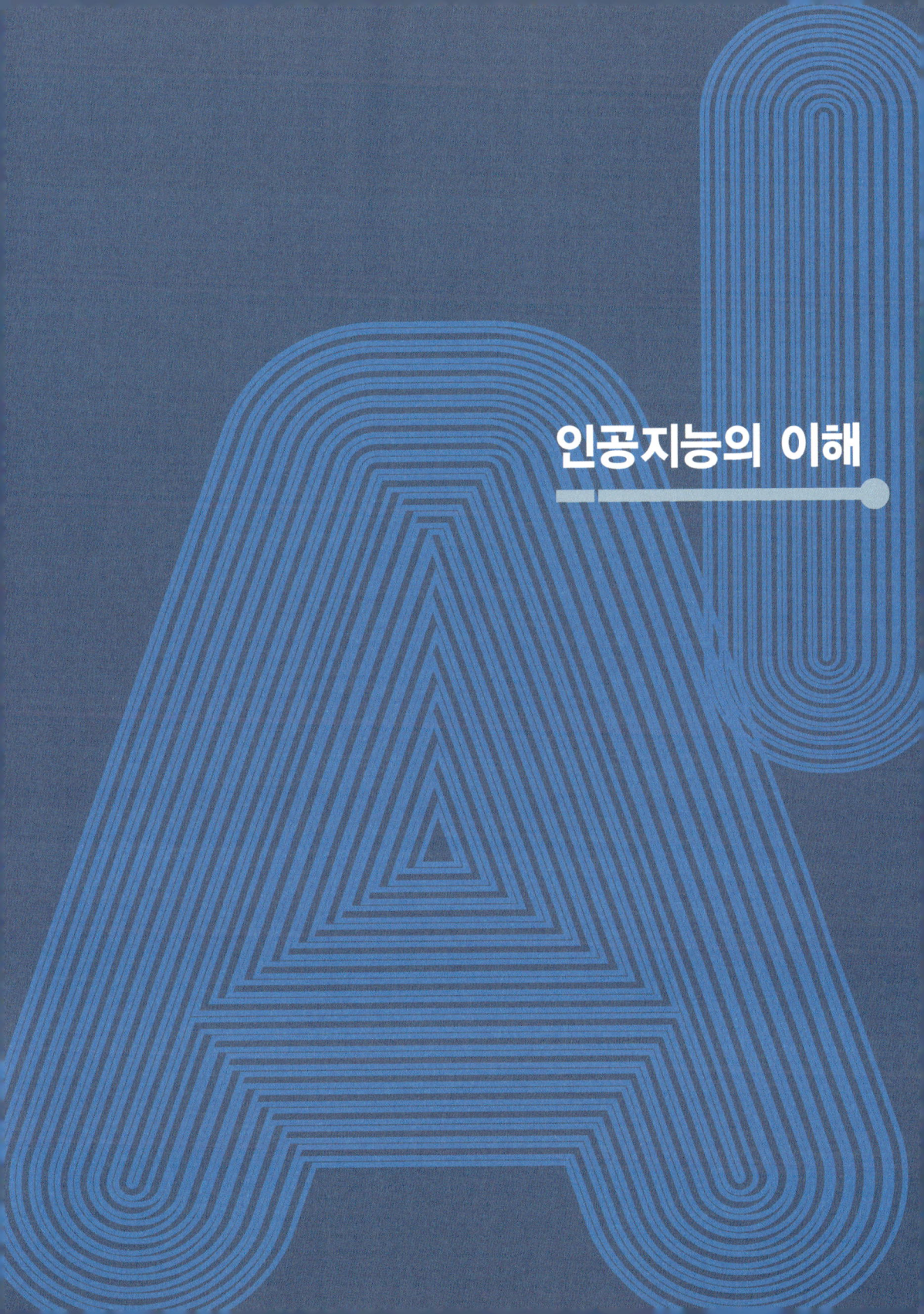
인공지능의 이해

인공지능의 시작

인공지능은 어떻게 시작되었을까?

1943년 영국의 수학자 앨런 튜링(Alan Turing)은 'Computing Machinery and Intelligence'라는 제목의 논문을 통해 '기계가 생각할 수 있는지'를 평가할 수 있는 방법을 제안했다[54]. 튜링 테스트(Turing test)라고 알려진 이 방법을 논문에서 '이미테이션 게임(Imitation Game)'이라 명명했다.

2014년에 동명의 영화 개봉으로 더 유명해 진 이름이다. '이미테이션 게임'은 다음과 같은 환경에서 '기계'와 '인간'을 구분할 수 없는 어떤 기계가 있다면 그것을 지능형 기계라고 부를 수 있다는 것이 주 내용이다.

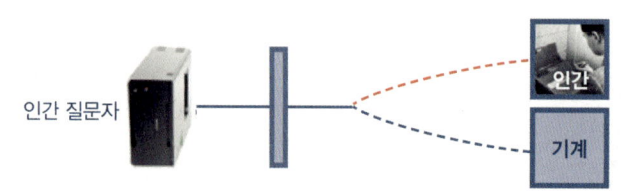

앨런 튜링의 튜링 테스트 환경

| 컴퓨터가 인간을 모방할 수 있는지 판단하는 테스트 |

1. 인간 질문자가 격리된 방에서 사람과 인공지능에게 질문을 한다.
2. 돌아온 대답이 사람이 한 것인지 기계가 한 것인지를 인간 질문자가 구분한다.
3. 5분 동안의 질문에 대하여 '인간이 답한 것을 기계가 답했다' 또는 '기계가 답한 것을 사람이 답했다'고 판정하는 확률이 70% 이상 될 때
4. 컴퓨터와 기계가 격리된 채로 대화하는 환경에서 판정에 참여하는 30% 이상의 판정위원이 '기계가 사람 같다'라고 판정할 때,

이런 조건이 갖추어지면 그 기계는
인간을 모방한 기계(즉 지능을 갖춘 기계)이다.

이후 1956년에 다트머스 대학(Dartmouth College)의 존 맥카시(John McCarthy) 교수는 '다트머스 회의(Dartmouth Summer Research Project on Artificial Intelligence)'를 주최했는데 여기에서 '인공지능(Artificial Intelligence;AI)'이라는 용어를 최초로 만들어 사용했다.

이 워크숍에서는 기계에 지능을 부여할 수 있는 다양한 방법을 논의했는데, 존 맥카시 교수는 인공지능을 '지능형 기계를 만드는 과학과 공학(AI is *the science and engineering of making intelligent machines.*)'이라고 정의했다.

그렇다면 '지능'은 무엇을 의미할까? 우선 '지능'이라는 단어가 가지고 있는 의미를 해석해 봐야 한다. 일반적으로 지능은 개인이 어떤 사태나 상황에 직면했을 때 발휘하는 정신 기능의 통합이다. 여기에는 주어진

상황을 의식하고, 그 속에서의 자신의 견해를 알고, 생각하고, 그것에 의해서 지금 어떻게 활동하면 좋은가를 올바로 판단하는 능력이 포함되어 있다.

따라서 인공지능이란 '인간의 고차원적 정보 처리 능력을 정보 통신 기술을 활용해 구현하는 기술'을 의미한다고 할 수 있다. 다양한 정보 통신 기술 분야에서 인공지능 요소를 도입해 특정 분야의 여러 가지 문제를 해결하려는 시도를 계속하고 있다. 구체적으로 다음과 같은 연구들이 진행되고 있다.

자연어 처리(Natural Language Processing) 자동 번역, 컴퓨터와 사람 간의 대화 및 상호 작용 기능 등

전문가 시스템(Expert System) 인간이 담당하는 전문적인 직업들에서 전문가를 대신할 수 있도록 하는 연구 (예: 의사의 진단 능력, 손해 배상금 판정 등)

영상/음성 인식(Image/Voice Recognition) 영상이나 음성을 분석해 어떤 물체인지 알아내거나 사람의 목소리를 구분하는 것과 같은 작업을 자동으로 처리하는 시스템

인공지능의 발달 과정

1956년-1974년 초기 인공지능의 황금기

1956년 존 맥카시 교수가 '인공지능'이라는 용어를 처음 사용한 이후, 다양한 인공지능 기술을 구현하려는 노력이 나타났다. 이 시대의 인공지능을 상징적 인공지능(symbolic AI, 지식 기반 시스템)이라고도 한다. 이 시기 이후 인공지능 기술은 추론이나, 자연어 처리, 로봇 기술 등 세부적인 기술들의 연구를 거쳐 현재 쓰이는 알고리즘 기반 인공지능으로 발전했다. 새로운 기술 개발을 위해 많은 연구 인력과 연구비를 투입한 결과라고 할 수 있다.

1958년 로젠블랏(Rosenblatt)은 뉴럴 네트워크(Neural Network), 퍼셉트론(Perceptron)이라고 부르는 초기 신경망을 구현했다. 로젠블랏(Rosenblatt)은 맥컬록(W. McCulloch) 교수와 피츠(W. Pitts) 교수가 1943년에 생물학적 뉴런 구조(MCP 뉴런)를 단순화한 인공 뉴런 모델을 컴퓨터 프로그램으로 구현했다.

대부분의 인공지능 연구자들과 마찬가지로 로젠블랏은 '퍼셉트론(Perceptron)'이라는 신경망의 한 형태를 제시하면서, '이것이 결국 언어를 배우고, 결정을 내리고, 번역할 수 있을 것'이라고 예측했

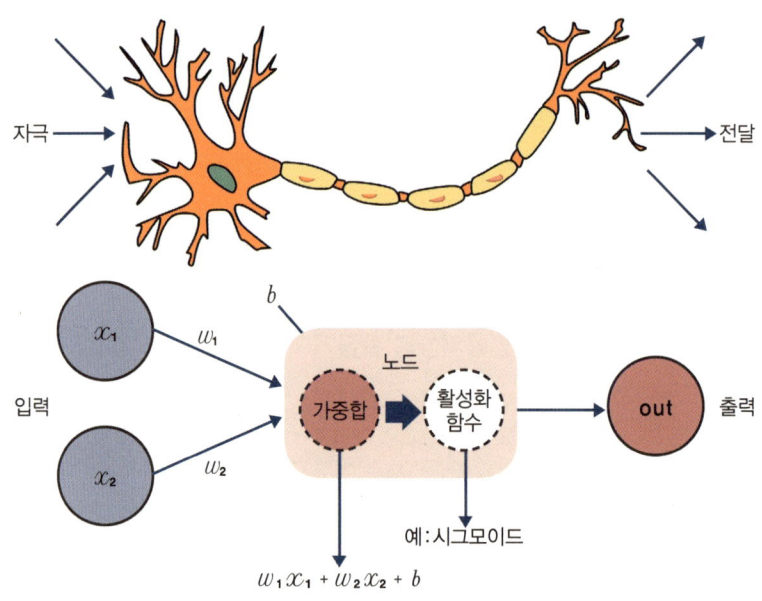

신경학적 뉴런과 퍼셉트론의 비교

다. 그러나 퍼셉트론은 MIT에서 연구하던 민스키(Minsky)와 파퍼트(Papert) 교수팀에 의해 한계가 드러났다. 1969년 민스키와 파퍼트 교수는 'Perceptron'이라는 저서를 통해 로젠블랏의 퍼셉트론이 비선형 문제를 해결할 수 없다고 지적했다. 이로 인해 한동안 인공지능 관련 연구가 중단됨으로써 연결주의에 기초한 신경망 연구가 거의 10년간 이루어지지 않았다.

1974년-1980년 **인공지능 빙하기**

신경망 연구 실패로 인공지능 기술 개발 및 연구 열기는 급격하게 위축되었다. 1970년대 초반까지 인공지능 기술은 다소 제한된 프로그램 기능만 가능한 수준에 머물렀다. 처리해야 할 문제 중에 일부분만 처리할 수 있는 기술 수준으로 말미암아 극복할 수 없는 몇 가지 근본적인 한계에 부딪혔다. 컴퓨팅 처리 능력(하드웨어 능력) 부족이 주요 원인이었으며 이로 인해 인공지능 기술 분야는 '빙하기'를 맞았다.

1980년-1987년 **인공지능 부흥기**

신경망 기반의 인공지능 연구가 빙하기를 겪고 있을 때 다른 방식의 인공지능 시스템이 자리를 잡았다.

| 더 알아보기 |

다음 그림의 좌표 평면에 네 개의 점이 있다고 가정해 보자. 각각 (x, y)가 (0, 0), (1, 0), (0, 1), (1, 1)인 점이다. 로젠블랏의 퍼셉트론은 AND 또는 OR이라는 분류 방법을 통해 이들 점을 구분할 수 있다. 그러나 XOR 그림처럼 (0, 0)과 (1, 1)을 구분하려면 어떻게 해야 할까? 로젠블랏의 퍼셉트론은 이러한 분류 문제를 해결하지 못했다.

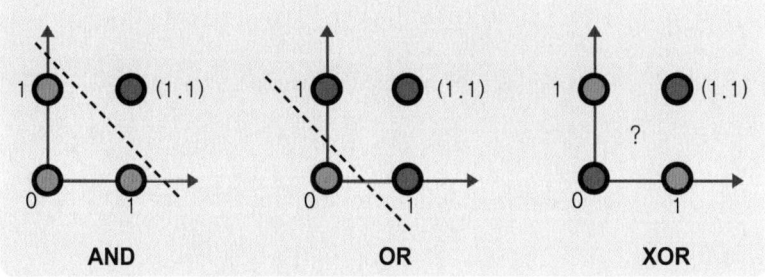

1980년대에는 전 세계 기업 대부분이 '전문가 시스템(Expert system)' 형태의 인공지능 기술을 채택했다. 전문가 시스템은 인간 전문가로부터 이끌어낸 특정 분야의 지식을 데이터베이스화하고, 이를 이용해 IF-THEN 구조의 논리적 규칙을 만드는 시스템이다. 이를 활용하면 특정 지식 영역에 대한 질문에 답하거나 문제를 해결할 수 있다.

IF-THEN 규칙은 두 부분으로 나뉜다. 앞부분의 IF는 전제 또는 조건을 의미하며, 뒷부분의 THEN은 결론 또는 행동을 의미한다. 예를 들어, IF 신호등이 녹색이다-THEN 길을 건넌다, 또는 IF 신호등이 빨간색이다-THEN 멈추고 기다린다와 같은 규칙이다. 이 시기 주요 전문가 시스템으로는 분광계 판독 값을 통하여 화합물을 식별하는 장치인 'Dendral', 전염성 혈액 질환을 진단하는 'MYCIN' 등이 있다. 또한, 카네기멜런대학(CMU)에서 개발한 XCON은 DEC(Digital Equipment Corporation, 미국의 컴퓨터 메이커) 회사의 경비를 대폭 절약할 수 있도록 해 주었다. 이처럼 1980년대 중반까지 기업들은 전문가 시스템 개발에 투자를 늘려 다양한 전문가 시스템을 현장에 적용했다.

1980년대에 신경망 기반 인공지능 기술 연구가 완전히 중단된 것은 아니었다. 이 시기에는 신경망의 기초가 되는 연결주의와 관련된 기술이 진보했다. 1982년 물리학자인 호프필드(John Hopfield)는 기존과 다른 형태의 신경망인 '호프필드 넷(Hopfield Net)을 제안하고, 이를 통해 완전히 새로운 방식으로 정보를 학습하고 처리할 수 있음을 증명했다[55].

또한, 현대 딥러닝의 아버지라 불리는 힌튼(Geoffrey Hinton) 교수는 다층 퍼셉트론(Multi-Layer Perceptron)과 현재의 인공신경망에 적용되고 있는 역전파(Back Propagation) 알고리즘을 사용해 로젠블랏이 해결하지 못했던 XOR 문제를 해결했다. 이후 이 방법들은 신경망 훈련 방법에 널리 적용되고 있다[56,57]. 이 두 가지 기술의 개발은 데이터를 이용해 인간의 뉴런처럼 학습하는 연결주의의 부활을 이끌었다.

1987년-1993년 인공지능 두 번째 빙하기

1980년대 중반까지 발전하던 전문가 시스템은 인공지능에 대한 인식을 변화시키는 역할을 했지만 점차 기업들의 투자가 줄어들면서 한계에 직면했다. 기업의 투자가 줄어든 것은 유지 관리에 너무 큰 비용이 들고, 몇 가지 특별한 상황에서만 활용할 수 있었기 때문이다. 또한 1987년을 전후해 등장한 애플이나 IBM의 데스크탑 컴퓨터의 보급 확산은 전문가 시스템 분야에 대한 투자 제한을 가속화시켰다. 결국 인공지능 기술 발전은 새로운 빙하기를 맞았다.

1993년-2011년 인공지능 기술의 발전

이 시기에는 컴퓨터 성능 향상과 더불어 특정 문제에 초점을 맞추어 개발된 인공지능 기술이 빠르게 확산되었다.
그 결과 1997년 5월 11일, 체스 게임용 인공지능 시스템인 딥 블루(Deep Blue)는 세계 체스 챔피언인 카스파로프(Garry Kasparov)

를 상대로 시간 제한이 있는 정식 체스 대국에서 최초로 승리했다[58]. 이 시스템은 IBM이 개발한 슈퍼컴퓨터로서 이전의 딥 블루보다 초당 두 배 많은 연산을 처리할 수 있었다.

인간과 컴퓨터의 체스 대국은 인터넷을 통해 중계되었고, 7,400만 건 이상의 조회 수를 기록할 정도로 관심이 많았다. 또한 이 시기에는 환경을 인식하고 목표 달성 가능성을 높이기 위해 활용하는 '지능형 에이전트(Intelligent Agent)'가 널리 알려지고 사용되었다.

지능형 에이전트 패러다임은 인공지능 연구의 방향을 지능형 에이전트 연구 중심으로 전환시켰다. 이는 결국 초기 인공지능에 대한 정의를 일반화한 것으로 볼 수 있으며, 인간의 지능뿐만 아니라 모든 종류의 지능을 연구하는 것으로 확장되었다.

이와 함께 인공지능은 여러 가지 매우 어려운 문제를 해결했다. 예를 들어, 데이터 마이닝, 산업용 로봇 공학, 물류, 음성 인식, 은행 업무를 위한 소프트웨어와 같은 기술들이 개발되어 산업 전반에 걸쳐 유용하게 활용되었다. 이에 더하여 의료 진단 및 구글의 검색 엔진 등도 인공지능의 발전에 힘입어 발전했다. 1990년대와 2000년대 초에 인공지능 기술이 크게 발전했으나 그때까지도 '인공지능'이라는 독자적인 분야로 인정받기보다는 컴퓨터 과학 기술의 일종으로 여겨졌다.

2011년 이후 **딥러닝과 빅데이터 기반의 인공지능 기술의 발전**

인터넷, 모바일 컴퓨팅 및 컴퓨터의 처리 능력이 획기적으로 발전하면서 대량의 데이터(Big Data)를 처리하는 기술, 저렴하고 빠른 컴퓨터, 그리고 발전된 머신러닝 기술이 사회 전반에 걸쳐 적용되기 시작했다.

2006년 캐나다 토론토대학의 제프리 힌튼(Geoffrey Hinton) 교수는 딥러닝 구조의 신경망 네트워크(Deep Neural Network) 알고리즘을 발표했다[59]. 딥러닝은 처리 계층이 많은 여러 층의 인공 신경망을 사용해 데이터의 핵심적인 내용을 요약하여(추상화) 모델로 만들 수 있는 기계 학습의 한 분야다. 2012년 그의 연구실의 크리제브스키(Alex Krizhevsky)가 'ImageNet 챌린지'라는 이미지 인식 경진대회에서 딥러닝 알고리즘인 'Alexnet'을 활용하여 우승함으로써 그 성능의 탁월함을 입증했다[60].

이후, 딥러닝 알고리즘의 발전으로 2015년에는 이미지 구별은 사람의 정확도라고 알려진 5%의 오류율을 극복했으며, 2016년에는 알파고와 이세돌 9단의 바둑 대결에서 알파고가 이세돌 9단에게 4:1로 승리하면서 인공지능 산업이 빠른 속도로 성장했다는 것을 증명했다.

전통적인 인공지능과
딥러닝 기반 인공지능의 차이

딥러닝 기술 발전이 인공지능의 급속한 발전을 이끌었다. 그렇다면 전통적인 인공지능 기술과 딥러닝 기반의 인공지능 기술은 어떤 차이가 있는 것일까?

전통적인 인공지능 기술과 오늘날의 인공지능 기술의 차이를 이해하는 것은 인공지능 기술 발전뿐 아니라 그 능력의 차이가 어디에서 비롯되는지 이해하는 데 도움을 준다. 인공지능 기술의 발전이나 종류를 구분하는 기준은 여러 가지가 있겠지만 이 책에서는 전통적인 코딩을 통한 추론과 데이터 기반 추론으로 구분하였다.

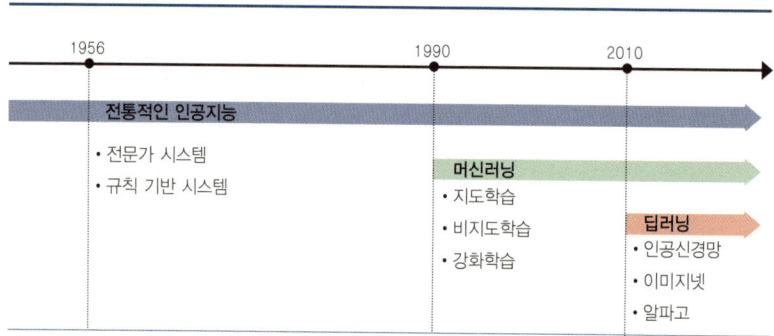

전통적인 인공지능 기술과 딥러닝 기술의 역사적 구분

전통적인 인공지능 기술

일반적으로 전통적인 인공지능 기술은 컴퓨터의 중앙처리장치(CPU)에서 수행되는 알고리즘이라고 할 수 있다[61]. 전통적인 인공지능 기술은 두 가지 요소가 있는데 자동화(Automation)와 추론 및 탐색 등의 지능적 활동이다.

자동화(Automation)

전통적인 인공지능의 그 출발점은 인간과 같은 지능적인 행동을 수행하는 시스템이었다. 이는 반복 작업을 자동화하는 것으로 설명할 수 있는데, 전자 제품의 자동화 기능이 대표적이다. 예를 들어, 자동화된 세탁기의 경우 빨랫감과 세제, 물이 공급되면 시간에 맞추어 예비 세탁 → 본 세탁 → 예비 헹굼 → 본 헹굼 → 탈수의 단계를 진행하며 오염물을 제거한다. 사람이 없어도 정해진 시간 안에 적절한 양의 물을 채우고, 세제를 섞고, 불리고, 드럼을 돌리며 세탁한다. 빨래한 결과를 놓고 보면 기계 스스로 수행한 것과 사람이 한 것이 크게 다르지 않다.

이상과 같이 자동화란 사람이 하던 업무를 패턴화해 자동화된 기계로 수행하고, 인간의 개입이 필요한 수동적인 과정을 줄이는 것을 의미한다.

코딩을 통한 추론 및 탐색

반복적인 작업은 모두 자동화 할 수 있는 대상이다. 그렇지만 짐을 옮기는 로봇이나 청소하는 로봇과 같이 반복적이긴 하지만 고려해야 할 주변 환경이 복잡하면 단순히 자동화만으로 문제를 해결하기 어렵다 즉, 이 같은 경우에는 로봇이 받아들이는 정보와 처리해야 할 일의 수가 크게 증가하면서 적절한 판단을 위해 인간이 수행하는 추론이나 탐색 또는 기존에 보유한 지식이나 경험에 따라 판단하는 것이 필요하다.

이런 문제를 전통적인 인공지능에서는 개발자가 컴퓨터 프로그램을 개발해 해결하고자 했다. 즉, 개발자는 해당 과업이나 일어날 수 있는 상황을 고려한 논리적인 해결책을 코딩하여 컴퓨터 프로그램으로 작성

지식 기반 시스템(Knowledge-Based System, KBS)은 복잡한 문제를 해결하기 위해 지식 데이터를 구조화하여 저장하고, 이를 사용해 추론하는 컴퓨터 프로그램이다. 이 용어는 포괄적인 용어로서 어떤 지식을 데이터로 사용하느냐에 따라 다른 시스템이 된다. 지식 기반 시스템을 개발하기 위해서는 우선 특정 영역에 대한 지식을 바탕으로 '지식 베이스(지식을 데이터베이스로 만든 것)'를 만들고, 이 지식 베이스를 바탕으로 어떤 문제에 대한 해결책을 추론할 수 있는 '추론 엔진'을 개발해야 한다.

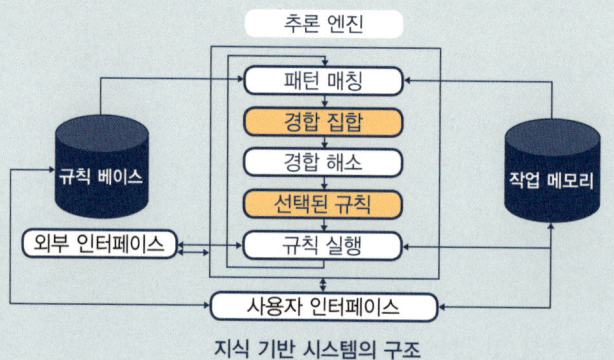

지식 기반 시스템의 구조

학교에서 학생들을 상담해주는 지식 기반 시스템이 있다고 가정해 보겠다. 이 시스템이 대학이나 전공을 추천해 준다고 할 때, 지식 베이스에 여러 상담 사례 등을 모아서 데이터베이스로 구축한 다음, 학생들의 진로나 학교생활에 대해 상담할 때 유사한 사례를 추론해 활용할 수 있다. 이 같은 지식 기반 시스템은 특정 영역(도메인, Domain)의 지식을 바탕으로 하고 있어서 해당 분야에서는 매우 유용하게 사용될 수 있다.

한다. 여기에는 규칙이 존재한다. 보통 인간이 개입해 실현하는 동작을 수행하도록 하는 규칙 기반 소프트웨어를 통해 지능적인 활동이 이루어진다. 지식 기반 시스템은 규칙 기반 구조의 대표적인 예시다.

데이터 기반의 인공지능

규칙 기반 추론

규칙 기반 시스템은 어떤 문제가 주어졌을 때 특정 조건이 만족되면 그에 따라 구조화된 행동을 취하는 "IF., THEN .."의 형식으로 코딩된다.

규칙 기반 추론은 이러한 규칙 기반 시스템에 개발자가 사전에 전문적인 영역에 대한 일련의 지식을 미리 입력시켜두고 규칙에 따라 추론한다.

즉, 규칙(IF)은 해당 규칙이 활성화되어 실행될 수 있는 전제 조건을 나타내고, (THEN)은 규칙을 실행하여 목표한 바를 수행할 수 있게 한다.

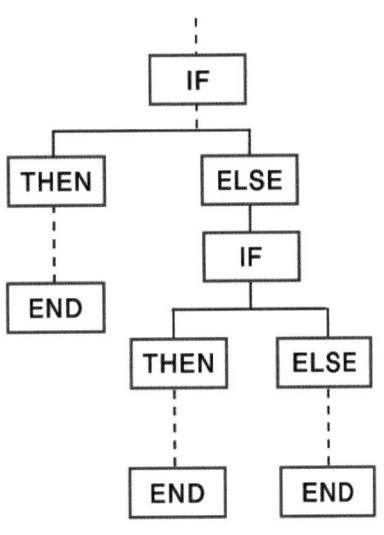

IF-THEN-ELSE 구조

종종 (IF)와 (THEN)의 관계는 0과 1 사이의 조건부 확률 수치를 통해 지정되기도 하는데, 이러한 요소는 규칙을 실행해 도달한 결론의 신뢰도를 결정하는 데 사용할 수도 있다. 그러나 이런 시스템은 개발자가 미처 생각하지 않았을 경우 한계를 보일 수 있다.

한때는 지능형 시스템 구축에 규칙 기반 시스템을 도입해 성공한 사례가 많았다. 그러나 인공지능 기술의 발전이라는 관점에서 본다면 규칙 기반 추론 시스템은 엄청난 노력에도 불구하고 성능 면에서 완벽하지 않았다[62].

감염병을 진단하고 처방해주는 전문가 시스템인 'MYCIN'과 같이 몇몇 특정 영역에서 성공적인 결과를 보여주기는 했으나, 제한적인 전문 영역, 제한된 지식 표현 언어, 제한된 설명 등의 한계를 지니고 있었다.

머신러닝

규칙 기반 추론의 단점을 극복하기 위하여 데이터를 바탕으로 통계기반 추론의 구조나 지식을 예측할 수 있도록 하는 기술이 등장했다. 이때 주로 머신러닝의 알고리즘을 이용했다.

머신러닝의 목적은 사람이 정한 규칙 위에서 추론하는 것이 아니라 컴퓨터가 세상에 대해 알아야 할 모든 것을 스스로 배우도록 하는 것이다.

이를 "기계 학습" 또는 "머신러닝"이라고 한다. 이는 사람이 아닌 기계가 데이터를 기반으로 학습하고 추론할 수 있도록 하는 것을 뜻한다. 머신러닝은 그 방법이 매우 다양하다. 대표적인 머신러닝 알고리즘 유형은 지도학습, 비지도학습, 강화학습 등이 있으며, 세부적으로는 선형 회귀, 로지스틱 회귀, 결정 트리(Decision Tree), 인공신경망, 클러스터링 등으로 나눌 수 있다.

딥러닝의 발전

딥러닝(Deep Learning) 기술은 머신러닝 종류의 하나이며, 기존 머신러닝 기법보다 더 진보한 것으로 주어진 자료의 특징(Feature) 자체

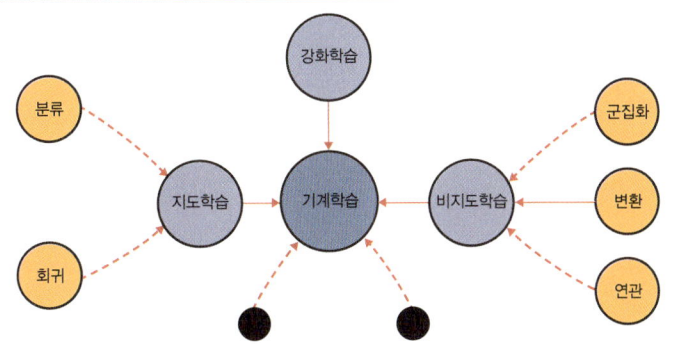

머신러닝의 분야_ 출처: 머신러닝 야학 (https://ml.yah.ac)

를 입력받아 학습하는 기법을 이용한다. 현재의 딥러닝 기술이 이에 해당한다.

딥러닝 기술의 배경에는 인간의 신경망에 대한 이해와 이를 컴퓨터로 구현하기 위한 알고리즘의 개발 등이 있다. 인공 신경망 기술이 개선되면서 딥러닝의 속도나 정확성, 편견이 없다는 점 등이 다른 머신러닝 알고리즘과 비교했을 때 강점이었으며, 인간이 사물을 이해하고 추론하는 방식을 컴퓨터에게 적용하는 핵심 기술이 되었다.

신경망의 개발은 속도, 정확성 및 편견 부족과 같은 타고난 이점을 유지하면서 컴퓨터가 우리가 하는 방식으로 세상을 생각하고 이해하도록 가르치는 데 핵심이 되었다.

약인공지능과 강인공지능

약인공지능(Weak AI)

오늘날의 딥러닝 기반 인공지능은 특정 분야에서 인간의 능력을 뛰어넘을 정도의 뛰어난 역량을 발휘하고 있다. 2016년 바둑 게임에서 알파고가 세계 챔피언이었던 이세돌 기사를 이김으로써 딥러닝 기반의 인공지능이 지닌 놀라운 능력을 입증했다. 바둑이라는 게임의 특성을 살펴보면 데이터 기반 인공지능이 얼마나 탁월하게 작동했는지 알 수 있다.

바둑판 위에는 가로와 세로 각각 19줄씩이 그어져 있고, 바둑돌을 가로줄과 세로줄이 교차하는 점 위에 놓는 게임이다. 바둑에서 돌을 놓을 수 있는 경우의 수가 약 21만 170가지 정도이고, 이 수는 천체물리학에서 말하는 우주 전체의 원자 개수 약 12만 1,078개보다 큰 수이다. 그렇기 때문에 연구자들은 바둑 게임에서 컴퓨터가 인간을 이기는 것은 먼 훗날의 이야기일 것으로 예상했다. 2016년 컴퓨터로 계산하며 바둑을 두는 시스템인 알파고(AlphaGo)를 개발한 구글 관계자들의 이야기를 들어 보면, 당시에 다섯 가지 수준의 알파고를 준비했었는데, 제일 높은 수준의 바둑을 두는 시스템보다 한 단계 낮은 수준의 알파고와 이세돌 기사가 겨루었다고 했다. 당시 최고 수준의 알파고와 인간이 겨루었다면 더 큰 격차가 났을 것이다.

이세돌 기사를 이긴 알파고 리(AlphaGo Lee) 버전보다 더 강력한 알파고 제로(AlphaGo Zero)가 2016년 말에 개발되었고, 급기야 2018년에는 이들 버전의 범용형인 알파제로(AlphaZero)가 〈Science〉지에 발표되었다. 〈Science〉지는 알파제로가 사람의 지도 없이 인공지능 스스로 바둑을 독학해 인간을 뛰어넘는 성능을 보여주었다고 했다[63, 64]. 앞서 기술한 알파고(Lee, Zero버전 모두)는 바둑이라는 특정 영역에서 인간을 뛰어넘을 수 있음을 보여주었다. 그러나 알파고는 바둑이라는 영역에서 과제를 수행할 수 있을 뿐 다른 영역에서는 할 수 있는 역할이 매우 한정적이다. 이렇듯 특정 영역에서만 제한적으로 활용 가능한 인공지능을 약인공지능(Weak AI)이라고 한다.

약인공지능은 좁은 인공지능(Narrow AI)이라고도 부른다. 현재 사용하고 있는 인공지능 대다수가 약인공지능으로 전문가 시스템과 유사한 인공지능이라고 할 수 있다. 아마존이나 넷플릭스의 추천 시스템이나 로봇 청소기에 적용하는 인공지능과 구글의 번역 시스템 등은 다루는 영역이 한정되어 있는 약인공지능에 속한다.

약인공지능은 현재 널리 사용하고 있는 기술로서 구현이 비교적 쉽다. 지능형 교수 시스템 역시 대표적인 약인공지능을 이용한 교육 체제라고 할 수 있다. 지능형 교수 시스템은 인간 교사와 같이 학습자와 상호작용하며 학습을 지도해 주는 개인 교수용 컴퓨터 시스템이다. 인간 교사처럼 학습자를 관찰하고, 적절한 질문과 문제의 원인이 어디에 있는지 파악해 피드백하며, 인간 교사가 하듯이 학습자를 지도한다. 이러한 지능형 교수 시스템은 수학의 특정 영역을 가르치는 데 효과적이라는 것이 입증되었다. 여러 나라에서 이미 다양한 제품을 개발해 사용하고 있다. 카네기 멜런의 CTAT(Cognitive Tutoring Authoring Tools)가 대표적인 예라고 할 수 있다[65]. 2020년에 발표한 논문에서 기존의 지능형 교수 시스템에 머신러닝을 적용해 수학 문제를 가르치는 지능형 교수 시스템을 쉽게 개발할 수 있음을 증명했다.

예를 들어, 받아 올림이 있는 네 자리 수와 세 자리 수의 덧셈 문제가 있다면, 일의 자리부터 더하고 받아 올리는 방법(사람이 덧셈을 계산하는 방식)을 컴퓨터에게 가르친다. 시스템 내부적으로는 각각의 단계나 버튼마다 다양한 머신러닝 알고리즘이 적용되어 있다. 이후 학습이 완료되면 프로그램을 사용하는 학습자들에게 실수가 생겼을 때 컴퓨터가 조언해 줄 수 있게 한다.

IBM Watson이나 이를 바탕으로 한 인간 조교인 Jill Watson도 교수 학습에 적용된 약인공지능의 대표적인 예다. 미국의 조지아공대에서 개발한 인공지능 조교인 Jill Watson은 IBM의 인공지능 엔진인 Watson을 이용한 것이다. Jill Watson이라는 인공지능 시스템은 학생들의 질문에 답하고, 학생들에게 과제 마감일을 상기시켰으며, 이메일을 이용해 학생들에게 피드백을 제공했다. 일종의 로봇 조교였는데, 학기말에 인간 조교들과 Jill Watson에 대한 강의를 평가했는데 Jill Watson이 인간 조교들을 뛰어넘는 평가를 받았다. 이 실험을 통해 학생들은 Jill Watson이 컴퓨터 프로그램인지 사람인지를 구분하지 못한 것이 입증되었고, 튜링 테스트를 통과한 '인공지능'이 되었다. 비록 Jill Watson의 성과가 대단하기는 하지만 여전히 이런 시스템은 특정 영역에 한정된 것이므로 약인공지능으로 분류한다.

약인공지능의 분류에 속하는 제품 중에 우리에게 익숙한 것들은 다음과 같은 것들이 있다.

- 구글의 랭크브레인/구글 검색
- 애플의 Siri
- 아마존의 Alexa, 마이크로소프트의 Cortana 등과 같은 가상 도우미
- IBM의 Watson, 이미지/얼굴 인식 소프트웨어들, 질병 맵핑 또는 예측 도구, 산업용 로봇, 드론 로봇
- 이메일의 스팸 필터, 위험한 콘텐츠를 추려내는 소셜 미디어 모니터링 도구들
- 구매자의 시청 또는 구매 성향에 따라 추천해 주는 시스템들
- 자율 주행차

강인공지능(Strong AI)

약인공지능과 달리 강인공지능은 특정 영역에서 인간처럼 활동하는 하나의 전문가 시스템이라고 할 수 있다[66]. AI 기반 전문가 시스템은 인공지능 성능이 개선될수록 더 뛰어난 성능을 발휘한다. 현재 강인공지능의 기술 수준으로도 특정 영역에서 인간을 뛰어넘는 능력을 발휘할 수 있다. 하지만 어디까지나 특정 영역에 국한된 지식이나 과제를 수행

할 뿐이다. 그러나 강인공지능은 인간처럼 여러 영역에서 지능적인 모습을 보이는 로봇이나 인간의 지능에 가까운 인공지능 시스템이라고 볼 수 있다. 이 때문에 강인공지능은 범용 인공지능(General Artificial Intelligence)이라고 부르기도 한다.

Silver 등이 〈Science〉지에 발표한 '알파제로'는 인간이 학습시키지 않아도 스스로 학습할 수 있는 인공지능이다. 일반적으로 데이터 기반 인공지능을 훈련시키기 위해서는 많은 양의 데이터가 필요하다(빅 데이터의 필요성)[52]. 데이터를 준비하려면 많은 비용과 시간이 필요하며 인간의 잘못된 지식이나 선입견이 데이터를 오염시킬 수도 있다. 이는 결국 인공지능의 학습 결과의 한계점으로 작용할 수 있다.

2021년 학습에 사용된 데이터로 인해 화두가 된 인공지능 '이루다'가 대표적인 사례다. '이루다(Luda)'는 100억 건 이상의 한국어 카카오톡 대화 데이터를 이용해 학습한 딥러닝 기반 챗봇이다. 2020년 12월 말 서비스 시작 이후 대중의 관심을 얻었으나 이루다를 학습시킬 때 혐오가 표현된 데이터를 필터링시키지 않아서 특정 대상을 혐오하는 표현을 했던 것이 이슈가 되었다. 개인 정보를 1차적으로 삭제·가공한 데이터로 학습시켰음에도 불구하고 특정 정보가 결합되면서 사용자에게 타인의 개인정보를 노출시키게 되면서 3주 만에 서비스를 종료했다. 이루다 사례는 학습하는 데이터와 인공지능 윤리의 중요성에 대해 개발자와 사용자에게 근본적인 질문을 던졌다.

구글의 허사비스(Demis Hassabis)는 인공지능인 알파제로와 같이 백지 상태에서 인간의 도움 없이 스스로 학습하고, 인간을 뛰어넘는 문제 해결 능력을 갖춘 알고리즘을 만들었다. 이를 통해 우리는 알파제로가 약인공지능의 범위를 넘어섰음을 알 수 있다. 알파제로는 인간의 도움으로 인해 발생하는 문제를 극복하기 위해 인공지능 스스로 수많은 시행착오를 겪으며 요령을 터득하는 '강화학습(Reinforcement Learning)'을 적용하고 있다. 이런 강화학습은 인간의 지식 자체가 부족하거나 전무한 새로운 분야를 연구하는 데 큰 도움이 된다. 다만 알파제로가 수행할 수 있는 게임의 종류가 바둑, 서양 장기 및 일본의 쇼기(Shogi)라는 게임에 국한되기 때문에 인간처럼 다양한 영역에서 지능을 발휘한다고 말하기는 어렵다. 그렇기 때문에 알파제로는 '제한된 강인공지능' 또는 '강-약인공지능'으로 여겨지기도 한다. 알파제로가 다른 컴퓨터들과 장기, 일본의 쇼기, 바둑 대결에서 거둔 승률을 보면 바둑에서 가장 승률이 낮음을 알 수 있다. 그만큼 바둑이 어렵다는 것을 말한다[63].

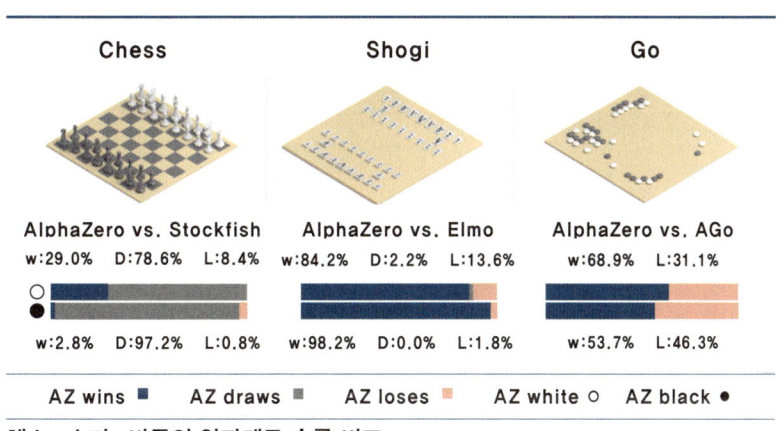

체스, 쇼기, 바둑의 알파제로 승률 비교

초인공지능(Super AI)

앞서 설명한 약인공지능이나 강인공지능과 비교할 수 없을 정도로 인간의 지능을 뛰어넘는 인공지능의 등장 가능성도 열려 있다. 알파고가 바둑에서 인간을 뛰어넘은 것처럼 전반적인 영역에서 인간의 지능을 능가하는 인공지능도 언젠가는 출현할 것으로 여겨지고 있다.

초인공지능(Artificial Super Intelligence)은 인간의 지능과 행동을 모방하거나 이해하지 않는 가상의 인공지능이다. 즉, 초인공지능은 기계 스스로 상황을 인식하고, 상황에 대응할 때 인간의 지능과 능력을 능가한다. 이러한 초인공지능에 대한 개념은 현실적인 개념이라기보다는 로봇이 인류를 압도하고, 전복시키고, 노예로 만드는 것과 같은 공상 과학에서나 나올법한 개념이라고 할 수 있다.

그럼에도 불구하고 인공지능의 발전은 초인공지능의 등장을 예견할 수 있게 하며, 이론적으로는 인간이 하는 모든 일에서 훨씬 더 뛰어난 능력을 보일 수 있다. 여기에는 수학, 과학, 스포츠, 예술, 의학, 취미, 정서적 관계 등 그야말로 인간이 수행하는 모든 범주가 포함된다.

초인공지능의 실현을 위해서는 더 큰 메모리와 데이터, 입력 정보를 처리하고 분석할 수 있는 빠른 컴퓨팅 능력이 필요하다. 이러한 기술적인 진보가 이루어지면 초 지적 존재는 의사 결정 및 문제 해결 능력 등에서 인간보다 훨씬 우월할 것이다. 기계가 자기를 인식하는 초 지적 존재가 된다면 이러한 기계들은 자기 보존과 같은 생각도 할 수 있을 것이다. 이는 결국 인류의 생존과 삶의 방식에 영향을 미칠 것이며 그 결과가 어떠할지는 아직은 단지 추측할 수 있을 뿐이다.

약인공지능을 활용한 교수·학습 시스템

급격하게 발전하고 있는 인공지능을 수업에 어떻게 활용할 수 있을까? 일단 약인공지능을 수업에 활용하기 위해서는 지능형 교수 시스템(ITS)과 같은 수업 체제가 필요하다. 지능형 교수 시스템은 컴퓨터 시스템으로서 학습자들에게 필요한 피드백을 적시에 제공하는 맞춤형 교수 시스템이다. 이 때문에 극단적으로는 인간 교사의 개입이 필요하지 않을 수도 있다. 이 같은 수업 체제가 교실로 들어오면 다음과 같은 두 가지 형태의 수업이 이루어질 수 있다[67].

AI 주도 교육(AI-Led Education)

2014년에 설립한 중국의 Squirrel AI는 중국 최초로 인공지능 기반 적응형 교육을 제공하는 업체다[68]. Squirrel 시스템은 고도로 숙련된 교사와 협력해 수업 주제를 가능한 한 작은 개념 자료 블록으로 나누어 수업을 진행한다. 예를 들어, 중학교 수준의 수학 과목에서는 지식 공간 이론(Knowledge Space Theory, KST)을 이용해 1만여 개 이상의 지식 포인트로 과정을 세분화했다. 이 수준의 세분화를 통해 Squirrel은 학생의 지식 격차를 누구보다 더 정확하게 '진단'할 수 있다.

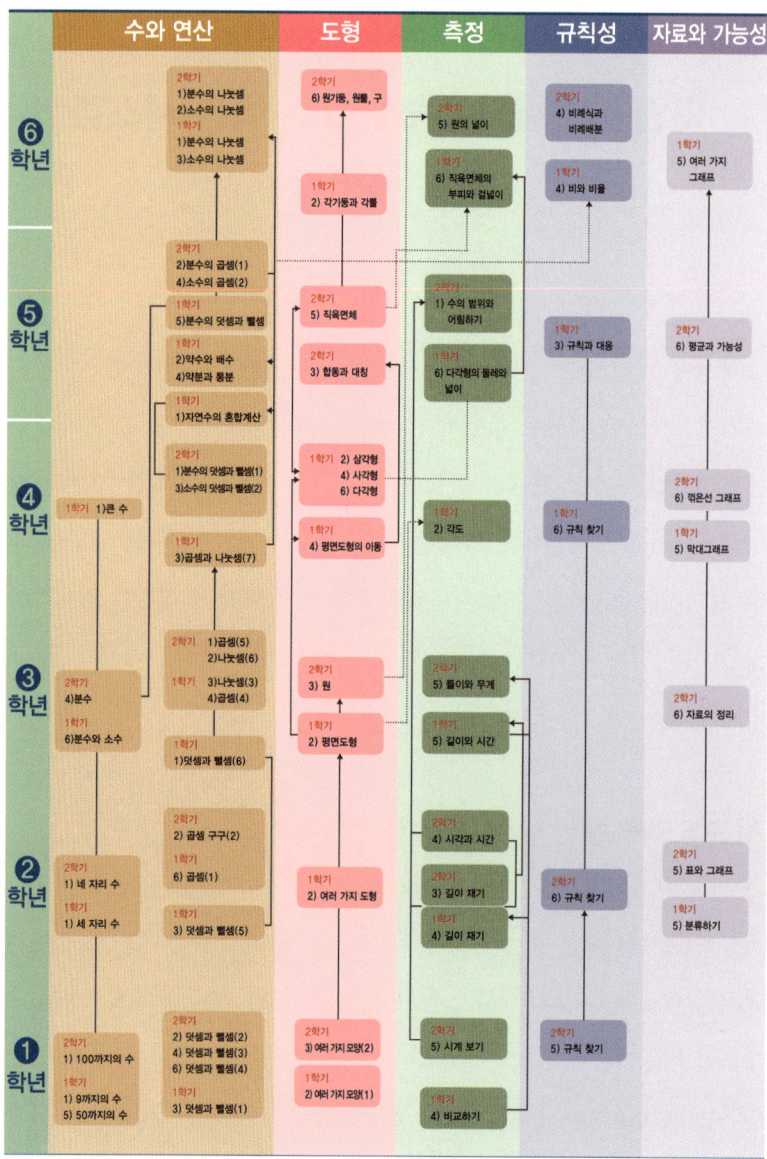

초등 수학 교육 과정 계통도

여기에 사용된 지식 공간 이론(KST)은 학습자의 현재 지식 상태를 학습자가 해결할 수 있는 문제의 집합으로 본다. 예를 들어, 특정 학생 김 OO군의 지식 상태는 그 학생이 풀 수 있는 수학 문제의 집합으로 볼 수 있다는 것이다. 좀 더 쉽게 이해하기 위해 자세한 예를 들어 보겠다. '곱셈'이라는 지식 상태, 즉 집합이 있고 그 집합 안에 A와 B라는 문제가 있다고 가정한다. A는 곱셈에 대한 문제이며, B는 덧셈과 곱셈이 모두 포함된 문제다.

학생 김 군이 A와 B 두 문제를 푸는 상황에서, 만약 그 학생이 B라는 문제를 풀 수 있다면 아마 이 학생은 A라는 문제도 풀 수 있다고 추측할 수 있을 것이다. 곱셈과 덧셈이 결합된 B 문제는 A라는 문제의 곱셈 유형을 포함하기 때문이다.

만일 '질문'이 학습자가 갖추어야 할 특정 교과의 지식 내용이라고 가정하면, 지식 공간(지식의 위계를 포함한 지식 내용)을 표현하기 위해 학습자의 지식 구조를 결정할 필요가 있다. '수학' 교과의 중요 지식 내용을 여러 가지로 나누고 각 지식 공간을 인과 관계로 설정하면 왼쪽 페이지와 같은 계통도로 표현할 수 있다.

또 다양한 수학 공식으로 계산한 확률값을 활용하여 학습 경로를 설정할 수 있다. Squirrel AI의 주요 기능을 활용하면 학습자의 적절한 학습 성취를 위한 학습 경로를 설정할 수 있다.

다음 그림에서는 지식 공간에서 학습자의 지식 구조를 예시하고 있다. 굵게 표현된 선은 학습자의 결정적 학습 경로를 보여주는데 이 경우 학습자의 결정적 학습 경로는 A-B-C-E 라고 할 수 있다[69].

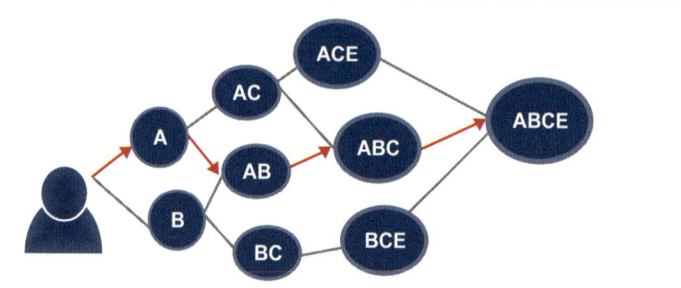

결정적 학습 경로

학습자들은 이런 형태의 수업에서 지능형 교수 시스템과 함께 공부하고, 자신의 부족한 부분을 시스템을 통해 파악할 수 있다. 교사는 학생별 오답, 문제를 푸는데 걸리는 시간, 총점 등의 데이터를 활용해 개별 학생의 강점, 약점, 지식 수준, 관심 분야 등을 정리해 관리할 수 있다. Squirrel AI 시스템은 이를 위하여 약 40만 개의 동영상 강의 과정과 1,000만 개의 문제를 포함하고 있는 데이터베이스를 갖추고 있다. 또한 시간이 지남에 따라 잊히는 정도를 분석하는 인지 과학의 망각 곡선을 적용함으로써 학생들이 학습 후 망각하는 학습 개념을 축적해 보충하도록 하는 시스템도 갖추고 있다. 온라인, 오프라인이 결합된 비즈니스 모델을 기초로 70%는 인공지능이, 30%는 인간 교사가 교육을 진행한 결과 개인별 맞춤 학습 계획과 일대일 지도를 통해 기존 학습 방법보다 5~10배 높은 학습 효과를 거두었다.

AI 보조 교육(AI-Assisted Education)

인공지능 보조 교육은 교사의 보조자로 인공지능 시스템을 활용함으로써 교사의 교수 역량을 강화시키는 교육 방법이다. 대표적인 예로 중국의 ALO7이라는 시스템이 있다. ALO7은 영어를 가르칠 때 인공지능이 보조적인 역할을 수행하는 교육 서비스다[70]. ALO7의 접근 방식은 어휘 학습 과정에 인공지능 기반의 적응형 학습 체제(학습자 개개인의 능력이나 스타일에 맞게 학습 방법, 학습량 등을 맞춤형으로 제공하는 학습 시스템)를 적용함으로써 스스로 학습할 수 있도록 하는 것이다. 즉, 집에서 애플리케이션 통해 어휘 학습을 할 때 발음과 연습은 음성 인식 알고리즘을 통해 교정을 받을 수 있다. 그렇지만 글쓰기, 의사소통이나 창의력이 필요한 것은 교실에서 교사와 함께 익히도록 한다. 이렇게 인간 교사의 역할과 인공지능 기술이 가지고 있는 장점 모두를 활용할 수 있는 ALO7을 교육 현장에 투입한다면 교육 효과를 극대화시킬 수 있다. 중요한 것은 인공지능이 주도하거나, 인공지능이 인간을 보조할 때 다음과 같은 인간 교사의 장점을 잊지 말아야 한다는 것이다[71].

- 인간 교사는 자신들의 경험에 기초하여 가르칠 수 있다.
- 인간 교사는 여러 가지 수업 내용을 인지적인 관점에서 연결해 제공할 수 있다.
- 인간 교사는 학습자들과 사회적인 연결이 가능하다. 인간 교사는 강세, 소리의 크기 등을 변화시켜 말함으로써 인간적인 소통이 가능하다. 즉, 학습자들이 강의에 집중할 수 있도록 학습 분위기를 조성하는 역할을 할 수 있다. 이는 인공지능이 할 수 없는, 인간이 잘하는 영역이다.
- 인간 교사는 자신의 몸(신체)을 활용하여 수업할 수 있다. 인간 교사의 몸

은 추상적인 사고를 교육하는 상황에 학습자를 참여시킬 때 귀중한 자원이 된다. 교사는 자신의 신체를 사용하여 교육 수행에 활력을 불어넣고, 조율하고, 시범을 보여주며 학생들의 시선을 고정시킬 수 있다.

- 인간 교사가 즉흥적으로 보여주고, 무엇인가를 행할 수 있다. 좋은 가르침의 핵심 부분은 즉흥적으로 할 수 있는 인간의 능력에 영향을 받는다. 잘 짜인 계획도 중요하지만 이러한 목표와 목표를 중심으로 즉흥적으로 수업이 진행될 수도 있는데, 인간 교사는 이 같은 영역에서 인공지능이 흉내 낼 수 없는 능력을 보인다.

위의 인간 교사의 장점들은 컴퓨터 시스템이 거의 할 수 없는 프로세스들이며, 따라서 인공지능을 활용한 수업에서도 대체될 수 없는 인간 고유의 특징을 살린 수업 방법이 될 것이다.

강인공지능과 약인공지능을 활용한 수업 방안

아직 일어나지 않은 미래의 일이지만 인공지능이 급속하게 발전하는 것으로 보아 미래에는 틀림없이 많은 것들이 바뀔 것이다. 지금 시점에서 새로운 세상을 학생들에게 어떻게 안내할 수 있을지 생각해보는 것도 필요할 것이다. 강인공지능과 약인공지능을 활용한 수업 방안은 무엇이 있을지 함께 고민해 보자.

김 교사_ 최 선생님, 앞에서 배운 강인공지능과 약인공지능을 활용해서 수업해보려고 해요. 어떤 내용으로 수업을 하면 좋을까요?

최 교사_ 좋은 생각이에요! 우리 주변의 인공지능을 찾아볼 수도 있겠고, 앞에서 배웠던 강인공지능과 약인공지능의 차이점을 학생 수준에서 맞춰 분류해 볼 수도 있겠군요. 또 학습한 내용을 실생활에 적용하기 위해서 내가 상상하는 인공지능이나 미래 사회를 표현해보는 것도 좋겠네요. 수업 목표와 성취 기준을 다음과 같이 설계해 보면 어떨까요?

수업 목표

1. 우리 주변의 인공지능을 조사할 수 있다.
2. 강인공지능과 약인공지능의 차이점을 알고 분류할 수 있다.
3. 내가 상상하는 인공지능이나 미래사회를 표현할 수 있다.

관련 교과 및 성취 기준

국어 [6국01-04] 자료를 정리하여 말할 내용을 체계적으로 구성한다.
　　　　　　　(발표할 내용 준비하기)

국어 [6국05-04] 일상생활의 경험을 이야기나 극의 형식으로 표현한다.
　　　　　　　(자신이 되고 싶은 인물 떠올리며 즉흥 표현하기)

국어 [4국05-03] 이야기의 흐름을 파악하여 이어질 내용을 상상하고 표현한다.
　　　　　　　(만화 영화를 감상하고 사건을 생각하며 이어질 내용을 쓰기)

김 교사_ 좋아요. 최 선생님의 의견을 바탕으로 세 가지 수업을 설계해 보았어요. 첫 번째 수업은 우리 주변의 인공지능을 찾고 하나를 선택해 표, 도표, 사진 등 매체의 특성을 이해하여 발표할 내용을 준비하는 수업이에요. 다음 수업의 흐름과 세부 내용을 참고해 주세요.

수업의 흐름

주변의 인공지능 찾기 ⇒ 여러 매체의 특성 파악하기 ⇒ 발표 내용 준비하기

〈동기유발〉 알파고 영상(다큐멘터리) - 알파고와 관련된 영상을 시청하며 우리 주변의 인공지능이 발달한 정도를 실감한다.
〈 활동 1 〉 우리 주변의 인공지능에 관해 이야기 나누기
〈 활동 2 〉 강인공지능과 약인공지능 알아보기
〈 활동 3 〉 우리 주변의 인공지능 중 하나를 주제로 선정하고 발표 자료 준비하기

최 교사_ 발표할 주제에 알맞은 자료를 찾을 때 표, 그래프 외에 다양하고 새로운 자료가 많으니까 학생이 생각해 볼 수 있도록 지도하는 것이 좋겠네요. 사진, 동영상, 도표 등의 특성이나 장단점을 파악하는데 미흡한 친구들이 있어요. 이럴 때는 선생님께서 가이드를 주시는 것도 좋을 것 같아요. 인공지능과 관련된 새로운 자료를 좀 더 많이 활용할 수 있도록 안내해 주는 것도 좋을 것 같아요. 용어가 어려울 수도 있으니까 쉽게 이해할 수 있도록 풀어서 설명하며 지도하는 것이 좋겠네요. 고민해야 할 부분을 다음과 같이 정리해보았어요.

수업 팁

1. 다양한 자료(사진, 동영상, 도표 등)의 특성 파악이 미흡한 학생은 발표 자료 작성이 어려울 수 있으므로 선택한 방법에 대한 가이드를 주는 것도 좋다.
2. 사진과 동영상 등 한정적인 자료 외 새로운 자료를 활용할 수 있도록 안내한다.
3. 〈활동1〉에서 토의한 인공지능의 예시 외에 다양한 주제가 나오도록 지도할 필요가 있다.
4. 주제에 따른 어휘나 낱말이 경우에 따라 어려울 수 있으므로 학생의 관점에서 이해할 수 있도록 쉽게 풀어서 설명할 필요가 있다.

김 교사_ 이번에는 자신이 되고 싶은 인공지능을 주제로 한 연극을 소개해 주는 수업을 설계해 보았어요. 이전 차시에서 학생들이 자신의 감정이나 생각을 몸짓으로 나타내는 활동을 하고, 이번 차시에서는 자신이 되고 싶은 인공지능을 조사하고 가면을 만들어 친구들과 이야기할 수 있도록 해보려고 해요.

> **수업의 흐름**

연극의 특성 살펴보기 ⇒ 자신이 되어보고 싶은 인공지능 ⇒ 가면 만들기(미술)

〈동기유발〉 상상하며 걷기 ⇒ 배경 음악 또는 간단한 노래를 부르며 움직이기
〈활동 1〉 자신이 되고 싶은 인공지능 조사하기
〈활동 2〉 자신이 되고 싶은 인공지능의 가면 상상하여 그리기
〈활동 3〉 가면을 쓰고 자기를 소개한 후 친구들과 이야기 나누기

최 교사_ 학생들이 연극하는 것을 수줍어할 수도 있기 때문에 배경 음악을 틀거나, 간단한 노래를 부르면서 움직이는 활동을 함께 진행하면 효과적일 것 같아요. 또 지금은 없지만 앞으로 생길 수 있을 법한 인공지능을 표현해 보는 것도 좋겠네요.

 수업 팁

1. 학생들이 연극을 하면서 수줍어하는 경우가 많으므로 수업 전 분위기를 부드럽게 만들 수 있는 아이스 브레이킹 활동이 충분히 요구된다.
2. 강인공지능의 예를 미리 조사해 오도록 하면 시간을 단축할 수 있으며, 앞으로 생길법한 인공지능을 생각해보고 정하는 것도 좋다.
3. 학생들이 가면을 사용하면 조금 더 자신 있게 연극 수업에 참여할 수 있다.

김 교사_ 마지막으로 인공지능과 관련된 만화 영화를 감상하고 사건을 생각하며 이어질 내용을 쓰는 수업을 설계해 보았어요. 이전 차시에서 학생들이 만화 영화나 영화를 올바르게 감상하는 방법을 알고 작품을 접할 때 서로의 생각이 다르다는 것을 학습했습니다. 이번 차시에서는 인공지능 로봇이나 소프트웨어가 나오는 만화 영화를 선정하고 그 중 적절한 장면을 보여주고 이어질 내용을 학생들이 써볼 수 있도록 구성했어요.

수업의 흐름

AI 로봇이 나오는 만화 영화 감상하기 ⇒ 이어질 내용 쓰기

〈동기유발〉 로봇이 주인공으로 나오는 만화 영화 장면 감상하고 어떤 장면인지 상상하기

〈 활 동 1 〉 만화 영화 감상하기

〈 활 동 2 〉 만화 영화 등장 인물의 갈등 상황 이해하기

〈 활 동 3 〉 이어질 내용 상상하여 쓰고 친구들과 공유하기

최 교사_ 최근 인공지능이 들어간 만화 영화가 굉장히 많아요. 학생들이 많이 접한 만화 영화를 제시하면 뒤의 내용이 비슷할 수 있어서 학생들이 많이 접하지 못한 영화를 선정해서 제시하는 것이 좋을 것 같아요.

 수업 팁

1. 학생들이 많이 접하지 못한 만화 영화를 선정하여 제시하는 것이 좋다.
2. 학생들이 장난스럽게 수업에 임하지 않도록 지도하며, 충분히 생각할 수 있는 시간을 제공하는 것이 좋다.

초인공지능을 활용한 수업 방안

인공지능 기술은 딥러닝을 통해 스스로 학습하는 단계까지 진화했다. 이제는 인공지능이 어디까지 발전할지 사람들의 관심이 높아지고 있다. 미래에는 정말 인간의 지성, 이성뿐만 아니라 자의식이나 감정을 갖춘 인공지능이 탄생할 수 있을까? 초인공지능 시대를 대비하기 위해서 학생들과 어떤 수업을 할 수 있을까?

김 교사_ 최 선생님 덕분에 학생들과 재미있는 수업을 해볼 수 있었어요. 이번에는 초인공지능을 활용해서 수업을 설계해 보려고 해요. 초인공지능이 우리 생활에 미치는 영향을 주제로 하는 수업도 가능할 것 같고, 인공지능의 발전으로 초인공지능이 등장했을 때의 사회 모습을 표현해 보는 수업도 가능할 것 같아요.

수업 목표
1. 초인공지능이 우리 생활에 미치는 영향에 대해 말할 수 있다.
2. 초인공지능이 도래했을 때의 미래사회를 표현할 수 있다.

관련 교과 및 성취 기준

국어 [6국03-04] 적절한 근거와 알맞은 표현을 사용하여 주장하는 글을 쓴다.
　　　　　　　(자료를 활용하여 글쓰기)
국어 [6국01-03] 절차와 규칙에 따라 근거를 제시하며 토론한다.(주제 정해 토론하기)
미술 [6미02-02] 다양한 발상 방법으로 아이디어를 발전시킬 수 있다.

최 교사_ 대단해요, 김 선생님. 이제는 직접 수업을 설계해 볼 수도 있겠는걸요?

김 교사_ 첫 번째 수업은 초인공지능이 우리 생활에 미치는 영향에 대해 자기 생각을 글로 쓰는 수업이에요. 이미 학습한 논설문의 특성, 주장, 근거, 짜임이 잘 드러날 수 있게 글을 쓰도록 하며, 다양한 자료를 활용해서 발상의 근거를 명확하게 뒷받침할 수 있도록 지도하는 것이 중요하겠죠? EBS에 있는 인공지능 관련 다양한 영상 중에서 적절한 것을 제시하고, 인공지능 발전에 대한 시각과 나의 의견을 써볼 수 있도록 할 예정입니다.

수업의 흐름

미래 인공지능이 우리 생활에 미치는 영향 ⇒
논설문의 특징이 드러나는 인공지능의 발전에 대한 글쓰기
〈동기유발〉 인공지능 발전과 관련된 영상 시청하기
〈 활 동 1 〉 영상을 보며 중요한 내용 정리하기
〈 활 동 2 〉 자료를 활용하여 쓸 내용 정리하기
〈 활 동 3 〉 정리된 내용을 바탕으로 인공지능과 관련해 자신의 생각 글쓰기

최 교사_ 자기 생각이 무엇인지 명확하지 않다면 다양한 자료를 좀 더 찾아볼 수 있도록 지도하는 것이 좋겠네요. 인공지능의 발전에 대해 찬성하거나 반대하는 자료를 학생들이 직접 찾아본다면 글의 내용이 더 풍부해질 것 같아요. 물론, 교사가 미리 정돈된 자료를 제시할 수도 있겠네요. 마지막으로 학생들이 자신이 쓴 글을 한번 읽어보고 고쳐 쓰기가 필요한 까닭에 대해 언급한다면 다음 차시의 고쳐 쓰기 활동에 자연스럽게 연결될 수 있겠죠?

수업 팁

1. 인공지능의 발전에 대해 학생들이 자신의 의견이 명확하지 않을 경우 다양한 자료를 찾아볼 수 있도록 지도하는 것이 좋다.
2. 인공지능의 발전과 관련하여 찬성, 반대 자료를 학생들이 직접 찾는 것이 바람직하다. 학급 상황을 고려하여 교사가 미리 정돈된 자료를 제시할 수 있다.
3. 논설문을 쓰기 전 학생들이 자신이 쓸 내용(주장, 근거, 뒷받침 내용 등)을 미리 작성하여 교사가 그 내용에 대해 지도하면 글쓰기와 관련된 배경 지식을 활성화할 수 있다.
4. 학급 상황에 따라 고쳐쓰기가 필요한 까닭에 대해 강조할 수 있다.

김 교사_ 와! 정말 도움이 되는 수업 팁이에요. 두 번째 수업은 미래 인공지능에 대해 토론해 보는 수업이에요. 이전 차시에서 토론의 특성, 토론하는 절차와 방법에 대해 학습하고 이번 차시에서는 미래 인공지능에 대한 긍정적인 시각과 부정적인 시각을 함께 다루어 보면 좋겠어요. 주제에 대한 자신의 의견을 정하고, 토론 준비표를 작성해서 실제 토론을 진행하는 수업으로 설계했어요.

참고 수업 자료(주제를 정해 토론하기)

인공지능의 이해 _ 117

> **수업의 흐름**

토론의 특성 이해하기 ⇒ 인공지능의 발전이 우리 생활에 미치는 영향 토론하기

〈동기유발〉 미래 인공지능의 두 시각에 관련된 영상 시청하기
〈 활동 1 〉 주제에 대한 자신의 의견 정하기
〈 활동 2 〉 토론 준비표 작성하기
〈 활동 3 〉 토론하기

최 교사_ 인공지능의 발전과 관련된 주변의 예시 중에서 학생들이 관심을 가질 만한 것을 골라 사전에 제공하면 좋겠네요. 또 아직 일어나지 않은 미래의 일이기 때문에 토론을 하다 보면 학생들이 비현실적인 근거를 예로 들 수 있을 것 같은데 이런 부분에 대해 지도해 주면 더 원활한 토론 수업이 가능하겠네요.

수업 팁

1. 인공지능의 발전에 대한 예시를 사전에 제공하여 토론을 해야 하는 이유를 설명하는 것이 좋다.
2. 미래의 일이므로 학생들이 비현실적인 근거를 들 수 있다. 이에 대한 사전 지도가 필요하다.

김 교사_ 마지막 수업은 미래 인공지능의 발전 모습을 상상하여 그리는 수업이에요. 분해하기, 결합하기 등 다양한 발상 방법을 통해 미래의 모습을 생각해 보고 인공지능 발달이 어떤 변화를 가져올지 그림으로 그려보는 수업을 설계해 보았어요. 작품이 완성되면 친구들과 서로의 작품을 살펴보고 이야기를 나누면서 마무리하려고 합니다.

수업의 흐름

다양한 방법으로 인공지능의 발전 모습 상상하기 ⇒ 상상화 그리기

〈동기유발〉 1960년대에 미래 생활을 그린 그림과 현재에 미래 생활을 그린 그림 감상하기

〈 활 동 1 〉 미래의 모습에 대해 생각해보기

〈 활 동 2 〉 상상하여 그리기

〈 활 동 3 〉 친구들과 서로의 작품 보고 이야기 나누기

참고 수업 자료(상상화 그리기)

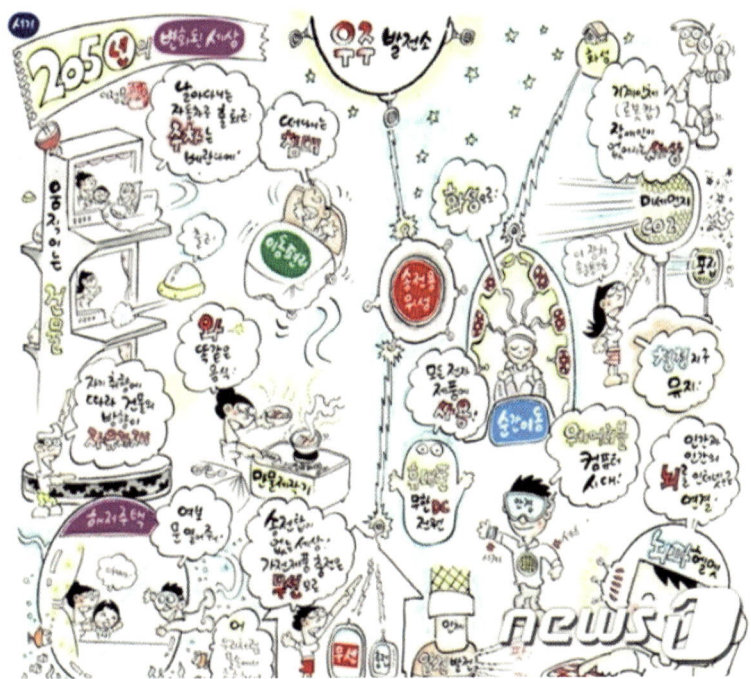

한국전력이 상상하는 2050년대 생활 모습_ 출처: 한국전력

최 교사_ 미래의 모습을 상상해보라고 하면 생각할 수 있는 범위가 너무 넓어서 학생들이 주제를 잡기 어려울 수도 있을 것 같아요. 2040년대, 2050년대와 같은 특정 시기를 지정해주고 "그때는 어떤 모습일까?"라고 제시하는 것도 좋겠네요. 학생들이 막연한 미래의 모습을 생각하다가 영화에서 보는 인공지능을 주제로 그릴 수도 있을 것 같은데 미리 간단한 학습지 등을 과제로 제시해서 미래 사회의 변화 모습을 구체적으로 찾아볼 수 있도록 지도하는 것도 필요하겠네요.

김 교사_ 감사합니다. 선생님! 학생들과 즐겁게 수업해볼 수 있겠어요.

수업 팁

1. 상상의 범위가 너무 넓어 주제를 잡기 어려울 수 있다. "2050년도에는 어떤 모습일까"라고 제시하여 주는 것이 좋다.
2. 수업 시간에 미래의 모습을 생각하면 학생의 시각이 좁아질 수 있으므로 간단한 학습지 등을 과제로 제시하여 미래사회의 변화 모습을 찾아보는 것이 좋다.
3. 현재 개발되고 있는 날아다니는 자동차 등을 제시하고 기존 사물들을 다른 시각으로 볼 수 있도록 지도하는 것이 좋다.

데이터와 데이터 분석

데이터와 데이터 분석

데이터란?

데이터는 숫자, 단어, 측정값, 관찰 또는 사물에 대한 설명과 같은 사실(fact)의 모음이다. 데이터는 설명 정보(무언가에 대한 설명이나 의견)인 정성적 데이터와 숫자 정보(숫자)인 정량적 데이터로 나눌 수 있다. 학생의 성적 데이터는 정량적 데이터이고, 학습자의 성취도에 대한 교사의 의견은 정성적 데이터라고 할 수 있다. 또한 정량적 데이터는 이산(Discrete) 또는 연속(Continuous) 형태일 수 있다. 이산 데이터는 0, 1, 2 등 정수와 같은 특정 값만 사용할 수 있다. 이에 비하여 연속 데이터는 모든 값(범위 내)을 가질 수 있다.

데이터 분석이란?

데이터 분석은 비즈니스에서 의사 결정시 필요한 정보를 발견하기 위해 데이터를 정리, 변환 및 모델링하는 프로세스를 뜻한다. 사용자는 이러한 과정을 통해 유용한 정보를 추출하고, 데이터 분석 결과를 인용해 의사 결정을 내리는데 활용한다.

다음과 같이 예를 들어 보겠다. 학생들의 진로 지도를 할 때 개별 학생의 취미나 성격 등을 알고 있다면 그런 유형에 잘 맞는 진로나 직업을 추천해 줄 수 있을 것이다. 이와 같은 추천을 하기 위해서는 수많은 학생들의 취미, 성적, 진로 희망, 학업 만족도와 같은 데이터가 필요하다. 즉, 우리가 일상생활에서 어떤 결정을 내려야 할 때 예전의 유사한 상황에서 나타난 결과 또는 특정 결정에 따라 나타난 결과를 기억한다면 보다 올바른 결정을 내릴 수 있다. 다시 말해 데이터 분석이란 우리의 과거를 분석하고 그에 따라 미래에 관한 보다 나은 결정을 하기 위해 과거의 추억이나 미래의 꿈을 수집하고 분석하는 것이라고 할 수 있다. 이를 위해 우리는 과거의 추억이나 미래의 꿈을 수집하고 분석하는 것이며 이것이 데이터 분석이라고 할 수 있다.

데이터 분석 유형

데이터 분석 유형에는 텍스트, 통계, 진단, 예측, 처방 분석 등이 있고 주요한 특징은 다음과 같다.

텍스트 분석 데이터 마이닝이라고도 하는 텍스트 분석은 데이터베이스

데이터 분석 도구

또는 데이터 마이닝 도구를 사용해 대규모 데이터 세트에서 패턴을 발견하는 데이터 분석 방법이다. 텍스트 분석을 위해 우선 데이터 추출과 검사를 통해 패턴을 도출한다. 마지막으로 데이터 패턴을 해석하는 것으로 데이터를 분석한다.

통계 분석 데이터의 수집, 분석, 해석, 표현 및 모델링이 포함되며 데이터 세트 또는 데이터 샘플을 분석한다. 이 유형의 분석에는 기술적 분석과 추론 분석의 두 가지 범주가 있다.

기술적 분석 전체 데이터 또는 요약된 수치 데이터 샘플을 분석하는데 활용하는 방법이다. 연속 데이터에 대한 평균 및 편차를 표시하고 범주형 데이터에 대한 백분율 및 빈도를 표시한다.

추론 분석 완전한 데이터에 포함된 샘플 데이터를 분석한다. 이 유형의 분석에서는 다른 샘플을 선택하면 동일한 데이터에서 다른 결론을 찾을 수도 있다.

진단 분석 통계 분석에서 찾은 통찰력에서 원인을 찾아 데이터의 행동 패턴을 식별하는 데 유용하게 사용된다. 만일 특정 프로세스에 새로운 문제가 발생하면 이 분석 방법으로 조사하여 해당 문제와 유사한 패턴을 찾을 수 있고 새로운 문제에 대해 유사한 처방을 내릴 수 있다.

예측 분석 이전 데이터를 사용하여 '일어날 가능성이 있는 상황'을 보여준다. 이 분석은 현재 또는 과거 데이터를 기반으로 미래 결과에 대해 예측한다. 예측은 일종의 추정인데, 그 정확성은 얼마나 자세한 정보를 가졌는지, 얼마나 파악하고 있는지에 따라 결정된다.

데이터 분석 과정

데이터 분석 과정에는 데이터 요구 사항 수집, 데이터 수집, 데이터 정리, 데이터 분석, 데이터 해석, 데이터 시각화 등이 포함된다.

데이터 요구 사항 수집 데이터를 분석하기 위해 먼저 이 데이터 분석을 통해 무엇을 하고자(또는 얻고자) 하는지 목적을 생각해야 한다. 그리고 목적에 따라 원하는 데이터 분석 유형을 결정해야 한다. 이 단계에서는 분석할 대상과 측정 방법을 결정해야 하며, 조사하는 이유와 이 분석을 수행하기 위해 사용하는 측정값, 측정값의 유형을 파악해야 한다.

데이터 수집 데이터 수집 과정에서는 요구 사항 파악 후 측정해야 할 사항과 결과가 무엇인지에 대한 명확한 아이디어를 가져야 한다. 데이터를 수집할 때 유의 사항으로는 다양한 데이터 원천(source)에서 수집했기 때문에 데이터 수집 날짜와 데이터 출처를 기록하고 보관해야 한다.

데이터 정리 수집된 데이터가 분석 목표와 관련이 없거나 유용하지 않을 수 있으므로 수집한 원 데이터(raw data)를 정리해야 한다. 또한 손실된 부분의 데이터를 어떻게 처리할 지도 결정해야 한다. 수집된 데이터에는 중복 레코드, 공백(null) 또는 오류가 포함될 수 있으므로 데이터를 정리하고 오류가 없도록 해야 한다. 이 단계는 데이터 정리에 따라 분석 결과가 예상 결과에 더 가깝거나 멀어질 수 있기 때문에 분석 전에 반드시 수행해야 한다.

데이터 분석 데이터를 수집, 정리하고 나면 분석할 준비가 모두 끝났다. 데이터를 처리할 때 필요한 정확한 정보를 얻을 수도 있지만, 더 많은 데이터를 수집해야 할 수도 있다. 필요하다면 데이터 분석 요구 사항에 따라 결론을 이해, 해석 및 도출하는 데 도움이 되는 데이터 분석 도구 및 소프트웨어를 사용할 수 있다. SPSS나 Matlab, R 등 고급 도구나 프로그래밍 언어를 활용하는 것도 한 방법이 될 수 있다.

데이터 해석 데이터를 분석한 후 마침내 결과를 해석하는 단계다. 데이터 분석을 표현하거나 전달하는 방법을 단순히 단어를 사용하거나 표 또는 차트를 사용할 수도 있다.

데이터 시각화 일상생활에서 일반적으로 활용하는 방법이다. 데이터 시각화는 사람이 데이터 분석 결과를 쉽게 이해할 수 있도록 돕기 위해 차트와 그래프의 형태로 표현한다. 데이터 시각화는 인간의 두뇌가 더 쉽게 이해하고 처리할 수 있도록 도와주기 위한 목적이며 종종 알려지지 않은 사실과 추세를 발견하는 데 사용되기도 한다. 데이터 간의 관계를 관찰하고 데이터 세트를 비교하면 의미 있는 정보를 찾을 수도 있다.

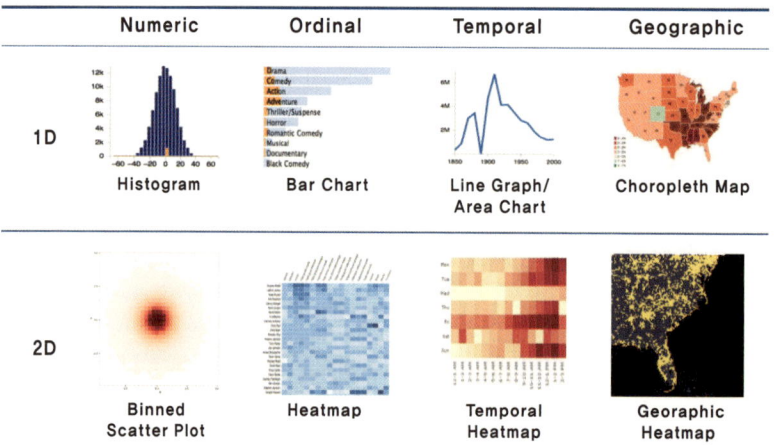

데이터를 시각화하는 다양한 방법_ 출처: Liu, Z. et al, 2013[72]

Google 트렌드란?

Google 트렌드는 다양한 지역 및 언어에서 Google 검색어의 인기도를 분석하는 Google의 하위 웹사이트다. 전 세계를 대상으로 빅데이터를 분석하기 때문에 분석할 수 있는 데이터 양이 방대하며, 이를 통해 다양하고 의미 있는 분석이 가능하다. Google 트렌드의 주요 기능으로는 '탐색', '인기 급상승 검색어', '올해의 검색어'가 있다.

Google 트렌드 탐색

- 원하는 검색어를 최대 5개까지 추가하여 관심도를 비교할 수 있다.
- 국가, 기간, 카테고리, 검색 종류(유튜브 검색 관심도 등) 설정이 가능하다.
- 시간의 흐름에 따른 관심도의 변화를 알 수 있다.
- 국가별 관심도를 비교할 수 있다.
- 가장 관심이 높은 검색량을 100으로 하여 비율을 나타낸다.

Google 트렌드 인기 급상승 검색어

지난 24시간의 일별 인기 급상승 검색어를 국가별로 확인할 수 있으며 현재는 일부 국가만 사용할 수 있다.

Google 트렌드 올해의 검색어

각 연도의 인기 검색어를 전 세계 및 국가별로 확인할 수 있다. 전년도와 비교해 검색 양이 가장 많이 증가한 검색어 순으로 보여주며 종합, 뉴스, 드라마, 영화 등 종류별로 확인할 수도 있다.

Google 트렌드의 장단점

장점	단점
• 전 세계의 빅데이터 수집 가능 • 조건 검색을 통해 원하는 의미와 영역의 데이터 조회 가능	• 국내 검색 포털의 검색량은 제외됨 • 인기 급상승 검색어의 경우 지난 24시간을 기준으로 하므로 실시간 검색량 확인이 어려움(국내 기준)

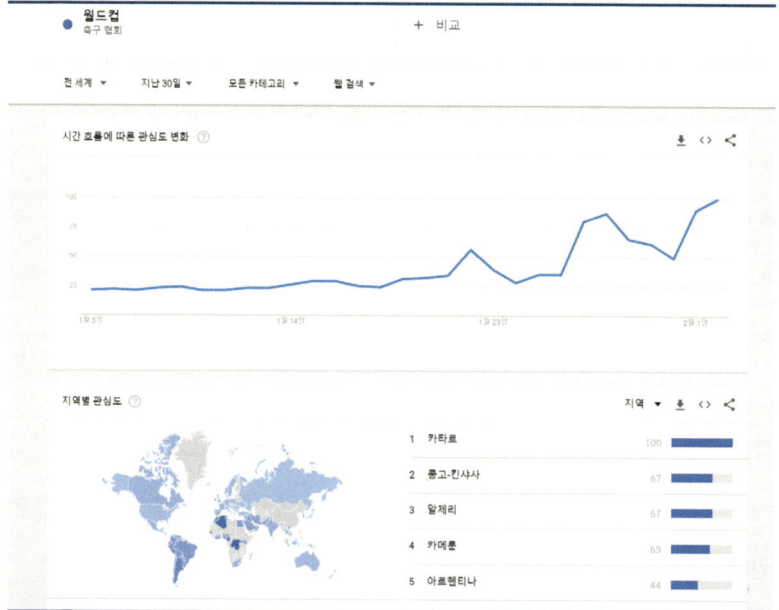

Google 트렌드의 기능

네이버 데이터랩이란?

네이버 데이터랩은 네이버 검색 빅데이터를 통해 트렌드를 알 수 있는 네이버의 하위 웹 페이지다. 국내 빅데이터를 분석할 수 있으며 세분화된 분석 조건을 활용한 의미 있는 분석이 가능하다.

급상승 검색어
검색 횟수가 급상승한 검색어의 순위를 제공한다. 실시간 파악이 가능하며 집계 주기, 연령, 이슈 등 상세 옵션을 활용한 순위 파악이 가능하다.

검색어 트렌드
네이버 통합 검색에서 특정 검색어가 얼마나 검색되었는지 확인할 수 있으며 기간별/기기 범위/연령별/성별 등을 설정하여 검색할 수도 있다. 주제어와 관련된 연관 단어를 직접 입력할 수 있으며 그래프를 제공하고 엑셀 파일로 다운로드할 수 있다.

쇼핑 인사이트
쇼핑 분야별 검색 순위를 파악할 수 있다. 선택한 분야의 클릭량, 기기별, 성별, 연령별 검색 비중을 파악할 수 있다. 여러 분야를 비교할 수 있으며 그래프를 제공하고 엑셀 파일로 다운로드할 수 있다.

지역 통계

지역별 관심도 선택한 지역의 관심 업심의 순위를 상위 10개까지 확인할 수 있다. 지역별/업종별로 관심도를 구분하여 검색할 수 있으며 상위 조건이 다르거나 단위가 다른 조건은 동시에 선택할 수 없다.

카드 사용 통계 BC카드에서 제공하는 데이터를 기반으로 카드 사용 내역 정보를 제공한다. 지역별/업종별로 관심도를 구분하여 검색할 수 있으며 상위 조건이 다르거나 단위가 다른 조건은 동시에 선택할 수 없다.

댓글 통계

뉴스 서비스에서 작성된 댓글 현황을 데이터로 제공한다. 2018년 12월 1일 데이터부터 제공하며 어떤 분야에서 사람들이 관심을 많이 보이는지 파악할 수 있다. 섹션별, 시간대별, 성별, 연령대별 등 파악이 가능하다.

네이버 데이터랩의 장단점

장점	단점
• 국내에 특화된 빅데이터를 검색할 수 있다. • 카드 사용 내역 등 연계된 데이터를 확인할 수 있다. • 세분화된 검색 조건 설정이 가능하다.	• 네이버 포털의 검색 데이터를 확인하기 때문에 국내 데이터에 한정된다.

엔트리 모델 학습

엔트리(Entry)란?

엔트리는 네이버의 비영리 교육 기관인 네이버 커넥트재단에서 운영하는 블록형 프로그래밍 언어 플랫폼이다. 크게 학습하기, 만들기, 공유하기, 커뮤니티로 구성되어 있으며, 국내 초·중등학교에서 주로 사용하는 플랫폼이다.

교육용 프로그래밍 언어 '엔트리' 실행 화면

엔트리 인공지능 블록이란?

엔트리는 인공지능 블록을 제공한다. 인공지능 블록에서는 파파고와 같은 네이버에서 개발한 인공지능 엔진을 이용한 기능을 활용할 수 있다.

단, 인터넷이 연결되어 있어야 한다.

번역 네이버의 파파고 번역기를 이용해 다른 언어로 번역할 수 있는 블록을 제공한다.

비디오 감지 카메라를 이용하여 사람, 얼굴, 사물 등을 인식하는 블록을 제공한다.

오디오 감지 마이크를 이용하여 소리와 음성을 감지할 수 있는 블록을 제공한다.

읽어주기 음성 합성 기술로 다양한 목소리를 활용해 문장을 읽는 블록을 제공한다.

인공지능 블록 불러오기 화면

엔트리 인공지능 모델 학습

'인공지능 모델 학습하기' 기능은 직접 인공지능 모델을 만드는 기능으로 로그인이 필요하다. 크게 학습 데이터(이미지, 텍스트, 음성 등)를 사용한 분류 모델 학습과 데이터 테이블(숫자)을 사용한 예측 및 군집 모델 학습으로 나눌 수 있다. 세부적으로는 여섯 가지 방법으로 제작할 수 있다.

학습 데이터 사용 모델 학습 학습 데이터를 입력하여 그 데이터를 바탕으로 학습·분류하는 나만의 프로그램을 제작할 수 있다. 구분하려는 항목을 클래스로 나누어 기준을 만들고 각 클래스에 적합한 데이터를 입력한다.

이미지 모델 학습

모델의 이름을 설정한다.

데이터를 분류하는 기준인 클래스의 개수를 설정한다.

각 클래스에 해당하는 이미지의 파일을 촬영하거나 업로드하여 데이터를 제공한다.
- 데이터가 많을수록, 특징이 같을수록 정확한 값을 도출할 수 있다.
- 데이터가 많을수록 모델 학습 시간이 오래 걸린다.

모델을 학습한다.

학습한 모델의 결과를 확인한다.

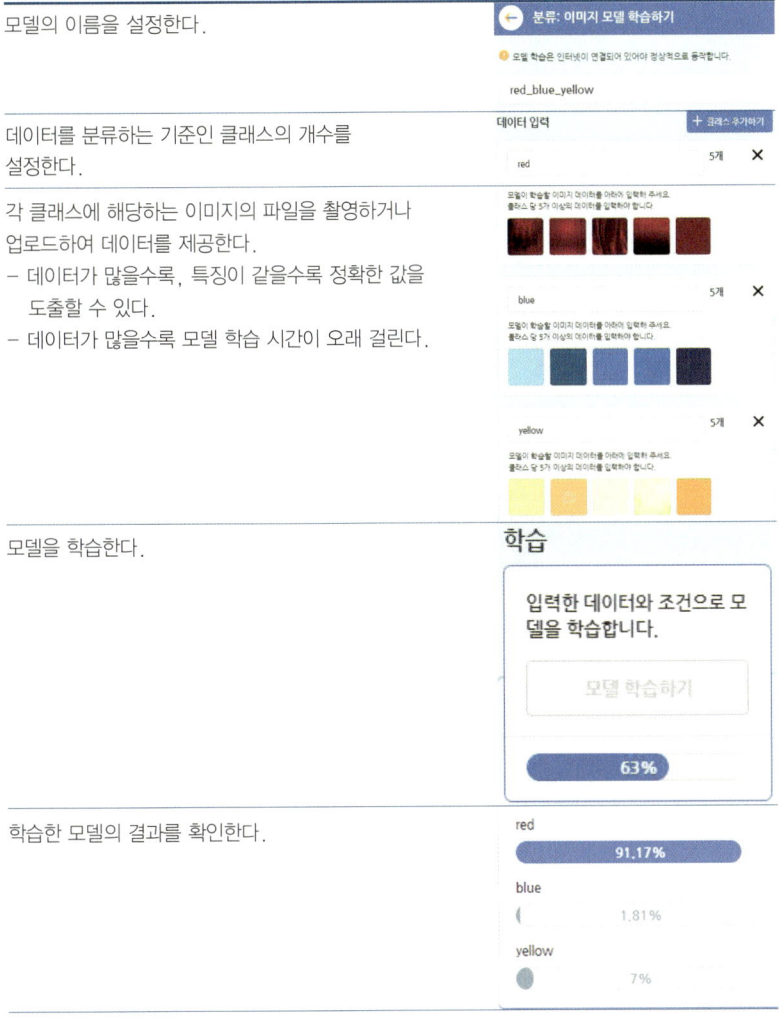

> **이미지 모델 학습** 학습 클래스에 맞는 사진을 입력해 학습시킨다. 가지고 있는 이미지를 업로드하거나, 손으로 쓴 숫자를 캡처할 수도 있다.
> **텍스트 모델 학습** 클래스에 맞는 텍스트를 입력하여 학습시킨다.
> **음성 모델 학습** 클래스에 맞는 음성 파일을 입력하여 학습시킨다.

(숫자)를 바탕으로 나만의 프로그램을 만들 수 있다. 모델을 학습하기 전에 테이블을 먼저 작성해야 한다. 공공 데이터를 불러오거나 조사한 자료를 표로 만들어서 숫자를 예측, 분류하는데 활용할 수 있다. 가능한 인공지능 모델은 분류, 예측, 군집이 있다.

분류 숫자 모델 학습이 가능하다. 테이블의 숫자 데이터는 가장 가까운 이웃을 기준으로 구분한다. 핵심 속성은 모델 학습에 사용할 속성을 의미한다. 클래스 속성은 학습 모델이 알려주는 결괏값을 의미한다. 이웃의 개수는 새로 들어온 데이터가 주변의 이웃 데이터를 몇 개나 참고할 것인가를 결정한다.

예측 숫자 모델 학습이 가능하다. 테이블의 숫자 데이터를 학습해 예측 속성을 찾아내어 알려준다. 핵심 속성은 모델 학습에 사용할 속성을 의미한다. 예측 속성은 새로운 데이터가 입력되었을 때, 그 데이터에 대한 예측값을 구하는 속성을 의미한다.

군집 군집 모델은 분류 모델, 예측 모델과는 달리 비지도학습에 해당한다. 무엇을 어떤 방식으로 학습해야 하는지 알려주지 않아도 학습할 수 있다. 테이블을 입력한 후 몇 개의 군집으로 묶을지 입력하면 스스로 설정한 개수의 군집으로 나누어진다. 핵심 속성은 모델 학습에 사용할 속성을 의미한다. 군집의 개수는 데이터를 구분한 군집의 개수를 의미한다.

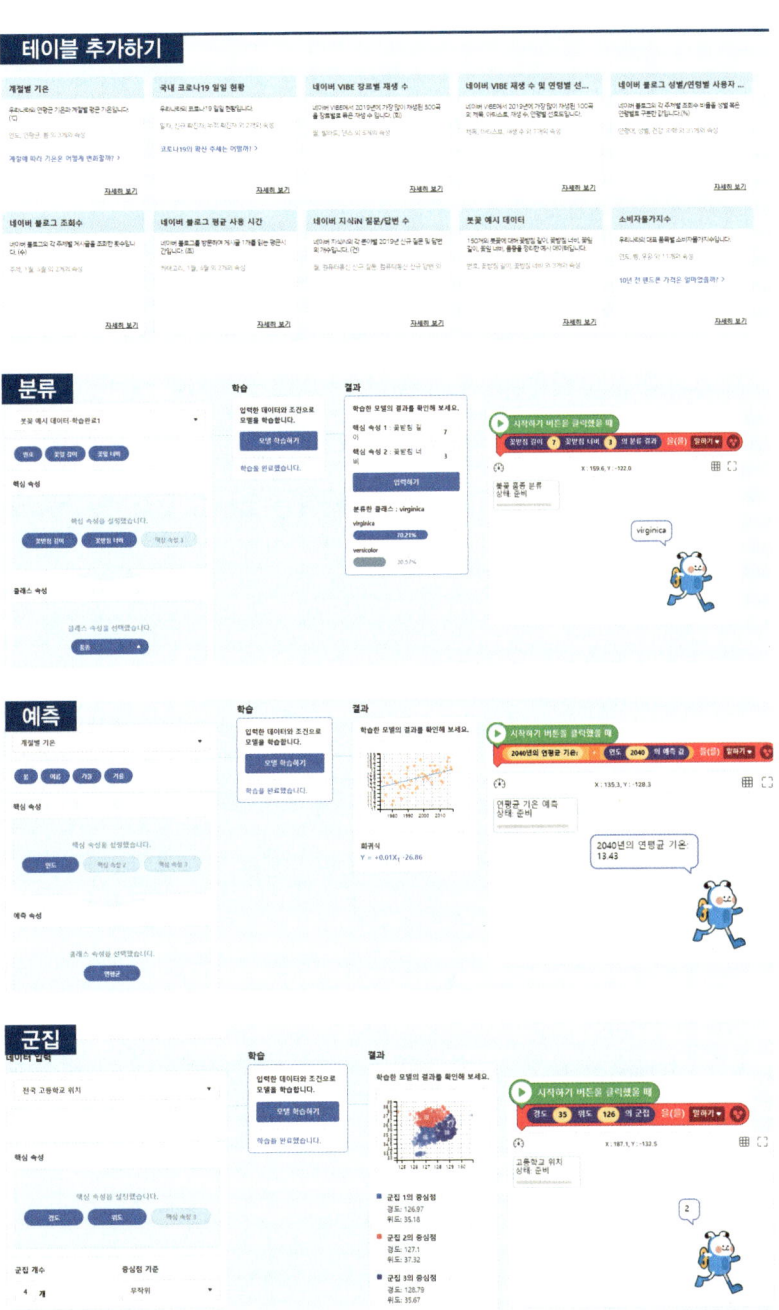

데이터와 데이터 분석 _ 135

빅데이터를 활용한 조사 수업 방안

우리 주변에 있는 빅데이터에 대해 좀 더 관심을 가지면 생각보다 많은 부분에 데이터 분석 기술이 적용되어 있다는 것을 알 수 있다. 학생들과 구글 트렌드와 네이버 데이터랩을 활용하여 수업하기 위해서는 무엇을 알고 준비하면 좋을까?

김 교사_ 최 선생님, 앞에서 배운 구글 트렌드와 네이버 데이터랩이 정말 흥미 있었습니다. 이번에는 이런 빅데이터를 활용해서 조사하는 수업을 해보려고 해요. 어떤 방법으로 수업을 진행하면 좋을까요?

최 교사_ 아무래도 관심 있는 분야를 빅데이터 분석 도구로 조사하고 활용해보는 수업이 좋겠죠? 최근 인기 있는 트렌드나 특정 분야의 관심도 변화를 활용해 볼 수 있겠네요. 저학년의 경우에는 스스로 조사하기 어려울 수 있기 때문에 교사의 도움이 필요합니다. 수업 목표와 성취 기준을 다음과 같이 설계해 보면 어떨까요?

수업 목표

1. 최근 많은 사람들이 관심 있어 하는 내용을 조사할 수 있다.
2. 많은 사람들이 원하는 분야를 조사하여 파악할 수 있다.

관련 교과 및 성취 기준

국어 [6국01-05] 매체 자료를 활용하여 내용을 효과적으로 발표한다.
                (관심 있는 내용으로 뉴스 원고 쓰기)
사회 [6사06-01] 다양한 경제 활동 사례를 통해 가계와 기업의 경제적 역할을 파악하고, 가계와 기업의 합리적 선택 방법을 탐색한다.
                (기업의 합리적 선택 방법 알아보기)

김 교사_ 감사해요, 최 선생님. 먼저 관심 있는 내용으로 뉴스 원고를 쓰는 수업을 설계해 보았어요. 구글 트렌드를 활용해서 많은 사람들이 찾는 내용 중에 내가 관심 있는 내용을 조사해서 뉴스 원고를 작성해보도록 설계했어요. 학생들이 구글 트렌드나 네이버 데이터랩 중 하나를 선택하고 많은 사람들이 관심 있는 주제, 최근 주목받는 주제, 새로운 정보에 해당하는 주제를 선정해 뉴스 원고를 작성하는 수업이에요.

수업의 흐름

구글 트렌드를 활용해 관심 있는 내용 조사하기 ⇒ 뉴스 원고 작성하기

〈동기유발〉 최근 쟁점이 되고 있는 뉴스 영상과 관련 검색어 보여주기
〈 활동 1 〉 구글 트렌드와 네이버 데이터랩을 활용해 뉴스 주제 선정하기
〈 활동 2 〉 관련 내용 조사 및 뉴스 원고 작성하기
〈 활동 3 〉 자신이 쓴 뉴스 원고 되돌아보고 친구들과 공유하기

최 교사_ 빅데이터 활용 수업 전에 구글 트렌드와 네이버 데이터랩의 사용법을 익혀야 수업을 원활하게 이어갈 수 있을 것 같아요. 학생들은 뭐든 쉽게 익히고 흡수하기 때문에 몇 번 해보면 금방 익히겠지만, 수업 안에서 활동으로 제시하기에는 시간이 부족할 수 있겠네요.

이 교사_ 학생들이 선정적이거나 폭력적인 내용을 주제로 다룰 경우도 있어요. 이럴 때는 주제 선정에 대해 어느 정도 지도를 하는 것이 좋겠어요. 그리고 주제를 구글 트렌드와 네이버 데이터랩으로 선정하였다 하더라도 이미 배포된 뉴스 기사의 많은 부분을 그대로 가져오는 학생들도 있을 수 있으니 유의해서 지도하면 좋을 것 같아요.

수업 팁

1. 구글 트렌드와 네이버 데이터랩 사용법은 미리 안내하고 익혀야 수업을 원활하게 진행할 수 있다.
2. 학생들이 선정적이거나 폭력적인 내용을 주제로 다룰 수 있으니 주제 선정에 대해 지도를 하는 것이 좋다.
3. 주제를 선정했더라도 이미 배포된 뉴스 기사의 많은 부분을 그대로 가져오지 않도록 지도하는 것이 좋다.

최 교사_ 좋아요, 이 선생님. 두 번째 수업은 선생님께서 설계해 보시겠어요?

이 교사_ 네, 두 번째 수업은 내가 창업을 한다면 어떤 제품, 어떤 구성으로 창업해 회사를 운영할 것인지 계획을 세우는 수업으로 설계했어요.

먼저 구글 트렌드와 네이버 데이터랩을 활용해 창업 아이템을 선정하고, 세부 내용 조사 및 창업 계획서를 작성합니다. 마지막 활동으로는 다른 친구들이 작성한 창업 계획서 내용을 공유하며 마무리할 계획입니다.

수업의 흐름

구글 트렌드/네이버 데이터랩을 활용하여 트렌드 파악하기 ⇒ 창업 계획 세우기
〈동기유발〉 '어린이은행' 영상 시청하기 ⇒ 학생들도 창업할 수 있음을 안내하기
〈 활동 1 〉 구글 트렌드와 네이버 데이터랩을 활용해 창업 아이템 선정하기
〈 활동 2 〉 세부 내용 조사 및 창업 계획서 작성하기
〈 활동 3 〉 다른 친구들이 작성한 창업 계획서를 보고 내용 공유하기

최 교사_ 마찬가지로 수업 전에 구글 트렌드와 네이버 데이터랩의 사용법은 교사가 미리 안내하고 학생들이 사용법을 익히면 수업이 원활하게 진행되겠네요. 학생들이 창업에 대해 막연하게 생각하거나 어려워할 수 있는데 학생들이 너무 어려워할 경우에는 어느 정도 가이드를 주는 것도 좋겠어요. 검색 능력이 뛰어난 학생은 검색을 통해 제품을 만드는데 필요한 자원과 비용을 검색하고 예상 판매 가격을 정하게 하는 것도 좋은 방안이 될 것 같아요.

수업 팁

1. 구글 트렌드와 네이버 데이터랩의 사용법을 미리 익혀야 수업을 원활하게 진행할 수 있다.
2. 학생들이 너무 어려워할 경우 가전제품 만드는 회사, 옷 만드는 회사 등 범위를 지정해 안내할 수 있다.
3. 제품의 예상 판매 가격은 학생 수준과 여건에 맞게 조절하거나 실제 검색을 통해 필요한 자원과 비용을 검색한 후 정할 수 있다.

참고 수업 자료(기업의 합리적 선택 방법 알아보기)

엔트리 모델 학습을 활용한 수업 방안

국내에서 개발한 블록형 프로그래밍 언어 엔트리는 2020년 2월 데이터 분석 기능을 추가했다. 데이터 분석과 인공지능 모델 학습 기능을 활용하면 학생들이 쉽게 데이터를 분석하고 시각화 할 수 있다. 엔트리를 사용하면 학생들에게 익숙해 진입 장벽이 낮고 엔트리와 연계한 프로젝트 학습도 가능하다는 장점이 있다.

이 교사_ 빅데이터를 활용한 조사 수업도 좋지만 더 나아가 학생들이 직접 데이터를 활용해 인공지능 모델을 학습시키는 수업을 설계해 보려고 해요.

수업 목표
1. 인공지능 학습을 위한 데이터 개념을 이해하고 그 중요성을 알 수 있다.
2. 학습 데이터가 편향되었을 때의 문제를 파악할 수 있다.

관련 교과 및 성취 기준
실과 [6실04-07] 소프트웨어가 적용된 사례를 찾아보고 우리 생활에 미치는 영향을 이해한다.
실과 [6실04-11] 문제를 해결하는 프로그램을 만드는 과정에서 순차, 선택, 반복 등의 구조를 이해한다.

이 교사_ 단순하게 주어진 데이터를 가지고 인공지능 모델을 학습시켜 보고, 편향된 데이터를 주고 훈련한 뒤 문제점을 파악하고 원인을 찾아 해결하는 수업을 설계했어요. 다음 그림을 볼까요?

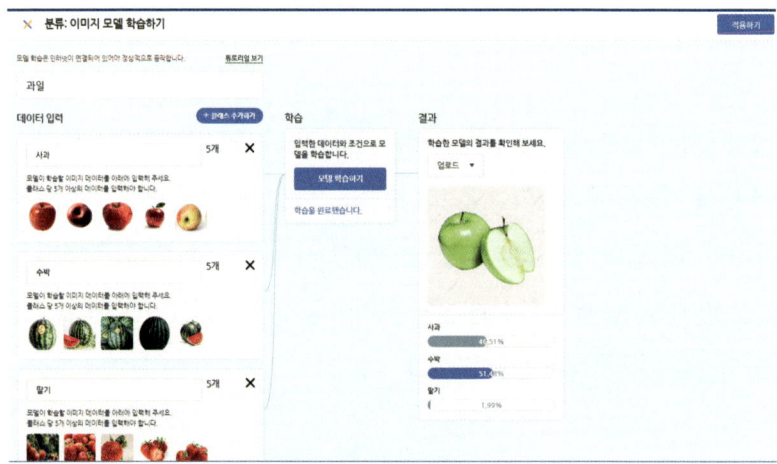

초록색 사과를 수박으로 분류하는 인공지능 모델

이 교사_ 사과 클래스에는 빨간색 사과를, 수박 클래스에는 초록색 수박을 데이터로 입력했어요. 인공지능 모델을 학습한 뒤 초록색 사과를 넣어보면 수박일 확률이 사과일 확률보다 높게 나와요. 이러한 이유는 데이터가 편향되었기 때문이죠. 예를 들면 잘라진 사과 이미지 파일은 학습 데이터에 전혀 포함되어 있지 않았고 초록색 사과도 분명히 존재하지만 학습 데이터에는 없었습니다. 이러한 활동을 통해서 학생들은 균형 있는 데이터의 중요성을 알 수가 있습니다. 그리고 어떤 데이터를 더 추가하거나 수정해야 하는지 이해하고 실제로 실행할 수가 있겠죠.

수업의 흐름

편향된 데이터로 인공지능 모델 학습하기 ⇒ 학습 데이터 추가하기
〈동기유발〉 안면 인식 기술의 오류에 관한 영상 시청하기
〈 활 동 1 〉 제공된 데이터를 활용하여 이미지 모델 학습 프로그램 만들기
〈 활 동 2 〉 학습 데이터의 문제 원인을 파악하고 해결하기
〈 활 동 3 〉 학습 데이터를 새롭게 구성하여 데이터 편향 문제 해결하기
〈 활 동 4 〉 제작한 인공지능 모델 활용하여 창의적인 엔트리 프로그램 만들기

최 교사_ 학생들이 데이터를 새로운 관점에서 보고 판단할 수 있겠군요. 교사가 학습 데이터를 제공하기 전에 처음 제공하는 데이터와 테스트를 하는 데이터를 구분하고 왜 학습 데이터와 테스트 데이터를 구분해야 하는지 이유를 알려주어야 겠네요.

김 교사_ 학습 데이터를 수정할 경우에는 추가 데이터를 교사가 제시하거나 학생들이 필요하다고 생각하는 이미지 파일을 인터넷 검색 등을 통해서 찾을 수도 있겠어요. 학생들의 엔트리를 활용한 수업을 하다 보면 만드는 것에만 몰입하는 경우가 많은데요. 학습 데이터의 중요성과 학습 데이터를 구성할 때 생각해야 하는 것이 수업 목표이기 때문에 제작에만 너무 치중하지 않도록 지도할 필요가 있겠어요.

최 교사_ 좋은 의견이에요, 김 선생님. 이제 설계한 수업을 학생들에게 적용해볼까요?

수업 팁

1. 처음 제공하는 데이터 세트와 테스트 데이터 세트를 구분하고 이를 구분하는 이유를 설명해 주어야 한다.
2. 학습 데이터를 수정할 경우 추가적인 데이터를 교사가 제시할 수도 있고, 학생들이 인터넷에서 원하는 사진을 검색하여 추가할 수도 있다.
3. 심화 학습: 학습한 인공지능 모델을 활용하여 이것과 연계한 엔트리 프로그램을 만들 수 있다(충분한 시간 확보 필요).
4. 학습 데이터 및 구성의 중요성이 학습 목표이므로 프로그램 제작에 치중하지 않도록 해야 한다.

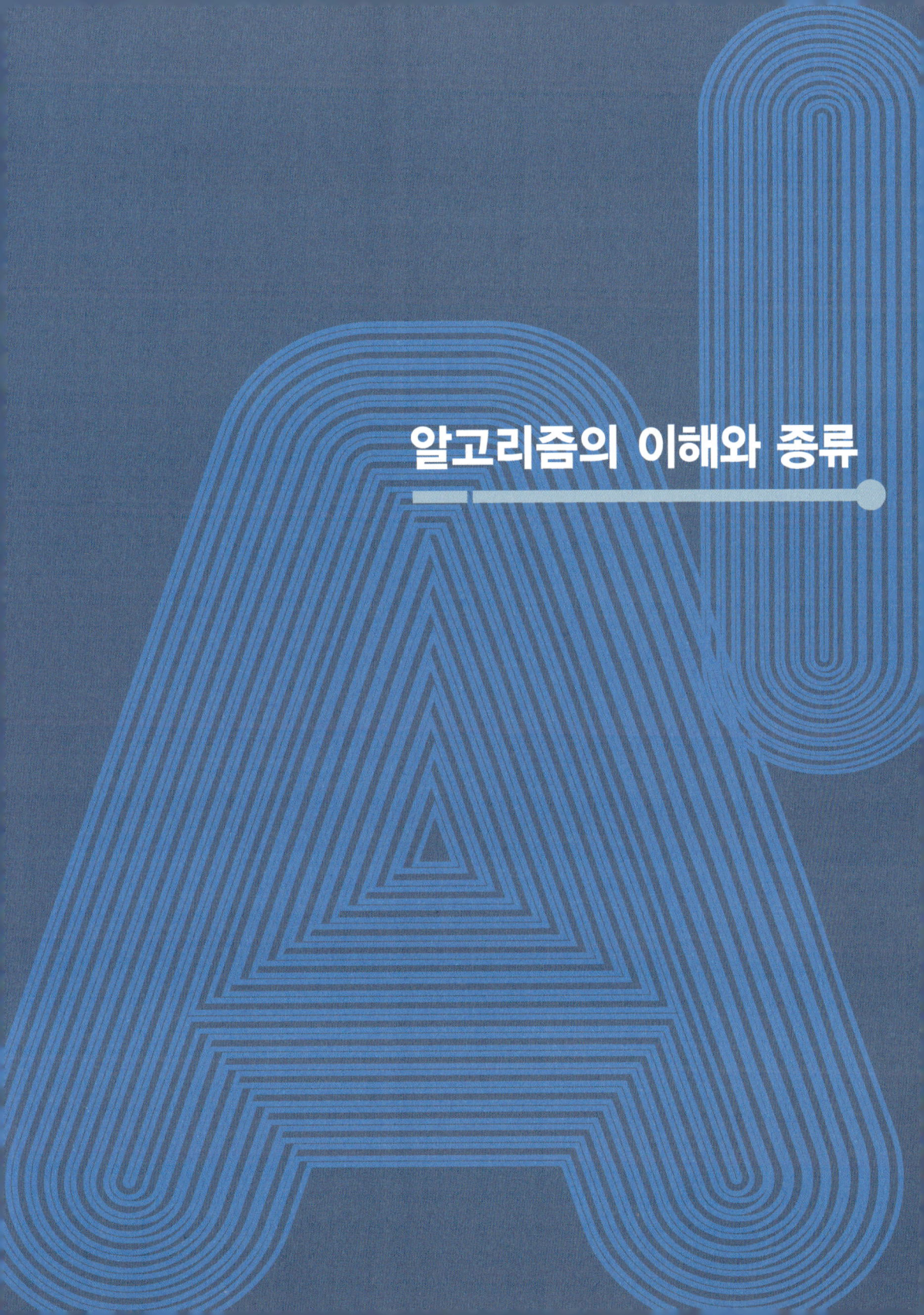
알고리즘의 이해와 종류

알고리즘의 이해

알고리즘의 정의

최근 소프트웨어 교육의 인기가 높아지면서 주변에서 '알고리즘'이라는 말을 자주 듣는다. 어린 학생들도 '유튜브 알고리즘에게 선택 받았다'라는 유행어를 만들어 사용할 정도다. 최근에는 웹 사이트 또는 애플리케이션에서 알고리즘을 기반으로 하는 추천 시스템을 활용하고 있다. 우리가 인지하지 못하는 사이에도 다양한 알고리즘이 작용하고 있다. 생활 속 추천 시스템은 다음과 같은 플랫폼에서 주로 활용되고 있다.

유튜브

페이스북

멜론	멜론 DJ & 멜론 라디오

	멜론 DJ 멜론 라디오
넷플릭스	
네이버 쇼핑 AI 추천	

알고리즘은 문제를 '해결하는 방법을 설명하는 일련의 단계로 표현한 것'이다. 따라서 알고리즘은 특정 작업을 완료하거나 특정 문제를 해결하기 위해 따라야 할 일련의 단계별 절차 또는 규칙의 모음이라고 할 수 있다.

컴퓨터에서 알고리즘은 왜 그렇게 중요한 것일까?[73] 컴퓨터 프로그램은 본질적으로 특정 작업을 수행하기 위해 어떤 단계를 어떤 순서로 실행할 것인지 컴퓨터에 알려주는 알고리즘의 표현이라고 할 수 있다. 즉 알고리즘이 만들어지면, 그것을 컴퓨터가 사용하는 프로그래밍 언어에 따라 특정 구문을 사용해 작성한 것이 프로그램이다. 그러므로 알고리즘이 있어야 프로그램 제작이 가능하다고 할 수 있다. 프로그래밍에서 알고리즘이 어떻게 쓰이는지 알아보기 위해 '엔트리' 플랫폼을 이용해 예를 들어보겠다. 다음은 엔트리 웹 사이트에 있는 학습하기 문제다.

문제 엔트리 봇이 화살표까지 움직이려면 어떤 순서로 움직여야 할까?

문제의 엔트리 봇 위치

문제를 해결한 상태의 봇

문제의 제시와 해결된 상태를 생각해 보기

문제 이해하기
현재 엔트리 봇 위치에서 어떻게 움직여야 하나?

알고리즘: 봇이 취할 단계
① 왼쪽 방향을 보고 앞으로 두 걸음 가기
② 아래쪽으로 가도록 왼쪽 돌기
③ 앞으로 두 걸음 가기
④ 왼쪽으로 가도록 오른쪽으로 돌기
⑤ 앞으로 두 걸음 가기

문제를 해결할 수 있는 봇 프로그램

문제 해결을 위한 알고리즘 찾기와 코딩 결과

앞의 예에서 보듯이 엔트리 봇은 엔트리의 명령 블록의 순서를 따라 움직이도록 프로그래밍 되어 있다. 이것을 파이썬 프로그램으로 옮기면 다음과 같다. 여기서 알 수 있는 것은 서로 다른 프로그램 형태로 코딩이 되어도 그 결과는 같다는 것이다. 그러나 여기서 변화하지 않는 것은 알고리즘이다.

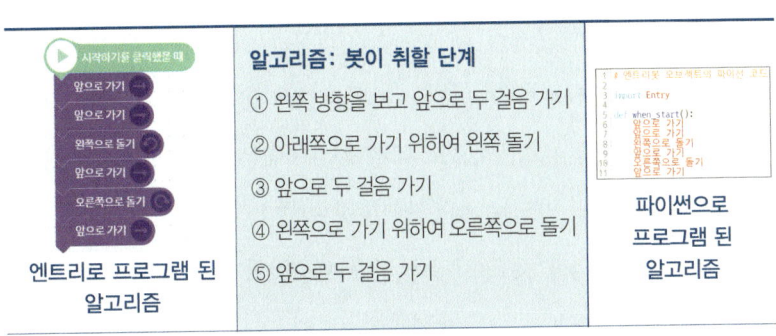

동일한 알고리즘으로 구현된 엔트리와 파이썬 코드

위의 예에서 살펴보듯이 알고리즘은 그것이 실행되는 컴퓨터 환경이나 프로그래밍 언어에 상관없이 컴퓨터를 통하여 문제를 해결하는 절차를 기술하는 것을 말한다. 따라서 모든 컴퓨터 프로그램은 기본적으로 알고리즘을 바탕으로 한 것이라고 볼 수 있다. 알고리즘은 반드시 컴퓨터 프로그램에서만 사용되는 것은 아니다. 수학 문제와 일상생활의 많은 문제를 해결하는 데 사용될 수 있다.

일상생활에서 알고리즘과 유사한 한 예는 음식의 조리 순서를 생각해 볼 수 있다. 대표적으로 라면 조리 순서를 생각해보자. 우리는 일상생활 중에 이런 순서가 있는 일들을 순서를 의식하지 않고 실행하고 있다.

> 1. 물과 라면, 스프를 준비한다.
> 2. 물을 넣는다.
> 3. 물의 온도가 95℃ 이상 될 때까지 물을 끓인다.
> 4. 물이 끓으면 면과 스프를 넣는다. 그렇지 않으면 계속 물을 끓인다.
> 5. 면과 스프를 넣고 5분간 더 끓인다. 5분이 지나지 않으면 계속 끓인다.
> 6. 불을 끄고 라면을 그릇에 옮긴다.

컴퓨터를 이용하여 문제를 해결하기 위해서는 이 같은 순서들을 정리해 보고, 정확하게 문제를 해결할 수 있는지를 검증하는 과정이 필요하다. 문제를 해결하되 효율적으로 해결할수록 좋은 알고리즘이기 때문에 정확한 알고리즘을 만드는 것은 매우 중요하다. 알고리즘의 효율성은 같은 문제를 풀더라도 소요 시간을 적게 사용하며 비용을 덜 쓰는 등 자원을 효율적으로 사용하는 것과 연관이 깊다.

알고리즘의 조건

올바른 알고리즘을 설계하기 위해서는 다음과 같은 다섯 가지 조건을 지키는 것이 중요하다.

입력(input) 외부에서 제공되는 자료가 0개 이상 존재해야 한다. 즉 입력 자료는 있거나 없을 수도 있다.

출력(output) 특정한 작업을 수행한 후에는 반드시 하나 이상의 결과를 출력해야 한다.

명확성(definiteness) 각 단계의 명령과 연산자들이 단순하고 명확하게 작성되어야 하며, 모호하지 않아야 한다.

유한성(finiteness) 알고리즘의 명령어들은 끝이 있는 계산을 수행한 후에 종료해야 한다.

수행 가능성(effectiveness) 모든 명령어들은 현실적으로 실행이 가능해야 한다.

알고리즘을 구하는 방법

문제를 해결할 때 올바른 접근 방식을 선택하는 것은 최상의 해결 방법을 만드는 중요한 열쇠다. 알고리즘은 특정 문제의 정답에 도달하기 위해 정의된 단계별 절차의 집합이므로 문제를 정확하게 이해하고, 그 문제와 관련된 핵심 요소가 무엇인지를 이해하는 것이 필요하다. 컴퓨터 과학자들이 컴퓨터를 이용해 문제를 해결할 때 적용하는 사고 과정을 관찰해보면 몇 가지 특징을 발견할 수 있다[74].

컴퓨터 과학자들은 문제를 해결하기 위하여 문제의 분해, 데이터 표현, 추상화, 모델링 및 알고리즘 발견이라는 단계를 사용한다. 이런 과정을 통해 문제와 관련된 매개 변수 및 한계를 전제로 문제 해결을 시도한다. 2006년 카네기멜런대학(CMU)의 지넷 윙 교수는 이것을 컴퓨팅 사고(Computational Thinking;CT)라고 표현했다. 또 컴퓨팅 사고를 문제와 그 해결책을 공식화하는 데 관련된 사고 과정으로 정의했다[75]. 사실 컴퓨팅 사고라는 용어는 1980년에 시모어 페퍼트(Seymour Papert)에 의해 처음 사용되었다가[76] 1996년에 다시 사용되었다[77]. 이러한 접근법을 사용하면 복잡하고 규모가 큰 문제라도 알고리즘적으로 해결할 수 있다.

그렇다면 적절한 알고리즘은 어떻게 구할 수 있을까? 앞서 설명한 라면 조리 순서가 알고리즘을 어떻게 만드는지를 보여주고 있다. 알고리즘은 앞서 말했듯이 특정 작업을 완료하기 위해 사용하는 일련의 단계다. 따라서 특정 문제에 대한 솔루션을 찾기 위해서는 문제를 정확하게 이해하고(문제 분해), 문제 해결 과정에서 반복되는 현상을 찾아내는 것(패턴 인식), 문제와 관련된 핵심 요소가 무엇인지를 이해하고 단순화하는 것(추상화), 그리고 문제 해결을 위한 공식 또는 절차(알고리즘)를 찾아내는 단계가 필요하다. 라면 조리를 예로 들면 라면을 끓여서 먹을 수 있게 하는 것이 목적임을 알고(문제 이해 & 분해), 다른 요리 과정에서도 물을 끓이고 익혀 먹었던 것과 같이 라면을 익히는 과정이 동일함을 알고(패턴 인식), 요리 과정에서 중요한 요소가 물을 끓이고 익히는 시간임을 파악하고 단순화하여(추상화), 이 모든 요소를 고려한 조리 절차를 기술(알고리즘)하는 것이 바로 컴퓨팅 사고를 적용하는 것이라고 할 수 있다. 학교 현장에서 이와 같은 방법으로 수업을 진행한다면 다음과 같은 교수·학습 단계에 적용할 수 있다.

로봇 청소기의 청소 경로 알고리즘 만들기

학습 문제	로봇 청소기의 청소 경로 알고리즘 만들기	
단계	교사	학생
문제 발견	• 생활 속에서 로봇청소기의 청소하는 모습을 보여주고 학생들이 효율적으로 청소하기 위한 문제를 발견하도록 안내함	학습자 간 상호 협력을 통해 로봇 청소기가 효율적으로 청소하기 위한 방법을 정하는 문제를 발견함
분해	• 주어진 문제를 분해하기 위해 복잡한 문제를 작은 단위로 쪼개기 위한 방법을 시범을 통해 제시함	로봇 청소기가 청소하기 위한 공간을 사각형, 오각형, 육각형 등의 다각형으로 구획을 나누고 문제 해결 가능성에 대해 토의를 통해 검토함
패턴 인식	• 패턴을 인식하고 탐색하기 위한 안내를 제시함 • 반복적인 패턴을 찾고 설정하기 위한 토의·토론을 수행함	로봇 청소기가 정해진 청소 공간에서 최소한의 동작으로 움직이면서 청소하는 방법을 패턴으로 인식함 (직선 움직이기, 장애물을 만났을 때의 패턴 등)
추상화	• 로봇 청소기가 효율적으로 청소하기 위한 추상화 공식 방법을 설정함 패턴 인식 단계에서 만든 작은 단위에서 불필요한 요소를 제거함	상호 협력 및 수렴적 사고를 통해 로봇 청소기의 동작을 이동하기, 청소하기, 장애물 피하기, 충전하기의 네 가지로만 구분함
알고리즘 설계	• 알고리즘 설계를 위해 알고리즘의 특징 및 조건을 제시함 • 순서도, 의사 코드를 작성하기 위한 방법을 안내함	추상화 과정을 통해 구분한 단위를 활용해 의견을 나누며 로봇 청소기의 동작을 이동하기, 이동하면서 청소하기, 장애물이 있을 경우 피하기, 자동 충전하기로 구분하여 유형별로 절차를 나타냄
알고리즘 평가	• 토의·토론을 통해 알고리즘이 원활하게 작동하는지 자기 평가 및 동료 평가를 실시함 • 소집단별로 작성한 알고리즘을 학생들이 평가할 수 있도록 안내함	설계된 알고리즘에 따라 로봇 청소기가 이동하면서 청소할 수 있는지, 더 효율적으로 설계할 수 있는 방법이 있는지 평가함

물체의 무게에 따라 순서대로 정리하기

학습 문제	물체의 무게에 따라 순서대로 정리하기	
단계	교사	학생
문제 발견	• 생활 속에서 다양한 무게의 물체가 뒤섞여 있는 모습을 보여주고 물체의 무게에 따라 순서를 정렬하는 문제를 발견할 수 있도록 안내함	무거운 물체와 가벼운 물체가 뒤섞여 있는 모습을 통해 무거운 물체부터 가벼운 물체까지 정렬해야 하는 문제를 발견함
분해	• 주어진 문제를 분해하기 위해 복잡한 문제를 작은 단위로 쪼개기 위한 방법을 시범을 통해 제시함	협력적 나눔 활동을 통해 물체의 속성을 무게로 하여 무게 단위별로 여러 개의 부분 집합으로 분해함
패턴 인식	• 패턴을 인식하고 탐색하기 위한 안내를 제시함 • 반복적인 패턴을 찾고 설정하기 위한 토의·토론을 수행함	여러 개의 물체를 손으로 비교해보면서 무거운 물체를 왼쪽으로 가벼운 물체를 오른쪽으로 옮기는 패턴을 인식함
추상화	• 패턴 인식 단계에서 만든 작은 단위에서 불필요한 요소를 제거 • 추상화에 필요한 공식, 원리를 설정하기 위한 토의·토론 수행함	상호 토의·토론을 통해 각 물체의 무게 등의 불필요한 요소를 제거하고 수렴적 사고를 통해 두 물체 비교하기, 가벼우면 왼쪽으로 옮기기, 무거우면 오른쪽으로 옮기기로 구분함의 네 가지로만 구분함
알고리즘 설계	• 알고리즘 설계를 위해 알고리즘의 특징 및 조건을 제시함 • 순서도, 의사 코드를 작성하기 위한 방법을 안내함	여러 개의 물체가 있을 때 두 물체의 무게 비교 절차를 반복하면서 소집단 및 자율 토의를 통해 무거운 물체부터 가벼운 물체까지 정렬하는 절차를 나타냄 유형별로 절차를 나타냄
알고리즘 평가	• 토의·토론을 통해 알고리즘이 원활하게 작동하는지 자기 평가 및 동료 평가를 실시함 • 소집단별로 작성한 알고리즘을 학생들이 순회하며 평가할 수 있도록 안내함	설계된 알고리즘에 따라 순서대로 무게를 정렬할 수 있는지, 더 효율적으로 설계할 수 있는 방법이 있는지 평가함

알고리즘의 표현 방법

개발한 알고리즘은 어떻게 표현할 수 있을까? 알고리즘을 표현하기 위해 자연어로 표현, 의사 코드(Pseudo Code), 흐름도(Flow Chart)로 표현하는 방법이 많이 사용되고 있다.

자연어로 표현 자연어란 일상적으로 사용하는 말을 뜻한다. 알고리즘을 라면 끓이는 방법처럼 일상적인 언어를 사용하여 표현하는 방법이 이에 속한다.

| 통화하기 알고리즘 |
1. 친구의 전화번호를 확인한다.
2. 전화기를 든다.
3. 번호를 입력한다.
4. (통화 중이면) 끊고 잠시 기다린 후 2부터 다시 시작한다.
5. 통화 중이 아니면 통화한다.
6. 통화가 끝나면 수화기를 놓는다.

의사 코드(Pseudo Code) 의사 코드는 프로그래밍 언어는 아니지만 프로그래밍 언어와 유사한 언어와 규칙을 사용한 코드를 의미한다. 프로그래머마다 주로 사용하는 언어가 다르기 때문에 알고리즘을 표현하기 위해 자주 사용되는 방법 중 하나다.

흐름도(Flow Chart)로 표현 흐름도란 국제적으로 알고리즘을 표현하기 위해 약속된 공통된 기호를 의미한다. 시작, 반복, 조건, 출력 등 다양한 형태의 기호가 있다.

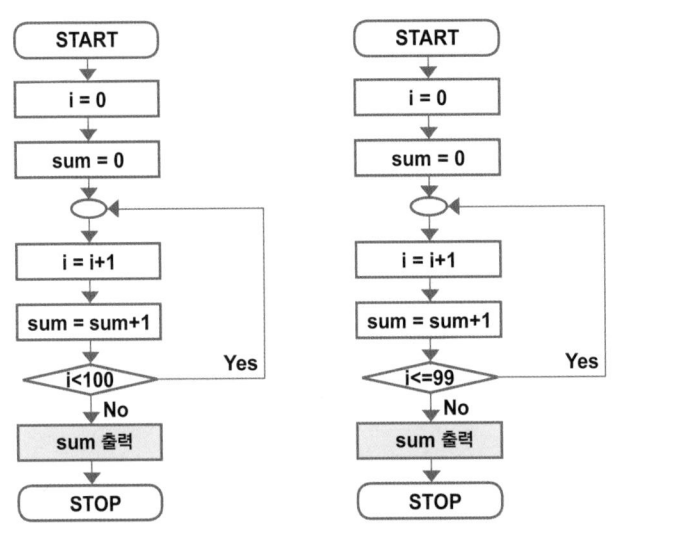

흐름도로 표현한 알고리즘(1부터 100까지 더하기)

알고리즘의 유형

알고리즘은 작동 방식에 따라 여러 유형으로 나눌 수 있다. 중요한 몇 가지를 살펴본다.

알고리즘은 작업을 수행하는 데 사용하는 개념에 따라 분류할 수 있다. 컴퓨터 과학에서 사용하는 많은 유형의 알고리즘이 있지만 가장 기본적인 알고리즘 유형은 다음과 같다.

재귀 알고리즘 문제의 가장 낮고 단순한 버전을 해결한 다음 원래 문제에 대한 솔루션을 찾을 때까지 반복하면서 점점 더 큰 버전의 문제를 해결하는 방식의 알고리즘 유형이다.

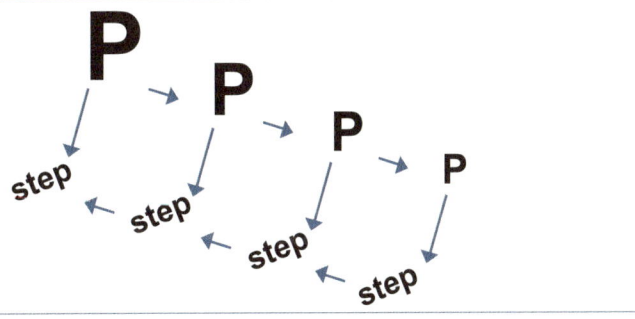

재귀 알고리즘의 동작 과정

분할 및 정복 알고리즘 문제를 동일한 유형의 작은 하위 문제로 나누고 작은 문제를 해결하여 원래 문제를 해결하는 알고리즘 유형이다. 예를 들어 다음 숫자들 [7, 6, 1, 5, 4, 3]을 오름차순으로 정렬해 보겠다. 이것은 합병 정렬(또는 병합 정렬) 방법으로 전체 문제를 부분적인 작은 문제로 나누어 정렬한 뒤에 다시 합치는 방식을 취한다.

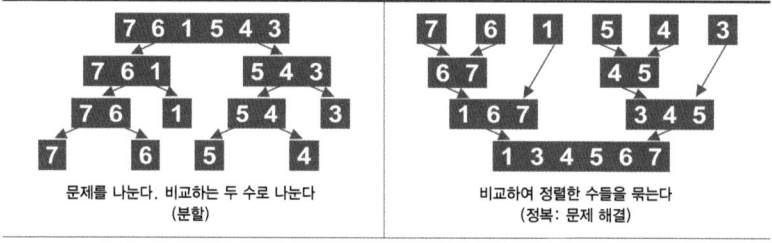

분할 및 정복 알고리즘의 동작 과정

무차별 대입 알고리즘 만족스러운 솔루션을 찾을 때까지 가능한 모든 솔루션을 시도하는 알고리즘이다. 예를 들어, 앞의 숫자들 [7, 6, 1, 5, 4, 3]을 오름차순으로 정렬하는 경우에 먼저 7을 나머지 수들과 비교한다. 다음, 6을 나머지 수와 비교한다. 계속하여 3을 가지고 나머지 수를 비교한다. 이런 방법으로 전체를 대상으로 가능한 방법을 모두 사용하는 알고리즘 형식이다. 선형 구조에서는 순차 탐색이라는 방법이 있으며, 비선형 구조에서는 너비 우선 탐색, 깊이 우선 탐색이 있다.

무작위 알고리즘 문제에 대한 해결책을 찾기 위해 계산하는 동안 적어도 한 번 이상 난수(무작위 수)를 사용하는 방법이다.

탐욕 알고리즘 그리디(Greedy) 알고리즘 또는 욕심쟁이 알고리즘이라고도 부른다. 전체 문제에 대한 최적의 해결 방법을 찾는다는 목적은 타 알고리즘과 같지만, 미래를 생각하지 않고 각 단계에서 최적의 해결 방법을 선택하는 방법이다. 이 알고리즘은 각 단계에서 최선의 해결 방법을 선택하면 전체적으로 최선일 것이라고 판단한다. 다음과 같이 예를 들어보겠다.

[시작] 지점에서 목표 지점으로 가는 도로의 통행료가 주어졌다. 각 지점에서 다른 구간으로의 통행료 외에는 알 수 없는 상황일 때, 어떻게 하면 가장 적은 비용으로 목표 지점까지 갈 수 있을까? 이런 상황이라면 각각의 지점에서 비용이 상대적으로 적은 경로를 택하는 것이 가장 효율적이라고 볼 수 있다. 최적의 경로는 시작-13-5이지만, 이 알고리즘은 시작-7-30으로 가게 된다.

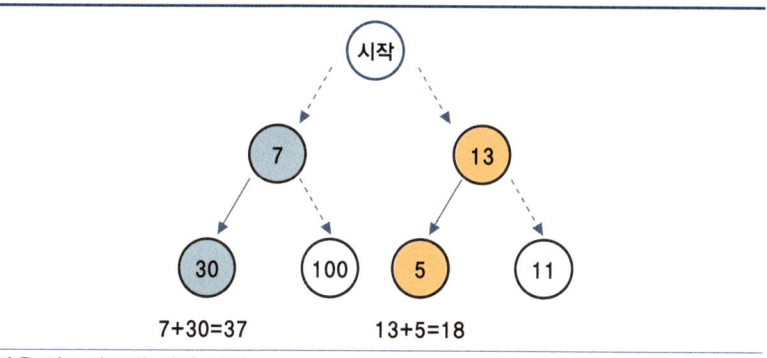

탐욕 알고리즘의 선택 방법

역추적 알고리즘 역추적 알고리즘은 문제를 하위 문제로 나누고 각 문제를 해결하려고 시도하는 방식의 알고리즘이다. 그러나 원하는 정답에 도달하지 않으면 다음 이동하는 경로를 찾을 때까지 최종적으로 도달한 위치에서 다시 뒤로 이동하며 최적의 경로를 찾는다.

동적 프로그래밍 알고리즘 복잡한 문제를 더 간단한 하위 문제 모음으로 분리한 다음, 같은 해결 방법은 저장해 두었다가 나중에 다시 사용하여 최종적으로 원래의 복잡한 문제를 해결하는 방법이다. 분할과 정복 방법과 유사해 보이지만 하위 문제가 반복되는 것을 미리 저장했다가 꺼내 둔다는 점에서 차이가 있다.

알고리즘 활용 추천 시스템

추천 시스템의 종류

추천 시스템은 크게 4가지로 구분할 수 있다[78].

협업 필터링 평가 패턴이 비슷한 사람들을 한 집단으로 보고, 서로에게 추천하는 시스템이다. 예를 들어 '사용자 D'가 커피와 주스를 싫어할 때 우유를 좋아할지 안 좋아할지 추측해야 한다면 사용자 C의 취향과 비슷하므로 사용자 D도 우유를 좋아할 것이라고 추측하는 것이다. 대표적으로 넷플릭스와 같은 OTT(Over The Top) 서비스에서 많이 사용하고 있다.

	커피	주스	우유	
사용자 A	O	X	O	
사용자 B	O	O	X	
사용자 C	X	X	O	─ 유사한 취향을 가진 사용자
사용자 D	X	X	?	─ 사용자에게 우유를 추천

내용 기반 필터링 사용자의 개인 정보를 기반으로 아이템을 추천하는 시스템이다. 예를 들어 '김가을'이라는 사용자가 최근에 보라색 스웨터,

김가을	1. 30대 여자
	2. 미혼
	3. 최근 구입한 물품: 깔끔한 보라색 스웨터, 큼직한 보라색 보석이 박힌 귀걸이, 보라색 쿠션 커버

위의 데이터를 기반으로 '김가을'이 살만한 제품을 추천

보라색 귀걸이, 보라색 쿠션 커버를 구입했다면 보라색 바지나 보라색 액세서리를 구입할 확률이 높다고 추측할 수 있을 것이다.

지식 기반 필터링 전문가를 활용하여 전체적인 지식 구조를 구성하는 시스템이다. 예를 들어 트렌드 코리아라는 책은 다양한 전문가가 모여 작년 유행을 바탕으로 올해의 트렌드를 분석한 책이다. 이와 같이 지식 기반 필터링은 사람들이 무엇을, 왜 선호하는지 전문가 집단이 모여 이를 해석하고 지식 구조를 생성하는 시스템이며, 데이터를 상대적으로 더 전문적으로 파악할 수 있다.

딥러닝 추천 기술 딥러닝한 인공지능 모델이 사용자의 취향을 예상하여 추천하는 시스템이다. 기존에 사용되었던 내용 기반 필터링과 지식 기반 필터링 방법을 딥러닝 구조를 통해 많은 횟수를 반복하여 학습을 시켜 얻은 예측 값을 사용하여 사용자에게 추천한다.

알고리즘 기반 추천 시스템을 활용한 수업 방안

최근 스트리밍에 기반한 구독 서비스가 인기를 끌고 있다. 구독 서비스 제공 업체는 사용자들의 구매 욕구를 불러 일으키기 위해 다양한 추천 시스템을 활용한다. 추천 시스템의 원리를 학생들이 이해하고 이를 바탕으로 추천 시스템을 만들어 보는 수업을 설계해 보고자 한다.

최 교사_ 이 선생님, 선생님은 평소에 저녁을 밖에서 드실 때 식당을 어떻게 고르시나요?

이 교사_ 저는 보통 지도 앱에서 제 반경에 있는 식당을 검색해서 사용자 평이 가장 높은 곳을 선택해요.

최 교사_ 그렇군요. 이번에는 이 선생님처럼 다수의 추천을 바탕으로 하는 협업 필터링을 활용해서 수업을 설계해 볼까요?

이 교사_ 네, 저는 이번 수업을 수학, 국어, 실과, 창의적 체험 활동 융합 수업으로 구성해 보았어요. 이번 수업은 언플러그드 활동 수업입니다.

최 교사_ 김 선생님, 언플러그드 활동은 무엇인가요?

김 교사_ 언플러그드 활동은 문자 그대로 '플러그가 없다'는 뜻으로 컴퓨터나 전자기기 없이 컴퓨터나 프로그래밍, 인공지능의 원리를 이해하는 활동을 의미합니다.

이 교사_ 수업 목표와 성취 기준을 먼저 보시죠.

수업 목표
협업 필터링을 활용하여 나만의 추천 프로그램을 만들 수 있다.
관련 교과 및 성취 기준
수학 [6수05-06] 가능성을 수나 말로 나타낸 예를 찾아보고 가능성을 비교할 수 있다.
국어 [6국01-04] 자료를 정리하여 말할 내용을 체계적으로 구성한다.
실과 [6실04-10] 자료를 입력하고 필요한 처리를 수행한 후 결과를 출력하는 단순한 프로그램을 설계한다.

이 교사_ 먼저 나만의 추천 시스템 주제를 정해 보고 추천 시스템이 무엇인지 학생들과 함께 이야기를 나눠보려고 해요. 그리고 추천 시스템을 만들기 위해서 자료를 수집하고 분류하고 정리할 계획입니다. 마지막으로 나만의 추천 시스템을 만들고 이를 바탕으로 직접 친구에게 추천해보는 활동으로 구성했어요.

최 교사_ 세 번째 활동에서 별점을 통해 신뢰도를 평가하는 것도 신선하네요. 평점을 높게 받으면 다음 추천 때 확신이 생길 것 같고 평점을 낮게 받은 학생은 '아, 내가 잘못 생각했구나'라고 하며 추천 기준을 바꾸게 되는 계기가 될 것 같아요. 조사 대상을 늘려서 자료 수집, 분류를 한다면 정확도가 더 높아질 것 같아요. 재미있는 수업이 되겠어요.

수업의 흐름

나만의 추천 시스템 주제 정하기 ⇒ 추천 프로그램 만들기

〈동기유발〉 유튜브 알고리즘 소개 및 경험 논의, 다음 결과 예상해보기

〈 활동 1 〉 협업 필터링에 대한 탐색, 나만의 추천 시스템 주제 정하기
- 매운맛을 좋아하는 ○○이를 위한 라면 추천 시스템
- BTS를 좋아하는 △△이를 위한 아이돌 추천 시스템 등

〈 활동 2 〉 자신이 정한 주제에 대한 선호도 조사, 많은 학생을 조사할수록 정확한 결괏값이 나옴을 안내

〈 활동 3 〉 수집한 자료를 그래프로 정리하여 추천 카드 만들기, 추천 카드에 대한 신뢰도 평가

이 교사_ 추천 시스템을 활용한 수업을 통해 실생활에서 정말 다양하게 쓰일 수 있고, 인공지능 원리도 학습할 좋은 기회가 될 것 같습니다.

수업 팁

1. 추천 시스템의 목록 개수를 늘리면 더 자세하고 정확한 결과를 얻을 수 있지만, 데이터를 수집하고 분류하는 데 시간이 오래 걸린다.
2. 친구의 추천 카드 내용이 잘 맞는다면 또는 맞지 않는다면 왜 이런 현상이 나타나는지 생각해보는 시간을 갖는 것도 의미가 있다.
3. 알고리즘 추천 시스템의 장단점에 관해 이야기를 나눈다.

머신러닝의 이해와 종류

머신러닝의 이해

머신러닝(Machine Learning)의 원리를 이해하려면 약간의 수학이 필요하다. 컴퓨터가 주어진 데이터를 가지고 학습을 한다고 이야기할 때 결국 컴퓨터에 있는 프로그램이 학습할 수 있다는 것이고, 그럼 프로그램은 수학적인 계산을 바탕으로 작동하기 때문이다.

학생들은 시험 공부할 때 문제와 답이라는 데이터를 가지고 공부한다. 만일 문제에 따른 답이 주어지지 않는다면 학생들은 자신이 풀어 놓은 문제의 답이 무엇인지, 그 과정이 맞는 것인 지에 대한 확신을 갖지 못한다. 이와 같이 머신러닝을 이용한 인공지능 문제와 그 문제에 대한 해답 데이터를 주면, 이 데이터를 사용해 학습하고, 새로운 데이터가 들어오면 학습한 결과를 바탕으로 답을 제시할 수 있다. 이런 관점에서 볼 때, 머신러닝 기반의 인공지능을 이해하기 위하여서는 먼저 컴퓨터에서 이루어지는 '학습'에 대하여 살펴볼 필요가 있다.

머신러닝과 학습

머신러닝은 사전적으로 해석하면 '기계(머신)가 무엇인가를 배운다'라는 의미다. 따라서 머신러닝을 기계 학습이라고도 한다. 여기서 기계는 컴퓨터를 의미하고, 컴퓨터에는 하드웨어와 소프트웨어가 있으므로 머신러닝을 이해하기 위해서는 어떻게 '학습할 수 있는 소프트웨어(프로그램)를 만들 수 있는가'를 이해할 필요가 있다[79].

인공신경망 개발 역사

맥컬록-피츠(MCP) 뉴런 (1943)

맥컬록과 피츠가 논문으로 발표한 뉴런의 다양한 구조. 이들은 뉴런의 구조를 논리적 표현으로 모델링했다.

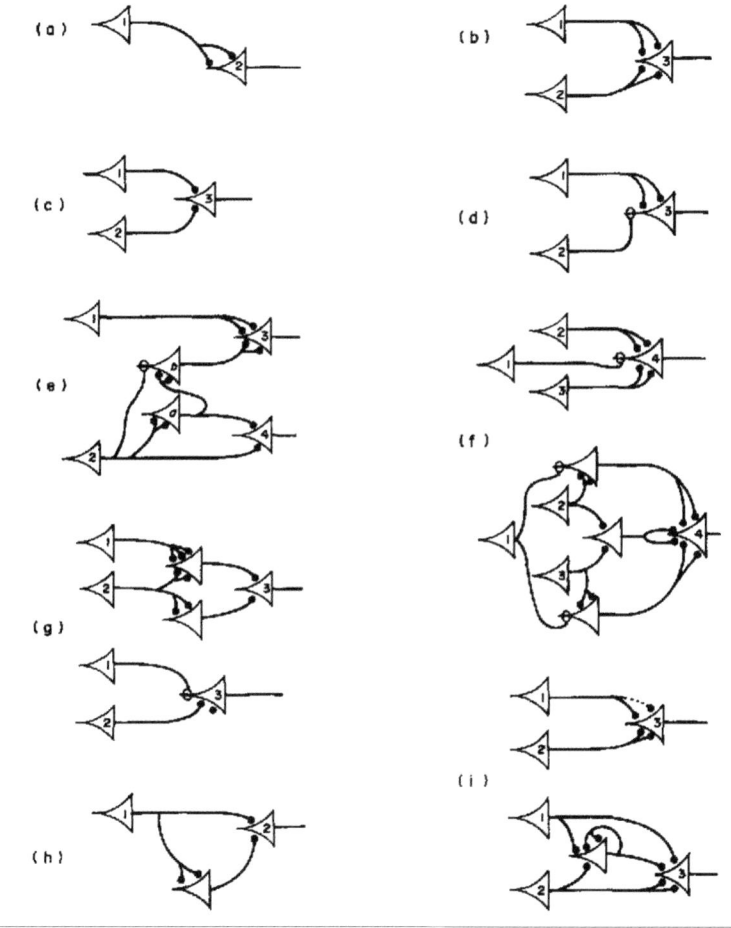

머신러닝의 이해와 종류 _ **169**

역사적으로 인간의 뇌를 인공적으로 만들어보려는 연구는 다양하게 이루어져 왔다. 그중에서 인간의 뇌세포인 뉴런(Neuron)을 인공적으로 만들어보려는 연구는 1943년 신경 생리학자인 맥컬록(Warren McCulloch)과 수학자 피츠(Walter Pitts)가 발표한 생명체의 '뉴런이 어떻게 작동하는지'에 대한 논문에서 뇌의 뉴런이 어떻게 작동하는지 설명하기 위해 전기 회로를 사용해 간단한 신경망을 모델링한 것이 출발점이다[80].

이들이 논문에서 밝힌 뉴런의 특징은 '전부(全部) 아니면 전무(全無): All-or None'이라는 활동 특성을 가진다는 점이다. 즉, 아래의 그림처럼 여러 신경 세포에서 입력된 값들의 합이 어떤 임계 값을 넘으면 다른 신경 세포로 신호가 전달되지만, 그렇지 못할 때는 신호가 전달되지 않는다는 개념이다.

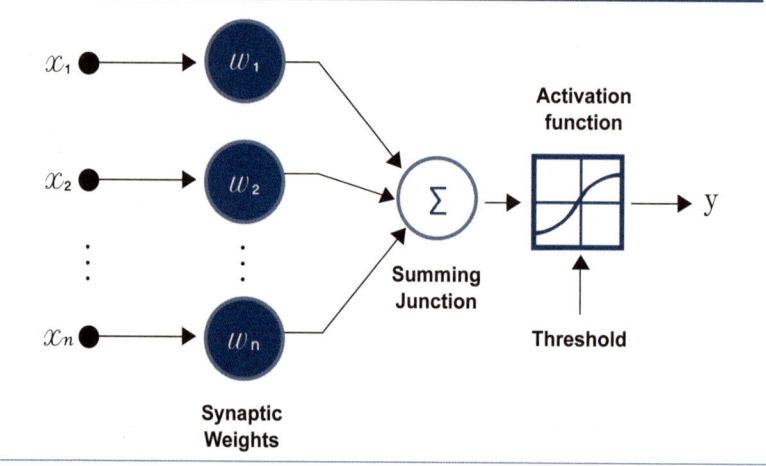

맥컬록과 피츠의 뉴런 구조를 바탕으로 모델링한 인공신경망 구조

맥컬록과 피츠는 이 같은 가정 아래 인공신경망을 컴퓨터로 구현할 수 있도록 수학적 모델링(수학적인 관계식)을 도출했고, 이에 따라 컴퓨터에서 필요한 몇 가지의 논리적인 기능 수행이 가능함을 입증했다. 그러나 맥컬록-피츠(McCulloh-Pitts, MCP) 뉴런의 모델링에서 '어떻게 학습이 이루어지는가?'는 여전히 설명하기 어려운 부분이었다.

Hebbian 학습 원리

1949년 영국의 심리학자 헵(Donald O. Hebb)은 뇌신경의 가소성(可塑性: Plasticity)을 설명하면서 학습(Learning)은 뉴런끼리의 상호 관련된 활성화가 두 뉴런 간의 연결을 강화한다고 주장했다[81]. 즉, 시냅스 전 뉴런 A가 활성 상태일 때 시냅스 연결 후 뉴런 B를 반복적으로 활성화하면 두 뉴런의 연결이 강화된다고 가정했고, 이를 두 신경 세포 간에 학습이 이루어지는 모델을 설명하는 데 사용했다.

이를 바탕으로 가중치를 업데이트함(≒뉴런의 연결을 강화함)으로써 인공신경망이 학습할 수 있도록 만들 수 있다는 것이 설명되었다.

인공 뉴런의 학습 원리

로젠블랏은 학습 원리를 바탕으로 1957년 IBM에서 퍼셉트론이라는 인공신경망을 개발했다. 로젠블랏은 기존의 MCP 뉴런이 가진 특징을 개선함으로써 인공 뉴런이 실제로 데이터에서 학습할 수 있음을 증명했다. 퍼셉트론의 중요성은 인공 뉴런이 자체적으로 훈련 데이터에서 올바른 가중치를 알아낼 수 있게 해주는 지도학습 알고리즘을 고안했다는 것에 있다[82, 83].

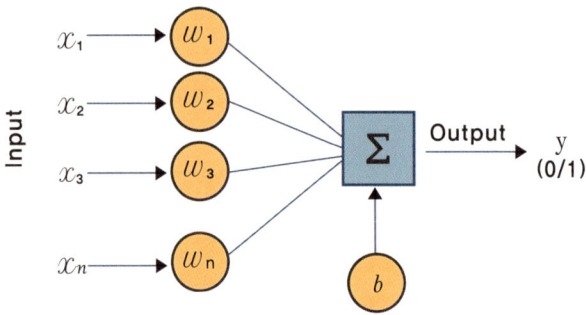

Schematic of Perceptron

퍼셉트론의 신경망 구조를 도식화한 구조

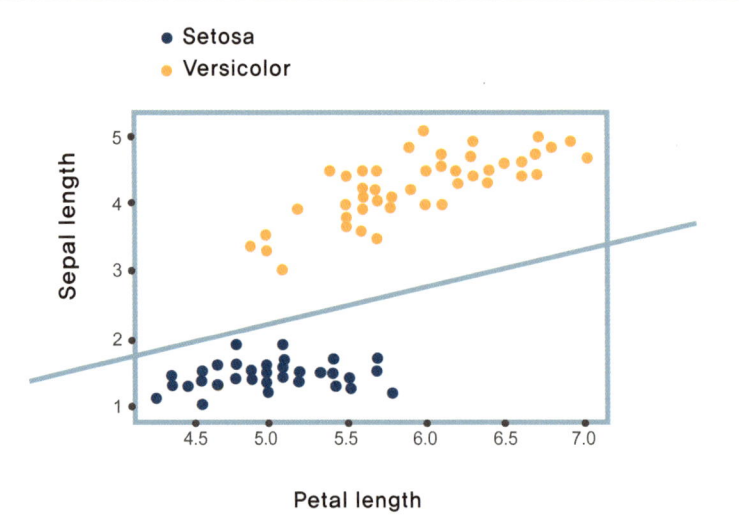

지도학습 알고리즘으로 분류된 붓꽃의 종류

| 더 알아보기 |

가중치를 변경함으로서 어떻게 작동하는지 알아보자

① 로젠블랏의 퍼셉트론의 출력은 {-1, 1}중의 한 가지이다.

② 주어진 입력에 따라 원하는 결괏값 역시 {-1, 1} 중의 하나이며, 만일 결괏값이 원래 +1이지만, 계산된 값이 -1일 경우, 그 차이는 (+1)-(-1)=2가 될 수 있다. 마찬가지로 -2도 가능하다. 제일 좋은 것은 이런 값이 0이 되는 것이어야 하지만 그 차이가 점점 더 커지는 문제가 있다.

③ 따라서 로젠블랏의 퍼셉트론으로서는 정확한 계산 값을 얻게 해주는 가중치의 값이 특정 값에 수렴하는 문제에 한계가 있을 수 있다.

로젠블랏의 퍼셉트론은 컴퓨터 과학에서 요구되는 논리적 문제를 해결할 수 있다는 것을 보인 점에서는 매우 탁월했다. 그러나 퍼셉트론이 가진 문제점은 그 출력이 -1 또는 1의 정수 값만 가능하다는 것이었다. 이는 학습, 즉 가중치 업데이트를 위하여 출력 값이 다시 입력 쪽으로 피드백 될 때, 정밀한 조정이 어렵다는 것을 의미한다.

1960년에 위드로(B. Widrow)와 호프(M. Hoff)는 ADALINE (ADAptive LInear NEuron)이라는 개선된 인공 신경망을 제안했다[84]. 적응형 선형 뉴런이라는 의미의 ADALINE은 정수 값 대신에 실수 계산 값을 가중치 조정에 사용되도록 하여 정밀한 계산이 가능하도록 했다[85].

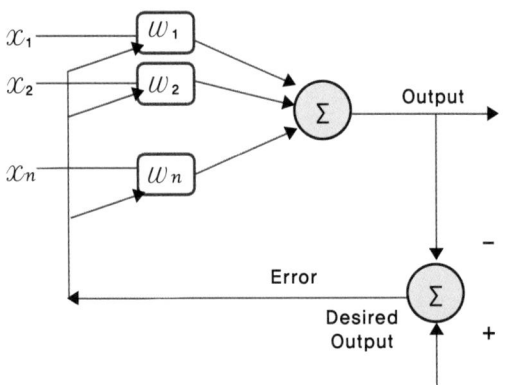

아달린(ADALINE)의 구조

위드로와 호프의 학습 알고리즘을 '델타 룰(Delta Rule)'이라고 하는데, 간단히 원리를 설명하면 다음과 같다.

① 인공 뉴런은 입력 값과 출력 값을 가지고 있다.

② 인공 뉴런은 입력 값과 출력 값을 이용해 함수를 만든다. 예를 들어, x=[1, 2, 3]이고 y=[3, 5, 7]이라면 y= $2x$+1이라고 할 수 있을 것이다. 이때 x 왼쪽의 2를 가중치(w), 1을 절편(b)이라고 한다.

③ 인공 뉴런은 정확한 가중치(w)와 절편(b)을 찾기 위해 여러 번 계산을 반복하며, 이를 '업데이트 한다'라고 칭한다.

④ 예측한 가중치(w)와 절편(b) 값이 실제 가중치(w)와 절편(b) 값과 다르면 정확한 값을 찾기 위해 오차를 구하고 이를 최소화하기 위한 시도를 한다. 오차는 예측 값-실제 값으로 구할 수 있다.

⑤ 이것을 최소 오차(Least Mean Square, LMS)라고 하며 단순히 오차만 가지고 계산할 경우 양수나 음수가 나와 나중에 오차들을 합산하면 0이

될 수도 있으므로 오차의 제곱, 즉 (예측 값 – 실제 값)²의 합÷오차의 개수로 계산한다. 이를 수식으로 표현해보면 다음과 같다.

$$\text{cost}(w,b) = \frac{1}{n}\sum_{i=1}^{n}(wx_i + b - y_i)^2$$

⑥ 최소 오차(LMS)는 다음과 같이 2차 함수 그래프의 형태가 된다.

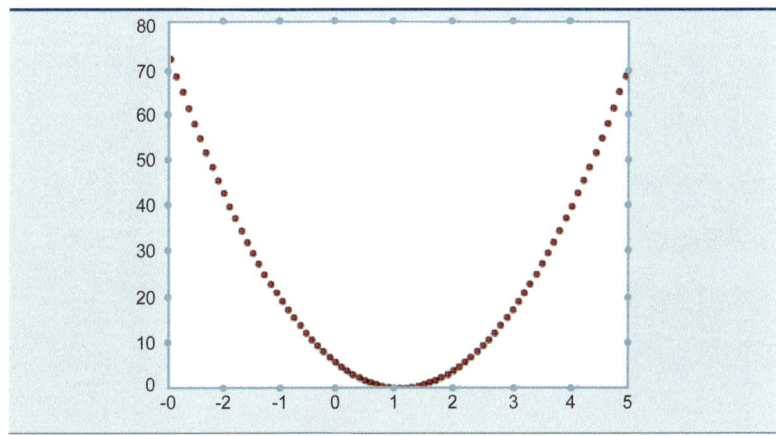

최소 오차(LMS)의 2차 함수 그래프

⑦ 오차를 최소화하기 위해서는 COST(그래프의 빨간색 점)가 0이 되도록 해야 할 것이고, 어떤 지점에서 0으로 가는 방향성을 찾기 위해서는 오차의 제곱을 미분하여 그 값이 0이 되도록 하면 된다.

⑧ 즉, 오차를 줄이기 위해서는 계산 값에 포함되는 가중치와 절편을 변

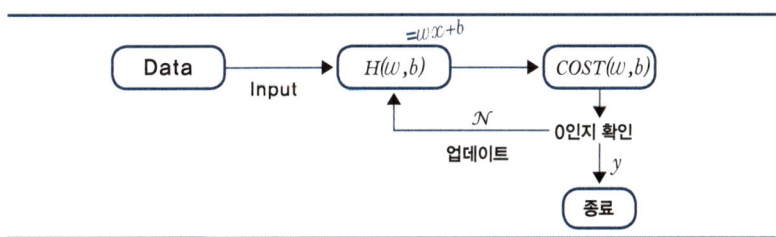

오차를 최소화하는 방법

화시켜 미분 값이 0이 되는 지점을 찾아가면 된다.

이 방법을 경사하강법이라고 하며, 이는 현재까지 인공 신경망에서 학습을 설명하는 핵심적인 알고리즘이다.

가중치 변화가 이루어지는 학습의 원리를 [초등 수학의 곱셈 교육]과 연관시켜 생각해 보겠다. 초등학생의 곱셈에서 학생들이 하게 되는 오류 유형은 ① 받아 올림, ② 0처리, ③ 자릿값 배열의 오류 등 절차적인 오류와 ④ 덧셈이나 ⑤ 곱셈 등 계산상의 오류로 크게 나눌 수 있다[86]. 주어진 문제에 오류를 보인다면 교사가 학생을 관찰하면서 이 같은 주요 5가지 오류 중에 어떤 것에 해당하는지 보고, 각각의 오류를 줄일 수 있도록 초점을 달리하면서 지도할 것이다. 여기서 가중치는 가르쳐야 할 전체 시간이 한 시간이라고 할 때, $w_1 \sim w_5$는 배분하는 시간이라고 가정할 수 있다. 이를 도식화하면 다음과 같다.

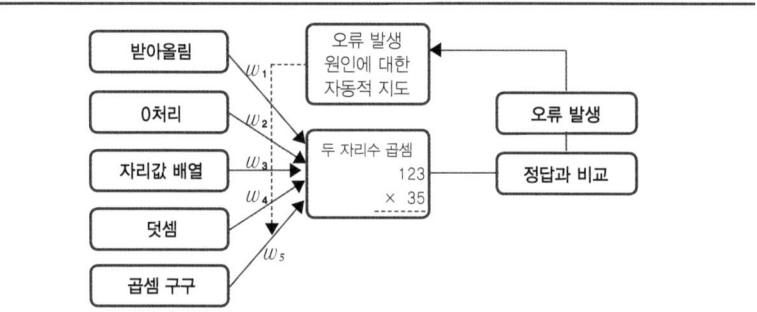

초등 수학의 두 자릿수 곱셈과 오류 발생에 대한 교정 과정을 사용한 뉴럴 네트워크의 학습 원리

만일 교사가 위의 그림과 같이 학생을 계속하여 관찰하면서 가중치를 조절해 가며 두 자릿수 곱셈 문제를 가르친다면 오류가 일정 수준 이내로 되는 때가 올 것이다. 이것을 '학습되었다'라고 말할 수 있으며, 그때가 학습을 위한 최적의 값이라고 할 수 있다. 머신러닝에서 사용하는 $w_1 \sim w_5$가 학습의 개념도 이처럼 가중치를 변경해가면서 임의의 기준 이상으로 문제를 정확하게 해결하도록 하는 과정이라고 할 수 있다.

로젠블랏의 퍼셉트론이나 아달린의 경우 한 개의 뉴런만 사용했기 때문에 해결할 수 있는 문제가 제한적이었다. 즉, 이들 뉴런은 선형적으로 구분이 가능한 문제에는 잘 동작했지만 비선형적인 문제는 해결할 수 없었다. 따라서 퍼셉트론의 제한적인 기능을 해결하기 위하여 여러 개의 뉴런을 활용하는 아이디어가 등장했다. 여러 개의 퍼셉트론을 연결한 다층 퍼셉트론 개념은 인간의 뇌에 존재하는 수많은 뇌세포들이 서로 연결되어 정신 활동을 하는 것을 생각해 보면 매우 자연스러운 것일 수 있다. 그리고 다층 퍼셉트론은 XOR 문제와 같은 비선형 문제를 해결할 수 있음이 입증되었다.

따라서 이러한 다층 퍼셉트론으로 인공 신경망을 서로 연결하여 복잡한 문제를 해결할 수 있게 되었다. 이는 인간의 뇌세포처럼 서로 연결되어

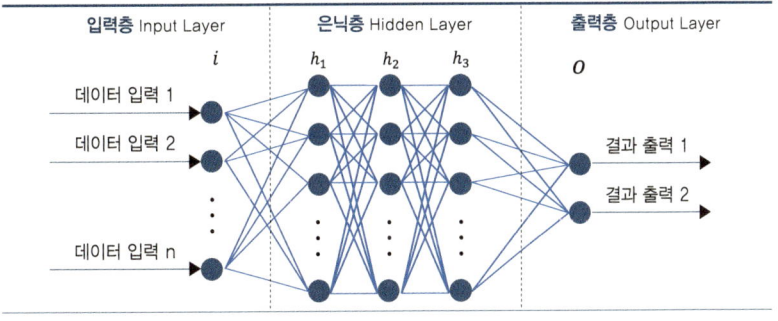

다층 퍼셉트론의 구조

복잡한 문제를 해결하며 뛰어난 정신 작용을 수행할 수 있는 능력을 가지고 있으므로 이를 뉴럴 네트워크 또는 인공신경망이라고 부른다.

다층 퍼셉트론은 데이터를 입력받는 입력 층과 중간의 특징을 추출하는 은닉 층, 그리고 출력 결과 값을 만드는 출력 층으로 구성된다. 은닉 층의 경우 한 층만 존재하지 않고 여러 층으로 구성될 수 있는데 이런 특징으로 인하여 딥러닝(Deep Learning)이라고 부른다.

다층 퍼셉트론에서도 여러 층으로 된 뉴럴 네트워크에서 가중치를 업데이트하기 위해 출력 값을 예측 값과 비교해야 하고, 이를 이용하여 각 가중치를 업데이트시키는 과정을 취해야 한다. 문제는 뉴럴 네트워크의 크기가 커지면 계산량이 엄청나게 늘어난다는 점이다. 따라서 컴퓨터 처리 능력이 상대적으로 부족했던 과거에는 이 문제 해결이 쉽지 않았다. 이 문제는 1986년 제프리 힌튼(Geoffrey E. Hinton)이 오차역전파 알고리즘을 개발함으로써 해결되었다.

오차역전파 알고리즘의 등장

오차역전파를 이해하기 위해서는 고등학교에서 배우는 미분에 대한 지식이 필요하다. 그러나 앞서 설명한 초등 수학의 두 자릿수 곱셈을 배우는 학생들이 문제를 제대로 풀지 못한 경우 그 결과를 문제 푸는 과정에 도입해보면서 가중치를 업데이트시키는 것과 같다. 다만, 계산에 필요한 컴퓨팅 자원의 한계를 해결하기 위하여, 출력 부분에서의 미분 값이 바로 전 단계로 전파되고, 그 전 단계는 다시 전전 단계로 전파되게 함으로써 전체적으로 계산 부담을 덜어주도록 한 것이다.

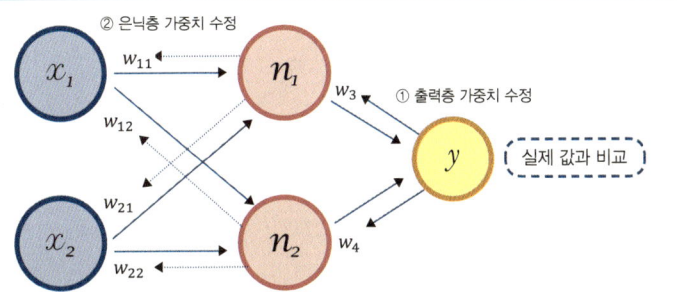

오차역전파의 개념도

인간의 뇌를 닮은 인공 뉴런의 연결

앞서 다층 퍼셉트론은 입력 층-은닉 층-출력 층의 여러 층으로 구성된다고 설명했다. 은닉 층은 한 개 이상의 층으로 구성되며, 여러 층의 은닉 층이 포함된 신경망은 복잡한 기능을 수행하며 특정 분야에서 인간을 능가하는 성능을 보이고 있다. '딥(Deep)'이라는 용어는 우리나라에서는 심층, 깊은 구조라고 번역하기도 하지만 정확하게는 일반적으로 숨겨진 신경망의 레이어 수를 의미한다. 기존의 인공 신경망에는 2~3개의 은닉 층만 포함되어 있었다면 딥러닝 인공 신경망에는 150개까지 포함될 수도 있다.

이 같은 인공 신경망이 어떻게 인간을 넘어서는 탁월한 성능을 보이게 되었는지 살펴보겠다. 신경망은 인간의 뇌와 같은 방식으로 정보를 분류하여 작동하도록 설계된 컴퓨터 시스템이다. 예를 들어 인간이 이미지를 인식하는 구조를 반영하면 컴퓨터가 이미지를 인식하고 포함된 요소에 따라 스스로 분류하도록 가르칠 수 있다. 본질적으로 딥러닝은 컴퓨터 시스템에 많은 데이터를 공급해 다른 데이터에 관한 결정을 내리는

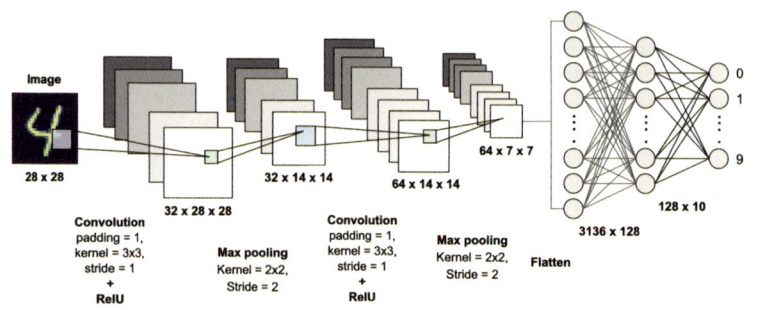

딥러닝 모델중 하나인 CNN 알고리즘의 구조_ 출처: https://iamkrut.github.io

데 사용하도록 하는 것이다. 이 데이터는 머신러닝의 경우와 마찬가지로 신경망을 통해 제공된다[87].

기본적으로 딥러닝 구조 그림에서 원은 한 개의 신경 세포(Neuron)를, 원 사이의 선(노드, Node)은 세포끼리 연결되었음을 나타낸다. 인간의 뇌세포들이 그물망처럼 연결되어 있듯이 인공 신경망의 뉴런-노드(Node)도 서로 연결되어 있다. 이렇게 연결된 노드들이 어떻게 이미지를 인식하여 그 그림이 개(Dog)인지 또는 고양이(Cat)인지 알 수 있을까? 이미지와 같은 데이터를 인식 또는 분류하거나 군집하기 위한 머신러닝의 종류는 지도학습, 비지도학습, 강화학습 등이 있다.

머신러닝의 종류

지도학습

지도학습은 주어진 데이터에서 원인이라고 할 수 있는 변수의 집합인 독립 변수와 예측할 대상(결과)인 종속 변수로 구성된다. 이러한 두 가지 변수들을 사용하여 입력 값에 따라 출력 값을 표현할 수 있는 함수를 생성한다. 예를 들어 특정 과목을 공부한 시간(독립 변수)과 그에 따른 성적(종속 변수)이 있을 때 학생들의 과거 데이터를 많이 가지고 있다면 이들 간에 존재하는 관계 학습을 통해 새로운 학생 A의 공부 시간만 대입하면 성적을 예측할 수 있다. 이런 경우에 훈련 데이터는 다음과 같이 공부 시간과 성적 데이터로 구성된다.

머신러닝의 지도학습 알고리즘은 이런 데이터를 이용하여 훈련하면 임

공부 시간	성적
2	70
10	95
5	80

학생들의 공부 시간(독립 변수)에 따른 성적(종속 변수)

의의 공부 시간을 입력했을 때 예상되는 성적을 매우 정확하게 예측할 수 있다. 지도학습은 독립 변수 데이터와 종속 변수 데이터가 필요하며 종속 변수 데이터는 레이블(label)이라 부른다. 또한, 독립 변수 데이터와 레이블이 여러 개 있을 때 이들을 묶어 데이터 세트(Data Set)라고 한다. 지도학습을 이용하면 기존 데이터를 통해 다음 결과 값을 예측하거나(회귀), 기존 데이터를 통해 새로운 데이터가 들어왔을 때 어떤 집단에 속하는지 구분(분류)할 수 있다. 대표적인 지도학습 알고리즘에는 선형 회귀(Linear Regression), 의사 결정 트리(Decision Tree), 랜덤 포레스트(Random Forest), KNN(K-Nearest Neighbor), 로지스틱 회귀(Logistic Regression) 등이 있다.

비지도학습

비지도학습은 학습할 독립 변수 데이터를 제공할 때 종속 변수인 결과

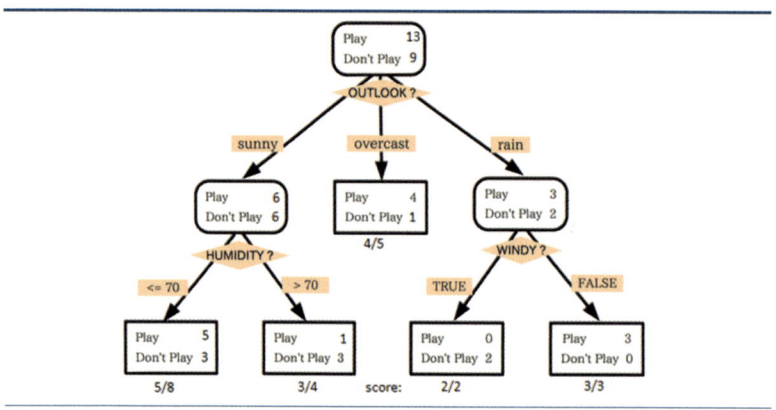

날씨에 따라 야외에서 운동을 할 것인지를 결정하는 의사 결정 트리의 예

값(레이블)을 제공하지 않는다. 비지도학습은 분류되지 않은 데이터 모음에서 구조 또는 패턴을 찾는 데 사용되며 특징이 비슷한 여러 그룹을 분류하는 것과 같은 군집화(Clustering) 등의 목적으로 사용한다. 비지도학습의 예로는 Apriori 알고리즘, K- 평균(K-Means) 클러스터링 등이 있다.

강화학습

강화학습은 현재의 상태(State)에서 어떤 행동(Action)을 취하는 것이 가장 좋은 선택인지 학습하는 알고리즘이다. 훈련하는 기계는 시행착오를 통해 지속적으로 스스로 훈련하는 환경에 놓이게 된다. 행동을 취할 때마다 보상(Reward)이 주어지는데, 보상을 최대화하기 위한 방향으로 학습이 진행된다. 2016년 이세돌 9단과 대국했던 알파고는 강화학습을 사용한 대표적인 예라고 할 수 있다. 강화학습의 알고리즘으로는 마르코프 의사 결정 프로세스(Markov Decision Process, MDP), Q-Learning, DQN(Deep Q-Learning) 등이 있다.

인터넷의 발달과 모바일 기기의 보급 및 디지털 정보 생성, 저장 및 분석에 사용할 수 있는 데이터의 엄청난 증가는 이러한 혁신을 가능하게 했다. 이로써 전통적으로 개발자들이 규칙을 사용하여 컴퓨터와 기계에게 모든 작업을 수행하는 방법을 가르치는 것보다 인간처럼 생각하도록 프로그래밍하고, 인터넷과 연결하여 모든 작업에 접근할 수 있도록 하는 것이 훨씬 더 효율적이라는 것이 드러났다. 이것은 오늘날의 인공지능인 딥러닝으로 발전하는 계기가 되었다.

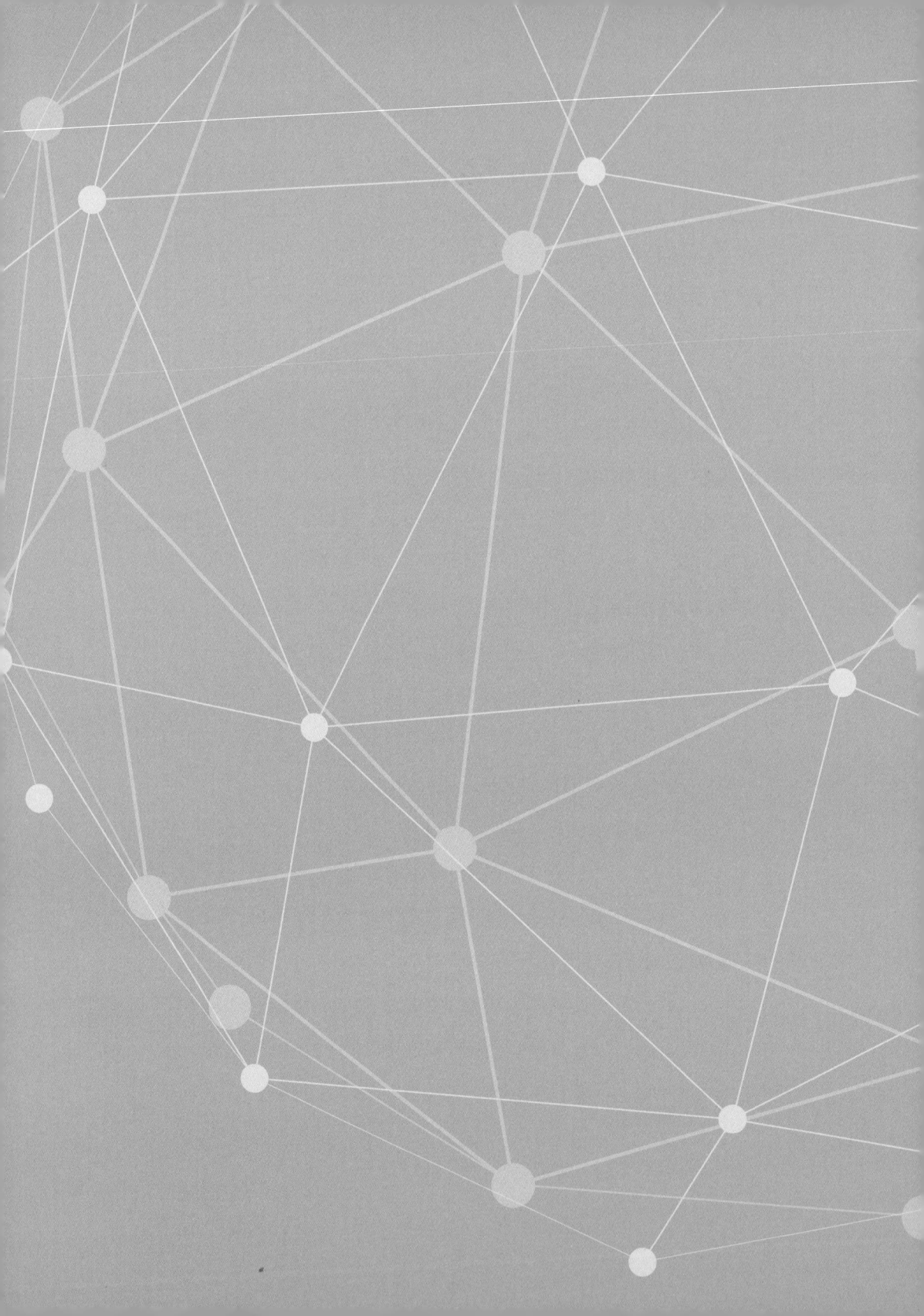

03

도구를 활용한 머신러닝 실습과 수업 방안

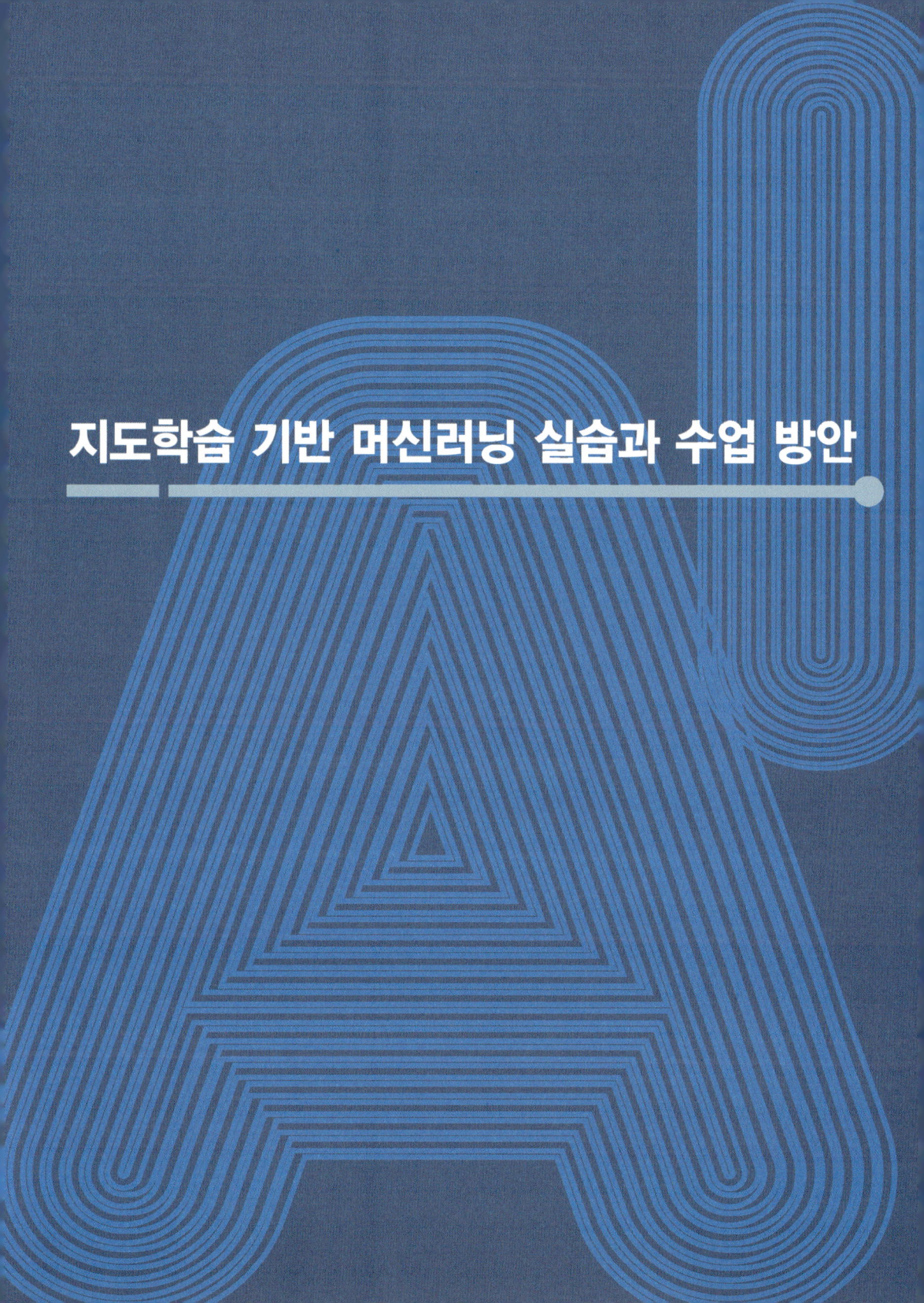
지도학습 기반 머신러닝 실습과 수업 방안

텍스트 기반 머신러닝 실습

머신러닝 대상이 글자면 텍스트 기반, 사진(그림)이면 이미지 기반, 소리면 오디오 기반으로 나눌 수 있다. 학습하는 대상에 따른 최적화된 머신러닝 웹 사이트가 있다. 우리는 그에 최적화된 머신러닝 포 키즈 사이트(https://machinelearningforkids.co.uk/)를 활용한다.

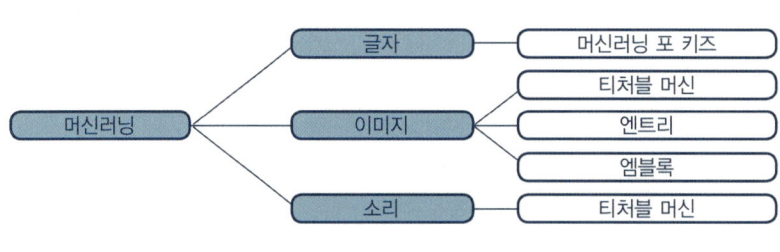

머신러닝 포 키즈란?

영국에서 개발한 아이들을 위한 머신러닝 활용 코딩 사이트다. IBM Watson 엔진 기반 머신러닝이 가능하며 다양한 워크시트를 제공하기 때문에 누구나 쉽게 사용할 수 있다. 텍스트, 숫자, 이미지 기반 머신러닝이 가능하며 결괏값을 활용한 스크래치 기반 블록 코딩을 할 수 있다.

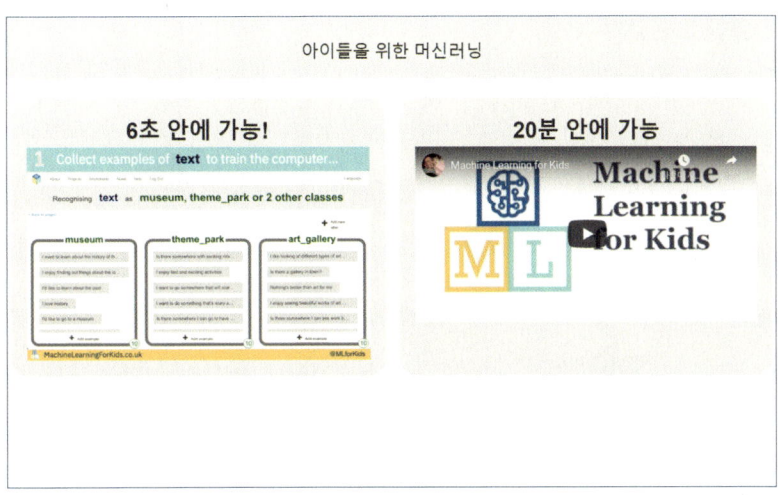

머신러닝 포 키즈 로그인하기

계정이 만들어져 있는 상태에서 [로그인]을 클릭해 아이디와 비밀번호를 입력한다. 입력 후 [Login]을 클릭한다. 계정이 없으면 [지금 실행해보기]를 클릭한다.

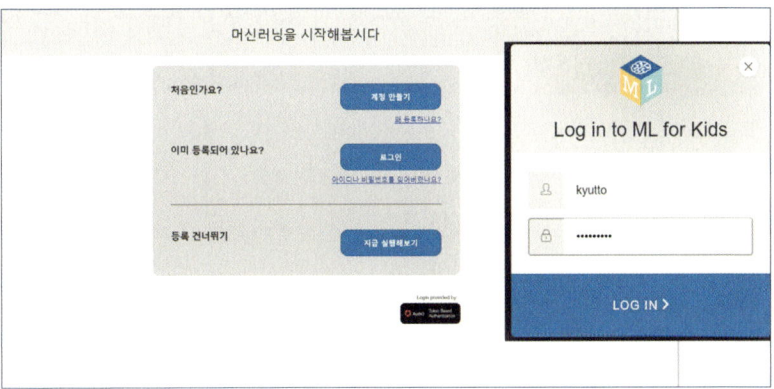

프로젝트 만들기

[시작해보기]를 클릭하고 [프로젝트 추가]를 클릭한다. 그리고 프로젝트 이름을 설정한다.

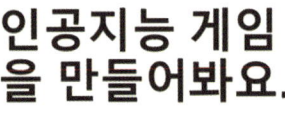

예제에서는 좋은 말 나쁜 말을 구분하는 프로젝트를 생성하기 위해 'Good words, Bad words'로 설정했다. 인식 방법은 텍스트, 언어는 Korean으로 설정한다.

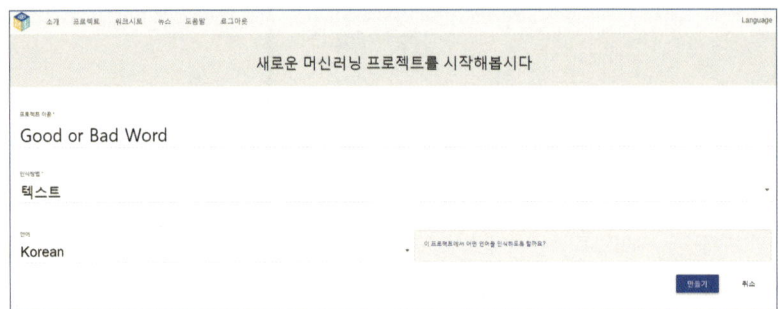

[훈련하기]를 클릭하고 이어서 [레이블 추가하기]를 클릭한다. 레이블 이름을 Good words, Bad words 두 가지로 입력해 추가한다.

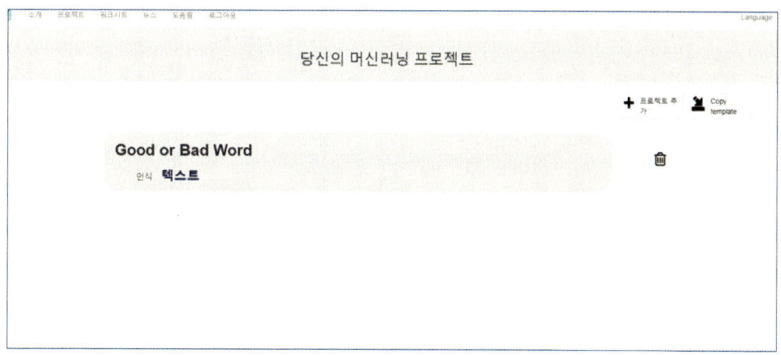

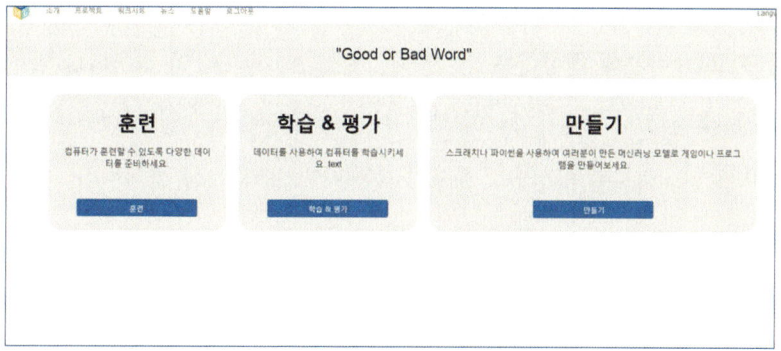

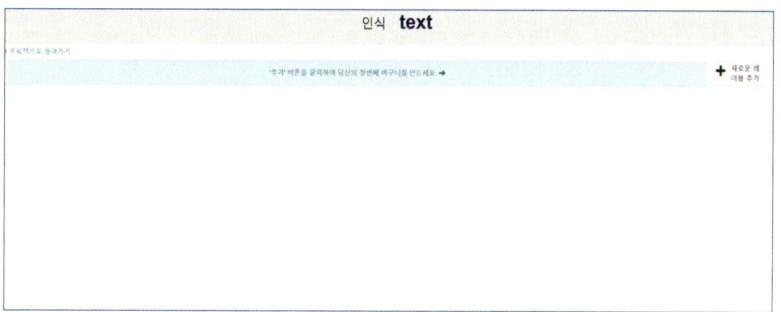

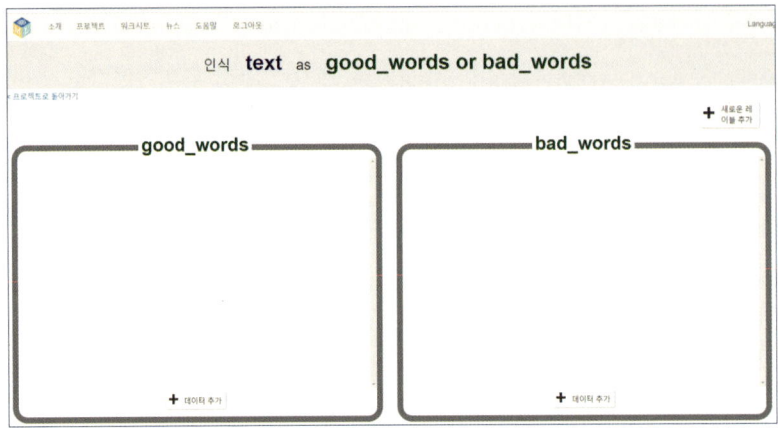

데이터 입력 및 훈련하기

각각의 레이블에 데이터를 추가한다. 최소 10개 이상의 데이터를 입력해야 훈련할 수 있다. 입력이 모두 끝나면 [훈련&평가]를 클릭한다. 마지막으로 [새로운 머신러닝 모델을 훈련시켜 보세요]를 클릭한다. 컴퓨터 사양에 따라 다소 시간이 소요될 수 있다.

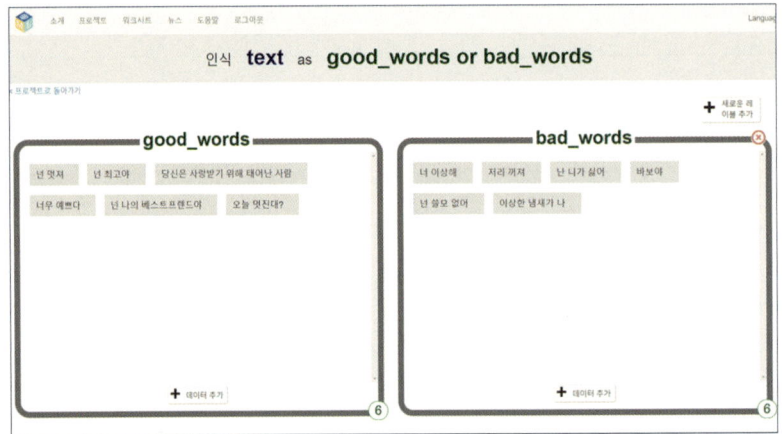

훈련 결과 확인하기

머신러닝 훈련에 따른 정확도를 0~100%로 확인할 수 있다. 정확도가 떨어질 경우 추가로 데이터를 입력해 다시 모델을 훈련한다.

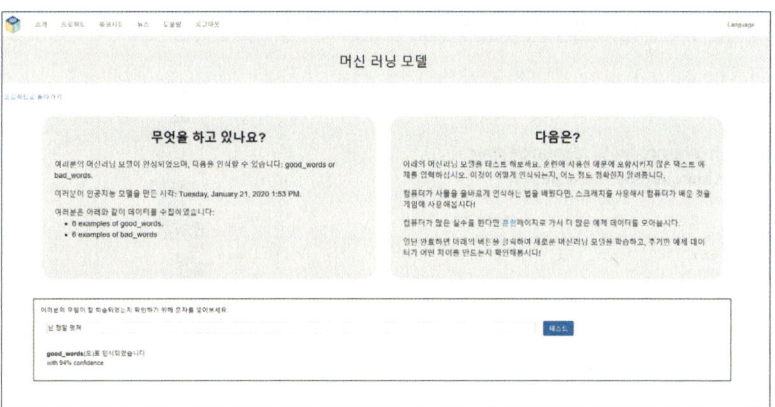

이미지 기반 머신러닝 실습

티처블 머신은 구글에서 개발한 머신러닝을 체험할 수 있는 웹 사이트다. 사용법이 직관적이며 간단하고, 코딩하지 않고 웹캠과 마이크를 이용해 머신러닝 모델을 개발할 수 있다. 이미지 기반, 음성 기반, 동작(Pose) 기반의 머신러닝 모델 제작을 지원하며, 결과에 대한 소스를 활용해 타 프로젝트에 응용할 수도 있다. 티처블 머신은 크롬 브라우저 기반으로 제작 및 최적화되어 있다.

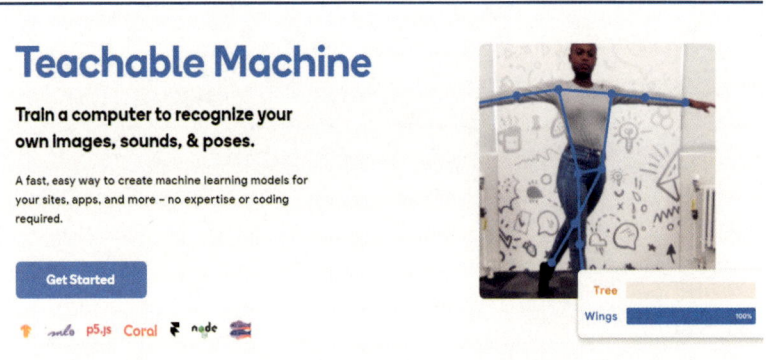

모델을 제작하기 위해 [Get Started] 버튼을 클릭한다.

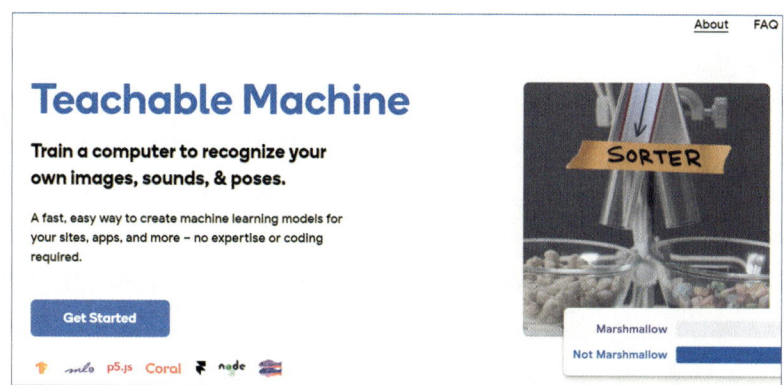

이미지, 오디오, 동작 프로젝트를 선택을 할 수 있다. 기존에 저장해 둔 프로젝트가 있을 경우 구글 드라이브나 컴퓨터에서 불러올 수 있다.

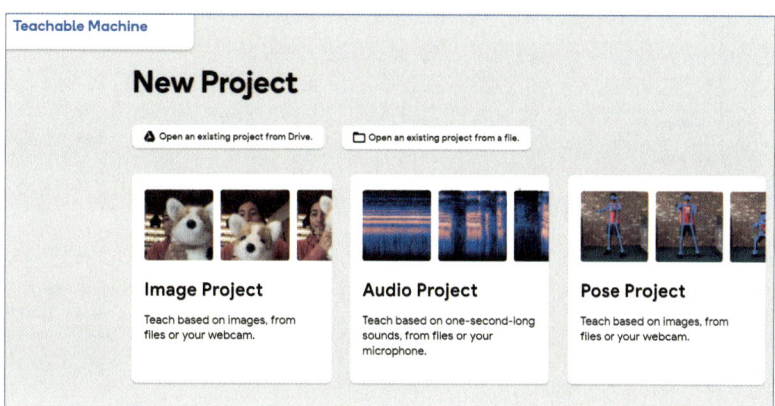

이미지, 오디오, 동작 중 하나를 클릭하면 클래스(분류 기준)를 추가할 수 있다. 분류할 기준이 두 개 이상이면 [Add a class]를 클릭하여 클래스를 추가한다.

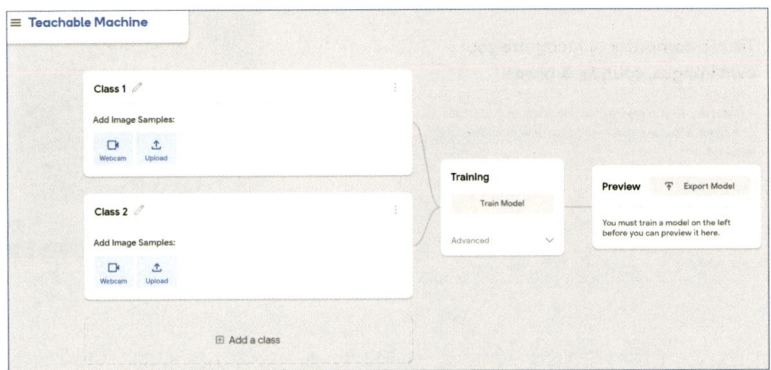

나누어진 클래스별로 이미지(또는 소리)를 입력한다. 이미지는 웹캠으로 촬영하거나 컴퓨터에 저장된 이미지를 업로드할 수 있다.

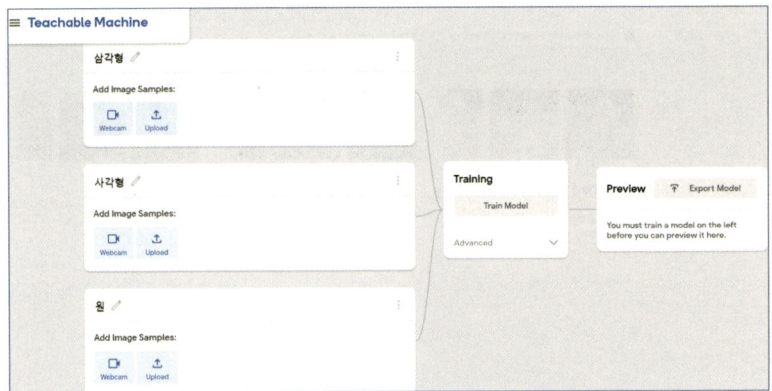

이미지는 최소 5장 이상 입력한다.

이미지를 입력할 때 배경에 다른 이미지가 최대한 없도록 주의하여 촬영한다.

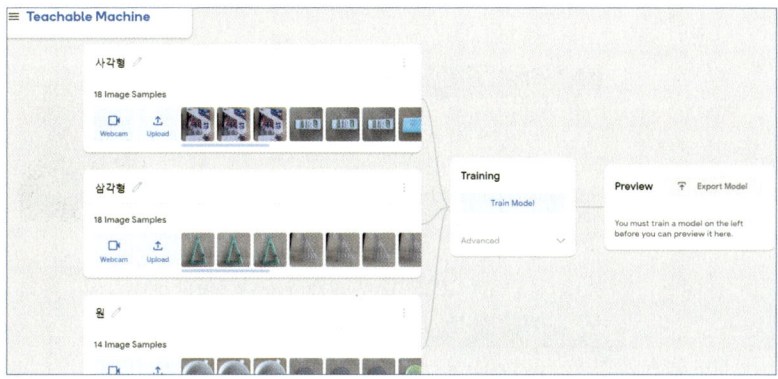

[Training] 버튼을 눌러 이미지 데이터를 훈련한다. 이미지의 양이 많을수록 소요 시간이 길어진다.

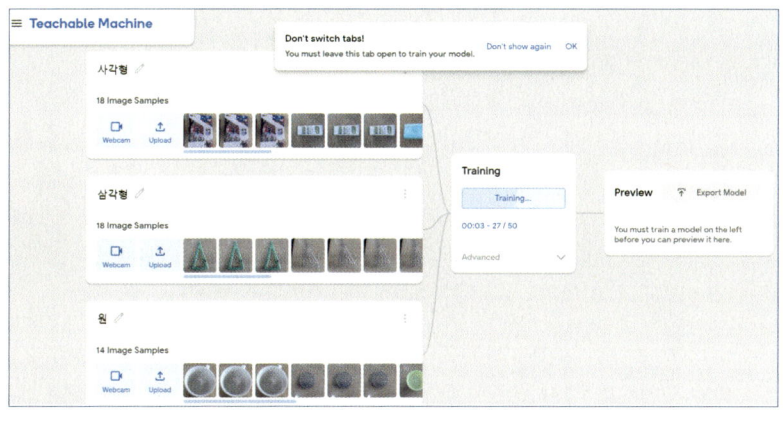

Preview 화면에서 머신러닝 결과를 실시간으로 확인할 수 있다. 결과가 일치하지 않을 경우 이미지를 더 추가하여 다시 훈련시킨다.

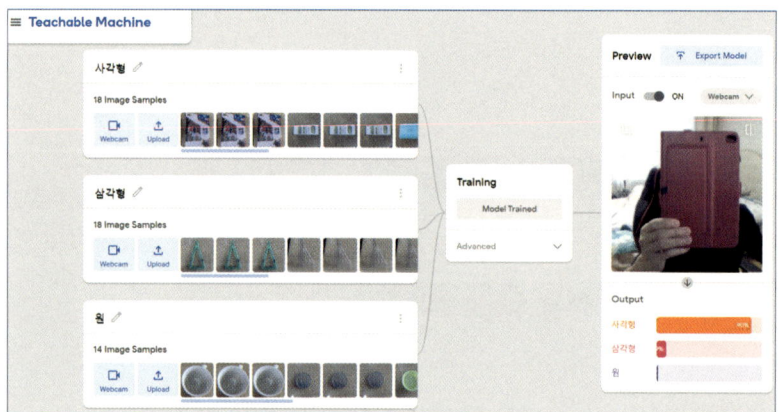

오디오 기반 머신러닝 실습

인류와 함께한 음악의 역사가 긴 만큼, 음악과 인공지능을 결합하려는 시도도 꾸준히 그리고 오랜 시간 이어져 왔다. 음악을 인식하거나, 인식한 음악을 바탕으로 장르나 작곡 패턴을 분류하는 등 다양한 시도가 등장하고 있다. 티처블 머신을 활용하여 오디오를 기반으로 하는 머신러닝을 체험하고 학습해 본다.

모델을 제작하기 위해 [Get Started] 버튼을 클릭한다.

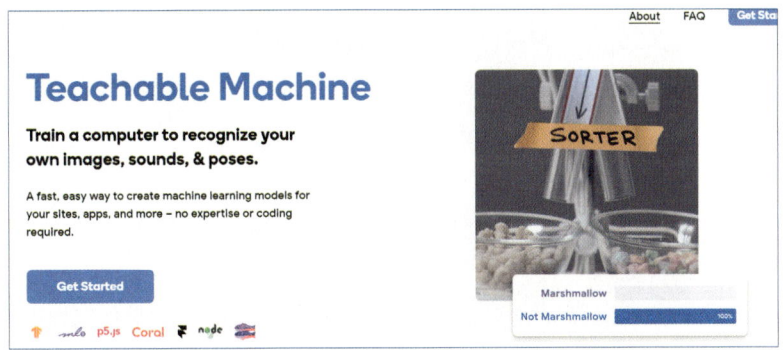

이미지, 오디오, 동작 프로젝트를 선택을 할 수 있다. 기존에 저장해 둔 프로젝트가 있을 경우 구글 드라이브나 컴퓨터에서 불러올 수 있다.

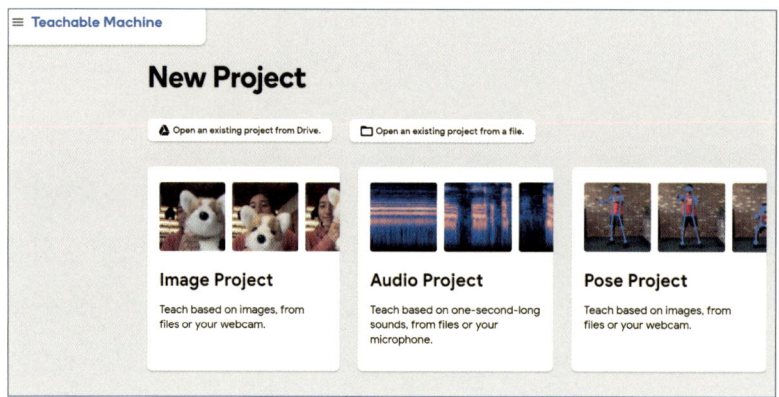

오디오를 클릭하면 클래스와 샘플을 추가할 수 있는 화면이 나타난다.
오디오 프로젝트는 배경 소음(Backgroud Noise)을 먼저 추가한다.

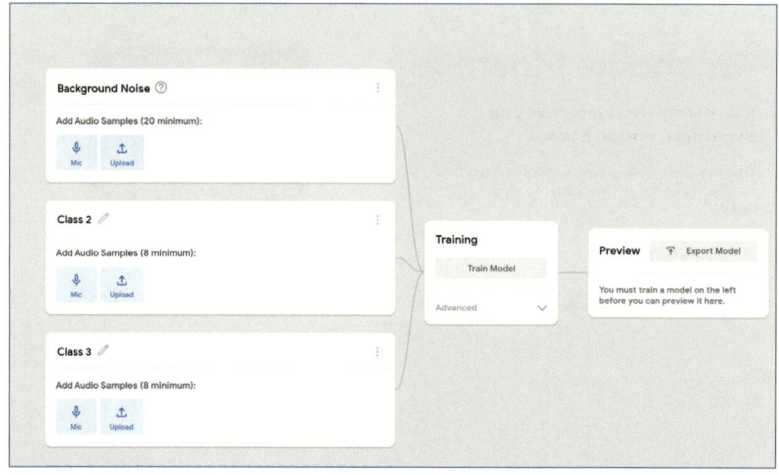

분류할 내용이 두 개 이상일 경우 [Add a class] 버튼을 클릭하여 클래스를 추가한다. 오디오 입력은 마이크를 이용한 실시간 녹음과 컴퓨터에 저장된 오디오 파일을 업로드할 수 있다.

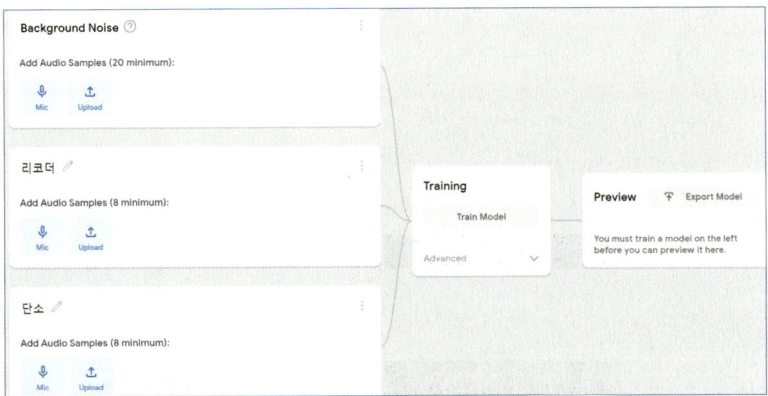

오디오는 최소 8개 이상 샘플을 입력해야 한다. 오디오 샘플을 입력할 때 잡음(Noise)이 섞이지 않도록 주의한다.

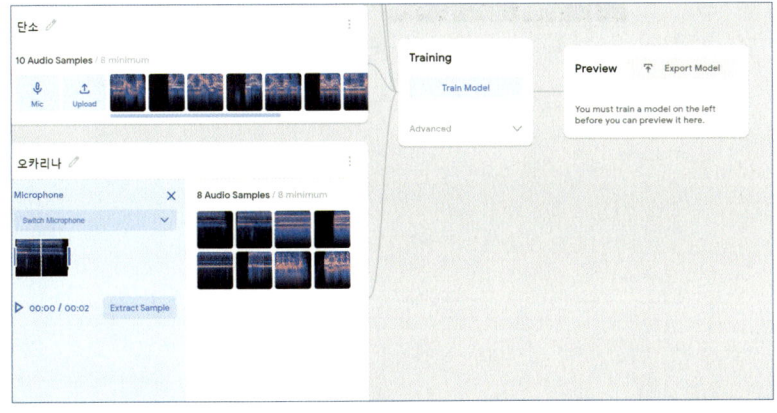

[Training] 버튼을 클릭하여 오디오 데이터를 훈련한다. 오디오의 양이 많을수록 소요 시간이 길어진다. 마이크를 통해 훈련된 결과를 실시간으로 확인할 수 있다. 결과가 일치하지 않을 경우 오디오 샘플을 추가하여 재훈련시킨다. 중복 계수(overlap Factor) 수치를 낮추거나 높여서 정확도를 높일 수 있다.

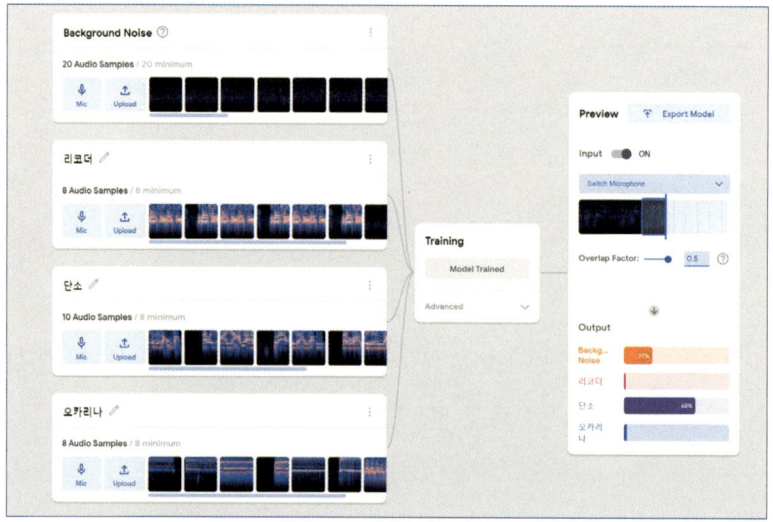

지도·비지도학습을 연계한 수업 방안

세계적인 미디어 이론가인 더글러스 러시코프는 '프로그래밍하지 못하면 프로그래밍 당할 수 있다'는 말을 남겼다. 미래를 살아갈 학생들은 인공지능을 단순히 활용하는 것을 넘어, 인공지능의 원리를 이해하고 설계할 수 있는 능력을 가져야 한다. 지도학습과 비지도학습의 원리를 바탕으로 교과에서 융합할 수 있는 수업을 설계해 보자.

김 교사_ 티쳐블 머신이나 머신러닝 포 키즈를 이용하면 학생들도 머신러닝에 대해 쉽게 이해할 수 있겠어요.

최 교사_ 예 맞습니다. 머신러닝의 다수가 지도학습 중 분류 모델을 활용하기 때문에 분류가 가능한 교과 주제라면 활용하기 좋답니다. 몇 가지 공통점을 바탕으로 모아보는 활동은 비지도학습이라고 볼 수 있겠네요. 사회, 미술, 과학 등에 머신러닝을 활용해 볼 수 있는 사례를 정리해 볼까요?

주제	다양한 가족 형태를 이해하고 이를 분류해보는 사회 수업
관련 교과	사회 [4사02-06] 현대의 여러 가지 가족 형태를 조사하여 가족의 다양한 삶의 모습을 존중하는 태도를 기른다.
수업 내용	현대 사회의 다양한 가족 형태에 대해 생각해보고 핵가족, 대가족, 다문화, 조손 가족 등 다양한 가족의 형태를 분류해 봅니다.

주제	다양한 화풍에 따라 그림을 나누어 보는 미술 수업
관련 교과	미술 [6미03-02] 미술 작품이 시대적 배경과 관련된다는 것을 이해할 수 있다.
수업 내용	구글 아트 앤 컬쳐(Google Art & Culture) 앱을 통해 다양한 미술 작품을 관찰한다. 다양한 시대별, 나라별 작품들을 감상한 후 미술사에 있는 큼직한 사조별 대표적인 작품을 보여준다. 예를 들어 르네상스-바로크-로코코-낭만주의-사실주의-인상주의-현대 미술 중에서 특징이 뚜렷한 작품을 분류해보게 한다.

주제	지시약을 활용해 산과 염기성 액체를 분류하는 과학 수업
관련 교과	과학 [6과08-02] 지시약을 이용하여 여러 가지 용액을 산성 용액과 염기성 용액으로 분류할 수 있다.
수업 내용	페놀프탈레인 용액을 이용하여 식초, 레몬즙, 사이다, 묽은 염산, 유리 세정제 등 다양한 용액에 넣어 색깔 변화에 따라 분류한다. '산성', '염기성'을 분류하기 전에 특징에 따라 분류하며, 이것이 비지도학습임을 학생에게 인지하게 한다.

이 교사_ 나만의 과일 가게를 만들어보는 수업을 설계해 보았어요. 비지도학습을 바탕으로 몇 가지 공통점을 찾아 분류하고, 지도학습을 바탕으로 과일에 이름을 적어 분류하는 활동을 해보려고 해요. 마지막 활동으로는 오토 드로우를 활용해서 나만의 과일 가게를 차려 보는 활동이에요.

주제	지도/비지도학습을 활용한 융합 수업
관련 교과	미술, 수학, 사회, 진로 융합 수업
수업 내용	〈활동1〉 비지도학습으로 과일 분류하기 　－과일 카드를 자유롭게 분류해 본다. 분류는 꼭 두 가지로 하지 않아도 좋다. 　－분류한 과일 집단에 이름을 붙여보고 추가로 제시된 과일 그림을 자신이 분류한 집단에 추가해본다. 〈활동2〉 지도학습으로 과일 분류하기 　－과일 밑 빈칸에 과일 이름을 모두 적는다. 다시 과일을 분류하되 추가로 제시되는 과일에도 이름을 적어 같은 이름이 적힌 과일끼리 묶이도록 한다. 〈활동3〉 분류한 과일 공유하기 　－개인별 또는 모둠별로 분류한 결과를 비교한다. 같은 데이터로 다양한 방법의 분류가 가능함을 확인한다. 과일 이름을 적지 않고 분류하였을 때(비지도학습), 과일 이름을 적은 후 분류하였을 때(지도학습)의 장단점에 대해 논의한다. 〈활동4〉 나만의 가게 디자인하기(Autodraw) 　－우리 반 친구들이 좋아하는 과일을 직접 조사하고 성별이나 연령별로 과일을 추천해주는 AI 로봇을 설치한 가게를 디자인한다.

김 교사_ 오토 드로우는 어떤 도구인가요?

이 교사_ 오토 드로우는 구글에서 개발한 도구로 사람이 어느 정도 특정 사물의 외형을 그리면 인공지능이 완성해 주는 도구입니다. 예를 들어 동그라미에 꼭지를 그려 사과를 그려주면 AI가 인식을 하여 '너 이 사과 그리고 싶었던 거야?'라는 의미인 것처럼 그림을 자동으로 완성해 줍니다.

오토 드로우의 실행 화면

최 교사_ 재미있는 도구네요. 학생들에게 실제로 실물 과일을 주면 정말 더 좋겠지만 현실적으로 불가능하다면 과일 카드를 출력해서 제공해도 좋을 것 같아요. 또 몇 개는 그냥 빈 종이만 주어서 학생들이 거기에 과일을 직접 그려봐도 좋겠네요.

 수업 팁

1. 학생들에게 실물 과일을 제공하기 어려울 경우 과일 카드를 출력해서 제공할 수 있다.
2. 색깔로도 분류할 수 있으므로 과일 카드를 컬러로 출력을 해서 학생들에게 제공하면 다양한 방법으로 비지도학습에 적용할 수 있다.
3. 과일의 모양, 색깔, 과일 나무에서 열리는 과일과 그렇지 않은 과일 등으로 분류해보며 비지도학습이 다양한 방법으로 분류할 수 있음을 이해한다.
4. 지도학습을 먼저 진행하면 학생들의 사고가 획일화될 수 있으므로 비지도학습을 먼저 진행하는 것이 좋다.

텍스트 기반 머신러닝 수업 방안

이제 인공지능 교육용 도구를 활용하여 수업에 적용해 봐야겠죠? 인공지능 교육용 도구로 머신러닝 포 키즈, 티처블 머신 등이 있다. 다양한 도구를 활용하여 텍스트 데이터를 분류해 보는 수업을 설계해 보자.

이 교사_ 김 선생님, 최근에 머신러닝을 활용한 수업을 하셨다는 이야기를 들었어요. 어떤 수업을 하셨는지 소개해 주실 수 있나요?

김 교사_ 네, 먼저 텍스트 기반 머신러닝을 적용한 사례입니다. 동희의 성찰을 읽고 동희의 행동에 대해서 학생들과 이야기를 나누는 활동을 했어요. 동희가 성찰한 것을 바탕으로 학생들이 평소에 쓰는 단어들을 좋은 말과 나쁜 말로 나누어서 입력하는 활동을 했어요. 학생들이 여러 가지 단어들을 입력하면 좋은 말과 나쁜 말로 나누어 머신러닝 포 키즈에서 머신러닝 모델을 만드는 활동이었어요.

수업 목표
머신러닝 포 키즈의 텍스트 기반 모델을 활용하여 평소 쓰는 말에 대해 성찰할 수 있다.

관련 교과 및 성취 기준
도덕 [6도04-02] 올바르게 산다는 것의 의미와 중요성을 알고, 자기 반성과 마음 다스리기로 올바르게 살아가기 위한 능력과 실천 의지를 기른다.

수업의 흐름
평소 내가 쓰는 말로 모델 학습하기 ⇒ 짝과 바꾸어 이야기하기

〈활동1〉 교과서의 '동희의 성찰'에 대해 이야기 나누기
 – 동희의 평소 행동과 사용하는 말에 대한 이야기 나누기

〈활동2〉 평소 내가 쓰는 말에 대해 머신러닝 모델 학습하기
 – 학생들이 평소 사용하는 말을 좋은 말과 나쁜 말로 나누어 머신러닝 모델 학습하기

〈활동3〉 모델 학습한 내용을 짝과 함께 바꾸어 이야기해보기
 – 학생마다 결과가 다르므로 평소 자신이 사용하는 언어에 대해 성찰하기

최 교사_ 학생들이 나쁜 말을 쉽게 학습하기 때문에 나쁜 말위주로 입력할 것 같은데요?

김 교사_ 과도한 욕설은 지양하도록 했고 좋은 말과 나쁜 말을 균형 있게 입력하도록 했어요. 머신러닝 결과를 비교했을 때 나는 나쁜 말이라고 생각 안 했지만 짝은 그걸 나쁜 말이라고 생각하는 경우도 있었어요.

수업 팁
1. 충분히 다양한 텍스트 데이터를 입력할 수 있도록 전 차시나 학습 과제로 미리 평소 사용하는 단어를 생각해보고 분류하여 가져오도록 한다.
2. 과도한 욕설이나 비속어는 지양하도록 지도한다.

김 교사_ 이 수업을 응용해서 국어 교과에서도 적용해 보았어요. 먼저 누리 소통망 대화가 우리 생활에 미치는 영향을 서로 주고받습니다. 그리고 유튜브 댓글이나 뉴스 댓글을 머신러닝을 활용하여 긍정과 부정으로 분류해 봤어요.

이 교사_ 실생활에 있는 사례를 적용해 보면 현실감 있는 수업이 되겠어요. 학생들의 반응은 어떤가요?

김 교사_ 굉장히 신기해하고도 창피해하기도 했어요. 평소 얼마만큼 긍정, 부정적인 글들을 내가 접하고 쓰는지를 알게 되기도 했어요.

수업 목표
누리 소통망 글을 머신러닝으로 분류하고 언어 예절에 관해 말할 수 있다.
관련 교과 및 성취 기준
국어 [6국03-02] 목적이나 주제에 따라 알맞은 내용과 매체를 선정하여 글을 쓴다.
수업의 흐름

누리 소통망 대화 경험 나누기 ⇒ 누리 소통망 글을 머신러닝으로 분류하기

〈활동1〉 누리 소통망 대화가 우리 생활에 미친 영향 이야기 나누기
  - 교과서의 글을 보고 누리 소통망 대화의 경험에 관해 이야기를 나누어 본다.

〈활동2〉 누리 소통망에 올라온 글들을 긍정과 부정으로 머신러닝 분류하기
  - 내가 생각하는 누리 소통망에 사용되는 단어를 긍정과 부정으로 나누어 머신러닝으로 분류한다.

〈활동3〉 모델 학습한 결과를 이야기해보기
  - 모델 학습한 결과를 테스트해보고 평소 얼마만큼 긍정, 부정적인 글들을 접하는지 이야기해보기

김 교사_ 학년별로 학습 주제가 비슷하다면 수업에 적용해 볼 수 있겠군요. 교과서에 나오는 내용으로도 감정을 분류하거나 좋은 말과 나쁜 말로 분류해볼 수 있을 것 같아요. '기쁘다, 힘들다, 슬프다' 이런 감정들을 색연필이나 형광펜으로 표시를 해가면서 추출해야겠네요. 하지만 이 수업을 진행할 때는 교과서에 나오는 태웅이가 쓴 말 이외에 감정을 표현하는 단어를 레이블로 나누어서 입력할 필요가 있겠네요. 교과서에 있는 내용을 학생들이 분류한 결과와 인공지능이 분류한 마음을 서로 비교해 보는 활동도 해보면 재미있는 결과가 나오겠어요.

수업 목표
글 속에 사용된 낱말 중 마음을 나타낸 낱말을 머신러닝을 통해 분류할 수 있다.

관련 교과 및 성취 기준
국어 [4국03-04] 읽는 이를 고려하며 자신의 마음을 표현하는 글을 쓴다.

수업의 흐름
태웅이가 쓴 편지 읽기 ⇒ 태웅이의 마음을 나타낸 낱말을 머신러닝으로 분류하기

〈활동1〉 태웅이가 쓴 편지 읽기
〈활동2〉 태웅이의 마음을 나타낸 낱말 찾기
- 글에 사용된 낱말 중 마음을 나타낸 낱말을 분류하여 나눈다.

〈활동3〉 머신러닝으로 낱말 분류하기
- 텍스트 기반 머신러닝 모델을 활용하여 낱말을 분류하고 글 전체의 문맥 흐름을 판단한다.

이미지 기반 머신러닝 수업 방안

이미지 처리와 분류와 같은 컴퓨터 비전은 활발하게 연구되고 있는 딥러닝 분야 중 하나다. 자율 주행, 사물 인식 등이 모두 이미지 기반이기 때문이다. 티처블 머신을 이용하여 이미지를 분류하는 인공지능을 수업에 적용해 보자.

김 교사_ 이번에는 이미지 기반 머신러닝을 수업에 적용한 사례입니다. 첫 번째 활동에서는 교실에서 네모, 세모, 원 모양을 찾는 활동을 했어요. 다음으로 네모, 세모, 원을 티처블 머신으로 학습시키고 확인하는 활동을 했어요. 추가로 물건을 더 찾아보기도 했고 신체 활동으로 네모, 세모, 원 모양을 나타내보는 활동으로 마무리했어요.

수업 목표
티처블 머신의 이미지 기반 모델을 활용하여 교실 속 다양한 모양을 찾아 분류할 수 있다.
관련 교과 및 성취 기준
수학 [2수02-03] 교실 및 생활 주변에서 여러 가지 물건을 관찰하여 삼각형, 사각형, 원 모양을 찾고, 그것들을 이용하여 여러 가지 모양을 꾸밀 수 있다.

수업의 흐름

교실 속 □△○ 모양 찾기 ⇒ 티처블 머신으로 □△○ 분류 모델 만들기

〈활동1〉 **교실 속에서 □△○ 모양 찾기**
- 교실에 있는 여러 가지 사물 중 □△○ 모양 찾아보기

〈활동2〉 **티처블 머신으로 □△○ 분류 모델 만들기**
- 학생들이 찾은 □△○ 모양을 티처블 머신으로 분류하여 훈련시키기

〈활동3〉 **□△○ 모양을 신체 표현으로 나타내기**
- □△○ 모양을 신체 표현으로 나타내고 티처블 머신으로 비교해보기(심화)
- 짝과 함께 협동으로 신체 표현해보기

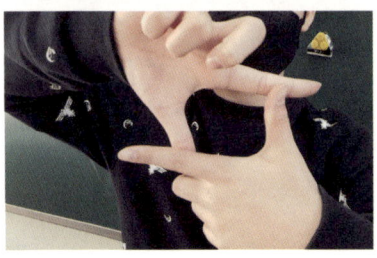

최 교사_ 교실에서 세모나 원 모양을 찾기가 쉽지는 않을 것 같은데요?

김 교사_ 맞아요. 그래서 교사가 수업 전에 색종이를 삼각형 모양으로 오려서 둔다거나 훌라후프를 미리 설치해둘 필요가 있어요.

수업 팁

1. 교실 속에서 찾을 수 있는 □△○ 모양이 충분하지 않을 수 있다. 이를 대비하여 미리 모양을 준비해두는 것이 필요하다.
2. 티처블 머신으로 샘플을 추가할 경우 학생들의 몸 전체를 촬영하는 것보다 해당하는 모양을 확대해서 촬영해야 정확도가 높아진다.

김 교사_ 과학 교과에도 접목해볼 수 있을 것 같아요. 현무암과 화강암은 특징이 뚜렷하기 때문에 티처블 머신으로 학습시키고 머신러닝 모델에 학습하지 않은 나머지 암석을 웹캠으로 업로드해 보면서 학습시킨 결과가 정확한지 확인해보는 활동으로 수업을 설계했습니다.

수업 목표
현무암과 화강암의 종류와 특징을 알아보고 티처블 머신으로 분류 모델을 제작할 수 있다.

관련 교과 및 성취 기준
과학 [4과11-02] 화성암의 생성 과정을 이해하고 화강암과 현무암의 특징을 비교할 수 있다.

수업의 흐름

현무암과 화강암의 종류를 알아보고 특징 관찰하기 ⇒
티처블 머신을 활용하여 현무암과 화강암을 분류하는 모델 제작하기

〈활동1〉 현무암과 화강암의 종류를 알아보고 특징 관찰하기
    - 현무암과 화강암을 다양한 방법으로 관찰하고 특징을 파악하여 분류한다.
〈활동2〉 티처블 머신을 활용하여 현무암과 화강암을 분류하는 머신러닝 모델 제작하기
    - 웹캠을 활용하여 현무암과 화강암을 촬영하여 티처블 머신의 분류 모델을 제작한다.
〈활동3〉 머신러닝 모델의 정확도 확인하기
    - 샘플로 촬영하지 않은 테스트용 암석을 촬영하여 정확도 확인하기
    - 추가 촬영 및 재훈련하기

최 교사_ 퇴적암과 같은 화산암 이외의 다른 암석을 촬영해서 비교해보면 화산암의 특징을 이해하는 데 더 도움이 되겠네요.

수업 팁

1. 화산암의 샘플이 많을수록 정확도가 높아진다. 될 수 있으면 다양한 암석을 촬영하여 샘플로 추가하는 것이 좋다.
2. 클래스 하나를 추가하고 미분류 암석을 샘플로 추가하여 프리뷰 화면에서 화산암 이외의 다른 암석(퇴적암 등)을 촬영해보고 정확도를 비교하면 화산암의 특징을 이해하는데 도움이 된다.

오디오 기반 머신러닝 수업 방안

2006년, 뉴럴 네트워크가 주목받기 시작할 무렵, 그 시작은 음성 인식이었다. 음성 인식은 머신러닝 분야에서 역사가 깊은 영역 중 하나다. 오디오 기반 머신러닝을 활용하여 수업을 설계해 보자.

김 교사_ 오디오는 소리이기 때문에 아무래도 음악과 융합하는 것이 가장 적절해 보였어요. 음악을 듣고 장구의 역할과 장구 반주 모습을 살펴보았습니다. 이 차시는 자진모리장단에 대한 수업인데 학생들이 책상을 손바닥으로 두드리면서 손 반주를 하기도 했어요. 그리고 티처블 머신을 활용해서 각 구음을 학습시켰어요. 그렇게 해서 학생들이 장구 장단을 연주했을 때 컴퓨터가 자진모리장단으로 인식을 하는지 확인을 했어요.

최 교사_ 정확도로 표시되면 학생들이 자기의 장단이나 구음이 얼마나 정확하게 됐는지를 알 수 있겠네요.

수업 목표

티처블 머신의 오디오 기반 모델을 활용하여 다양한 장단을 분류할 수 있다.

관련 교과 및 성취 기준

음악 [4음01-03] 제재곡의 노랫말을 바꾸거나 노랫말에 맞는 말붙임새로 만든다.
음악 [4음01-04] 제재곡의 리듬꼴이나 장단꼴을 바꾸어 표현한다.

수업의 흐름

음악을 듣고 장구의 역할 알아보기 ⇒ 티처블 머신으로 장단 분류 모델 만들기 ⇒ 장단에 맞추어 노래 부르기

〈활동1〉 음악을 듣고 장구의 역할 알아보기
 - 장구 연주 모습과 장구 반주 모습을 영상을 보며 알아보기

〈활동2〉 티처블 머신을 활용하여 자진모리장단 구음 익히기
 - 티처블 머신을 활용하여 자진모리장단 구음 입력하기
 - 구음을 불러보며 티처블 머신으로 장단 확인하기

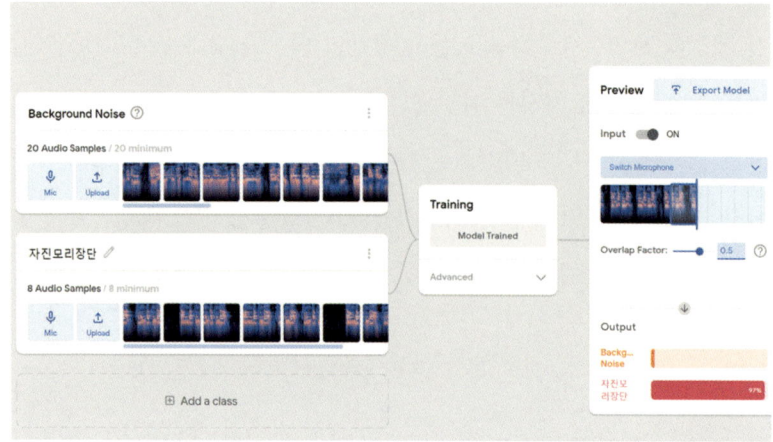

〈활동3〉 '꼭꼭 숨어라' 노래 맞추어 장구로 자진모리장단 쳐보기
 - 장단에 맞추어 노래 부르기

김 교사_ 티처블 머신을 시작할 때 백그라운드 노이즈에 주변 소음 값을 충분히 입력시켜야 정확한 값을 얻을 수가 있어요. 그리고 제재곡을 맞추어 연주할 때는 백그라운드 노이즈에 제재곡을 삽입하는 게 좋아요. 왜냐하면 그 제재곡이 인간에게는 음악으로 들리지만 머신러닝 모델은 노이즈로 인식할 수 있거든요.

수업 팁

1. 배경 소음(백그라운드 노이즈)을 충분히 입력해야 정확한 결과를 얻을 수 있다.
2. 구음이나 장구의 장단을 입력할 때 충분히 조용한 상태에서 입력해야 한다.
3. 제재곡을 백그라운드 노이즈에 입력하면 구음 장단과 제재곡을 분류하기 쉬우며, 머신러닝 및 장단에 대한 이해도를 높일 수 있다.

이 교사_ 단소에도 적용할 수 있겠어요. 단소는 운지법과 입 모양 때문에 학생들이 어려워하는 악기 중의 하나인데 티처블 머신을 활용해서 정확한 음계인지 확인할 수 있어요. 이미지 기반 머신러닝까지 적용하면 올바른 자세로 연주하는지도 확인할 수 있을 것 같습니다.

수업 목표
티처블 머신의 오디오 기반 모델을 활용하여 단소를 연주할 수 있다.
관련 교과 및 성취 기준
음악 [6음01-06] 바른 자세와 호흡으로 노래 부르거나 바른 자세와 주법으로 악기를 연주한다.

수업의 흐름

단소의 운지법 알아보기 ⇒ 티처블 머신으로 단소 음계 분류 모델 만들기 ⇒
아리랑 단소 연주하기

〈활동1〉 단소의 운지법 알아보기
- 단소의 운지법에 맞게 중, 임, 무, 황, 태, 청중, 청임 알기

〈활동2〉 티처블 머신을 활용하여 단소 음계 분류 모델 만들기
- 티처블 머신을 활용하여 중, 임, 무, 황, 태, 청중, 청임을 분류하는 모델 훈련시키기
- 단소 연습곡을 연주하며 분류 모델의 결과 확인하기

〈활동3〉 아리랑을 단소 연주하기
- 아리랑을 단소 연주하며 머신러닝의 모델 결과 확인하기

수업 팁

1. 배경 소음(백그라운드 노이즈)을 충분히 입력해야 정확한 결과를 얻을 수 있다.
2. 단소 음계를 입력할 때 충분히 조용한 상태에서 입력해야 한다.
3. 오디오 프로젝트 파일을 저장하여 가정에서 개인 연주 연습에 활용할 수 있다.

회귀 분석 기반 머신러닝 수업 적용 방안

회귀 분석이라는 말이 어렵지만 미래 인구 예측해 보기 같은 친숙한 표현을 사용하면 초등학생에게 흥미로운 도전이 될 수 있다. 학생들이 직접 데이터를 분석하고 그 결과를 바탕으로 토론하는 수업을 진행해 보면 어떨까?

김 교사_ 최 선생님. 다름이 아니라 5학년 사회 교과에서 회귀 분석을 활용하여 도시와 촌락의 인구를 예측하는 수업을 계획하고 있는데, 어떻게 접근하는 것이 좋을까요?

최 교사_ 회귀 분석을 초등학생들에게 소개하는 건 흥미로운 도전이네요. 우선, 회귀 분석의 기본 개념을 쉽고 재미있게 설명해야 할 것 같아요. 예를 들어, 인구 변화의 패턴을 그래픽으로 보여 주고, 이 패턴이 어떻게 미래의 인구에 영향을 미칠 수 있는지 탐구해 보는 거죠.

김 교사_ 그렇군요, 그런데 회귀 분석이라는 용어 자체가 학생들에게는 다소 어려울 수 있을 것 같아요.

최 교사_ 맞아요. 그래서 우리는 '미래의 인구를 예측해 보기' 같은 친숙한 표현을 사용할 수 있어요. 학생들에게 간단한 데이터 예시를 보여 주고, 그들이 스스로 패턴을 찾아내게 하는 것이죠. 예를 들어, 과거 몇 년간의 도시와 촌락 인구 데이터를 제시하고, 학생들에게 이 데이터를 바탕으로 다음 몇 년의 인구 추이를 그려 보게 하는 거예요.

김 교사_ 아, 그렇게 하면 학생들이 데이터를 직접 다뤄보면서 회귀 분석의 개념을 이해할 수 있겠네요! 그런데 이런 활동이 도시와 촌락의 특징과 문제에 대한 학습과 어떻게 연결될 수 있을까요?

최 교사_ 좋은 질문이에요. 인구 예측 결과를 바탕으로 학생들이 도시와 촌락의 특징을 탐색하게 하면 됩니다. 예를 들어, 도시 인구가 증가하는 원인과 그에 따른 문제점, 또는 촌락 인구가 감소하는 이유와 그 영향을 토론하게 하는 거죠. 이렇게 하면 학생들은 데이터 분석을 통해 사회 현상을 이해하는 방법을 배우게 됩니다.

김 교사_ 정말 좋은 생각이네요! 학생들이 직접 데이터를 분석하고, 그 결과를 바탕으로 사회적 이슈에 대해 토론하는 활동을 구성해 봐야겠어요.

주제	우리나라의 인구 문제와 해결 방안 찾아보기
관련 교과	사회 [6사01-05] 우리나라 인구 분포 및 구조에서 나타난 변화와 도시 발달 과정에서 나타난 특징을 탐구한다.
수업 내용	우리나라 인구 분포 변화에 대해 알아보고 인구 분포에 따른 도시와 촌락의 문제점을 알며 해결 방안을 찾아본다.

주제	회귀 분석을 활용한 사회 AI 융합 수업
관련 교과	사회 융합 수업
수업 내용	〈활동1〉 우리나라 인구 분포 변화 살펴보기 　　　우리나라의 인구 분포 그래프를 탐색하며 인구 밀도가 많이 밀집되어 있는 곳을 탐색한다. 과거에는 자연환경이 인구 분포에 많은 영향을 주었으나, 오늘날에는 교육, 일자리 등 인문 환경이 인구 분포에 더 많은 영향을 끼친다는 점을 강조한다. 〈활동2〉 우리나라 도시 분포의 변화 살펴보기 　　　1960년과 2020년의 도시 수와 도시별 인구를 비교하여 살펴보고, 우리나라의 도시가 어떤 지역을 중심으로 발달하였는지 파악한다. 〈활동3〉 엔트리를 활용하여 인구 구조 변화 확인하기 　　　인구 분포도 프로그램 제작을 위한 명령어를 탐색한다. 엔트리 데이터 분석 기능을 활용하여 우리나라 지역별 인구 관련 자료를 탐색한다. 인구 분포도 프로그램을 제작하기 위한 절차를 생각하며 프로그램 실행 과정을 작은 단계로 나누어 본다. 〈활동4〉 인구 증가와 감소에 따른 문제점 알아보기 　　　엔트리 인공지능 예측: 숫자(선형 회귀)를 활용하여 도시 지역과 촌락 지역의 인구를 예측한다. 핵심 속성: 연도, 클래스 속성: 전라남도(촌락) 등으로 설정하여 학습을 진행한다. 2030년, 2060년의 도시와 촌락의 인구를 예측한다. 〈활동5〉 인구 분포에 따른 국토 공간 문제 해결하기 　　　인구 분포에 따른 국토 공간의 불균형 문제를 파악하고, 국토를 균형 있게 발전시킬 방안을 제시한다.

수업 팁

선형 회귀는 종속 변수와 한 개 이상의 독립 변수 간의 선형 관계를 모델링하는 가장 간단하고 널리 사용되는 회귀 분석 방법이다. 예를 들어, 학생들의 공부 시간(독립 변수)과 성적(종속 변수) 사이의 관계를 선형 회귀 모델로 표현할 수 있다. 이때, 모델은 최소 제곱법 같은 방법을 사용하여 데이터 포인트들과 선 사이의 거리(오차)를 최소화하는 선(회귀선)을 찾는다. 선형 회귀의 주요 목적은 주어진 독립 변수에 대한 종속 변수의 예측값을 제공하는 것이다.

의사 결정 트리는 분류와 회귀 작업 모두에 사용할 수 있는 모델로, 데이터를 분할하는 결정 규칙을 순차적으로 적용함으로써 예측을 수행한다. 분기를 나누기 위해 질문을 던지고, 질문의 결과(예, 아니오)로 나눈다. 최하단 결과는 최종 결정 결과를 나타낸다.

KNN 알고리즘은 '가장 가까운 k개의 이웃'을 기반으로 분류나 회귀를 수행하는 방법이다. 새로운 데이터가 주어지면, KNN은 기존 데이터 중에서 가장 가까운 k개의 이웃을 찾고, 이 이웃들의 레이블이나 값에 따라 새 데이터의 레이블이나 값을 예측한다.

실행 화면

설명
- [인공지능] -〉 [인공지능 모델 학습하기]
- (지도학습) 예측:숫자(선형 회귀) 선택 -〉 학습하기

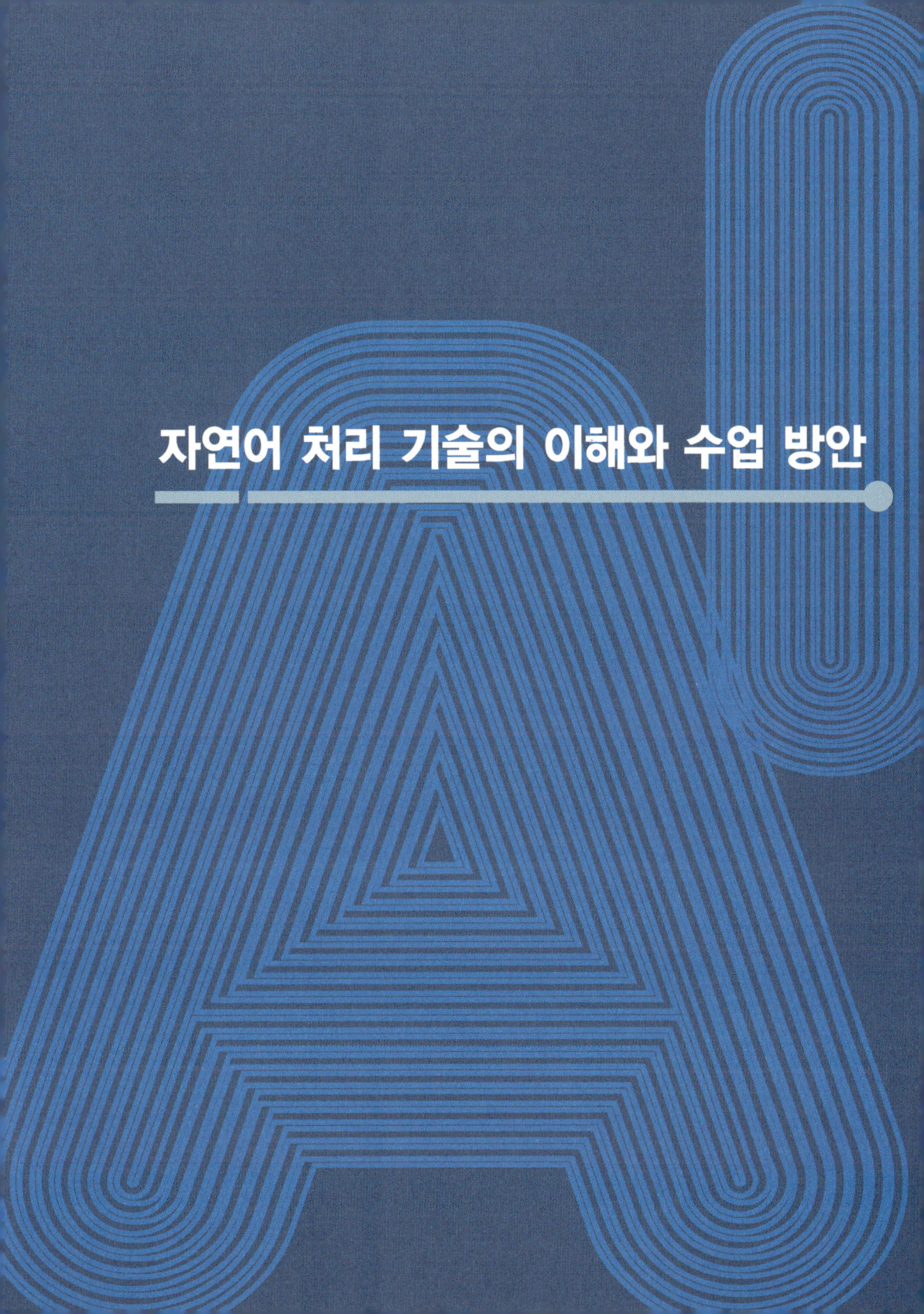
자연어 처리 기술의 이해와 수업 방안

자연어 처리의 이해

자연어 처리란?

자연어(Natural Language)란 사람들이 일상생활에서 사용하는 언어로 반대어로는 기계어가 있다. 기계어란 컴퓨터에서 사용되는 프로그램 언어로 자연어와 대비되는 개념이다.

자연어 처리(Natural Language Processing)는 컴퓨터를 이용해서 사람의 언어를 분석하고 처리하는 기술로 우리가 사용하는 말을 컴퓨터가 이해하게 하는 것을 의미한다. 자연어 처리를 통해 컴퓨터는 우리 인간의 언어를 이해하고, 이를 바탕으로 각종 정보 처리에 적용함으로써 더욱 빠르고 편리한 정보 획득이 가능하다. 자연어 처리 대상은 문서와 음성이다. 구글 번역, 네이버 파파고 번역, 챗봇 등이 이러한 자연어 처리를 활용하는 서비스라고 할 수 있다.

> **자연어(Natural Language)**
> - 사람들이 일상생활에서 사용하는 언어
> - 예: 한국어, 영어, 중국어 등
>
> **자연어 처리(Natural Language Processing)**
> - 컴퓨터를 이용해서 사람의 언어를 분석하고 처리하는 기술
> - 대상: 문서(Text), 음성

자연어 처리 단계

자연어 처리는 크게 '자연어 이해'와 '자연어 생성' 단계로 나눌 수 있다. 자연어 이해(Natural Language Understanding)는 자연어 표현을 기계가 이해할 수 있는 다른 표현으로 변환시키는 것으로 단어나 문장의 '형태'를 컴퓨터가 인식하도록 하는 것이 아닌 '의미'를 인식하도록 하는 것을 뜻한다. 자연어 생성(Natural Language Generation)은 컴퓨터가 듣고 이해하는 과정에서 더 나아가 축적된 단어들을 조합해서 사용자가 이해할 수 있는 문장으로 출력하는 과정을 뜻한다.

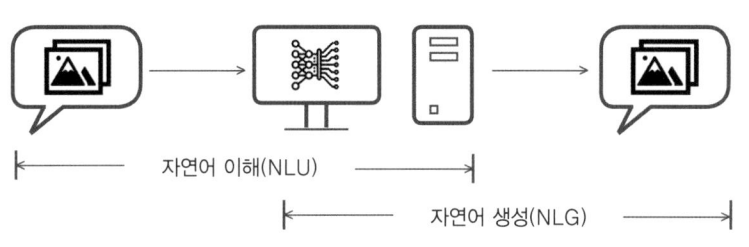

자연어 처리 과정

자연어 처리는 텍스트뿐만 아니라 사람과 컴퓨터의 대화, 즉, 음성 인식과 발화 과정에도 사용할 수 있다. 사람의 음성을 입력하면 컴퓨터가 이를 인식해 텍스트 정보로 바꾸는 자연어 이해 과정을 거친다. 이후 대화 관리에서 입력값에 대한 출력값은 정해진 규칙 또는 정보 검색 등을 통하여 결정한다. 대답할 내용을 자연어로 생성하여 텍스트로 만들고 이 텍스트를 음성으로 합성하여 사람에게 대답(발화)한다. 우리가 흔히 쓰는 AI 비서, AI 스피커에 간단히 말하고 답을 듣는 짧은 순간에도 이와 같은 과정이 이루어진다.

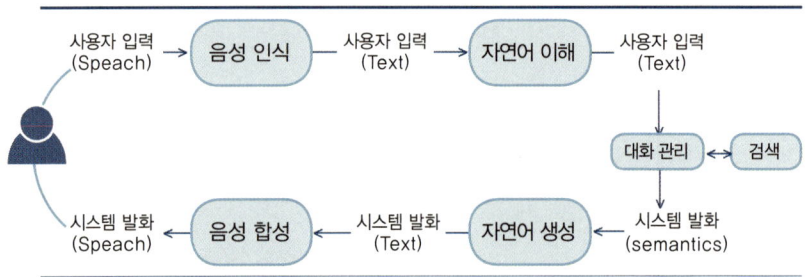

자연어 이해 및 생성 과정

컴퓨터는 자연어를 이해할 수 없으므로 일련의 자연어 처리 과정을 거친다. 첫 번째 단계는 입력된 값을 토큰화하는 단계다. 문장 형태의 자연어가 입력되었다고 가정할 때 이것을 의미를 지닌 작은 단위로 잘라주는데 이를 '토큰화(Tokenization)'라고 한다. 토큰화는 문장을 어절로, 어절을 단어로, 단어를 형태소 단위로 나눈다. 이후 다시 나뉜 토큰을 바탕으로 어휘를 분석하고, 어휘를 바탕으로 해당 구문을 분석하고 전체의 의미를 분석하는 단계로 이루어진다.

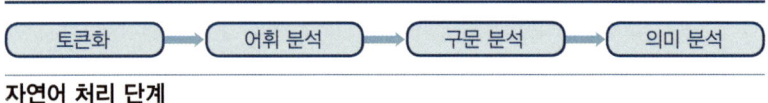

자연어 처리 단계

자연어 처리의 접근법

자연어 처리의 접근법은 크게 규칙/지식 기반 접근법, 확률/통계 기반 접근법, 딥러닝 기반 접근법으로 나눌 수 있다.

규칙/지식 기반 접근법 규칙과 사람들이 가지고 있는 지식을 이용해 자연어를 처리하는 것으로 패턴화를 통해 처리한다. 예를 들어 '내일 날씨 어때?'라고 입력했을 때 사전에 입력해 둔(Day, Weather)의 패턴을 가져와 출력한다. 인공지능 스피커의 경우 사용자의 발화 패턴이 한정되어 있어 이와 같은 방법을 자주 사용한다.

확률/통계 기반 접근법 단어의 빈도, 역문헌 빈도를 활용해 키워드를 추출하는 방식으로 자연어를 처리한다. 특정 문서에서 단어의 빈도가 높을수록 중요한 단어로 간주하여 추출하면 중요한 단어 외에도 '그러나', '그리고' 등의 접속사나 대명사 등이 나오게 된다. 이를 보완하기 위해 특정 문서를 포함한 전체 문서에서도 자주 나오는 단어들은 그 중요도를 떨어트려 단어의 중요도를 조절하고 한정된 키워드만 추출하는 방법이다. 네이버 뉴스의 '요약봇'은 인공지능이 자동으로 텍스트를 추출해 기사를 요약한다.

딥러닝 기반 접근법 기존 통계 기반 접근법의 한계를 보완하며 최근까지 발전하고 있는 방법이다. 학습 데이터의 증가, 신경망 알고리즘의 지속적인 개선, 그래픽 처리 장치(GPU)의 발전으로 다층 신경망을 활용한 학습이 가능해지면서 딥러닝에 기반한 음성, 문자 등 자연어 처리 기술이 발전했다. 딥러닝 기반 접근은 언어의 전처리, 언어 자질 설계 등의 과정이 별도로 필요하지 않다. 아직은 다양한 관점에서의 문제 해결이 필요하지만, 발전 가능성이 매우 큰 방법이기도 하다.

자연어 처리에 사용되는 기술

원-핫 인코딩(One-Hot Encoding)이란 자연어를 나타내기 위해 좌표 평면상에 표현하는 방식이다. '조선세종대왕'이라는 단어가 있다고 가정했을 때, 이를 분리하면 '조선', '세종', '대왕'으로 쪼갤 수 있다.

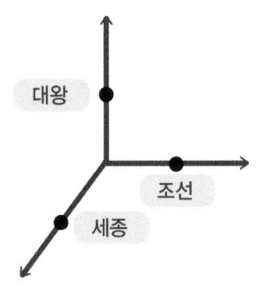

이를 각 단어당 하나의 좌푯값을 지정하여 주는 방식이다. 따라서, 조선은 [1, 0, 0], 세종은 [0, 1, 0], 대왕은 [0, 0, 1]의 자신만의 값을 가진다. 이 값을 이용해 좌표 평면상에 위와 같이 나타낼 수 있다. 하지만, 원-핫 인코딩은 단점이 있다. 단어가 많아지면 벡터 차원이 늘어나게 된다. 또한, 이 좌표상에 나타난 단어를 보고 '의미'를 파악하는 것은 어렵다. 원-핫 인코딩의 단점을 보완하려는 방법으로 Word2vec이 있다. Word2vec이란 자연어의 의미를 벡터 공간에 임베딩하는 것으로 한 단어의 주변 단어를 이용해 그 단어의 의미를 파악한다. 우리가 글을 읽다가 모르는 단어가 나왔을 때 문맥을 통해 파악하는 것과 비슷하게, Word2vec은 주변의 문장과 단어 형태를 통해 해당 단어의 유사성을 파악한다. 예를 들어, 번역기에 '배를 먹고 배를 탔다'라고 입력하면 영어로 'I ate a boat and got on a boat'라고 나온다. 먹는 배와 타는 배를 구분하지 못한 것으로 '맛있는 배를 먹고 배를 탔다'라고 입력하면 'I ate a delicious pear and got on a boat'로 맛있는 배를 먹는 배로 인식하여 번역된 값을 출력해 주는 것을 확인할 수 있다.

워드 임베딩(Word Embedding)은 Word2vec을 통해 원-핫 인코

딩으로 좌표화된 단어들을 유사한 의미를 가진 단어들끼리 벡터로 묶어 기존의 큰 벡터를 작게 만들어 준다. 그리고 다른 단어지만 비슷한 유사성을 가진 단어들의 관계를 같은 형태의 벡터로 나타내줄 수 있게 된다. 이를 '단어 벡터'를 만든다고 한다. 예를 들어, 조선-세종-대왕, 고구려-장수-왕, 나무-종이, 목화-실, 돼지-돼지고기, 소-소고기 등으로 나타낸다. 자연어 형태인 학습 데이터가 워드 임베딩 과정까지 완료되면 비로소 자연어가 컴퓨터(기계)가 학습할 수 있는 자료 형태가 된다. 학습 자료를 컴퓨터가 이해하고 학습하기 위해 쓰이는 딥러닝 기술은 순환 신경망(RNN), 시퀀스 투 시퀀스(Seq2Seq), 어텐션(Attention), 트랜스포머(Transformer) 등이 있다.

| 더 알아보기 |

순환 신경망(Recurrent Neural Network, RNN)은 시계열 데이터를 처리하기 위해 자주 쓰이는 신경망이다. 시계열 데이터란 일정 시간의 간격을 가진 데이터를 의미하며 순서, 전후가 존재한다. 순환 신경망은 일련의 순서를 가진 데이터를 처리할 때 순서대로 입력되는 데이터들이 연관성을 가진다면 이전에 학습했던 데이터를 재사용하여 이를 기반으로 학습한다.

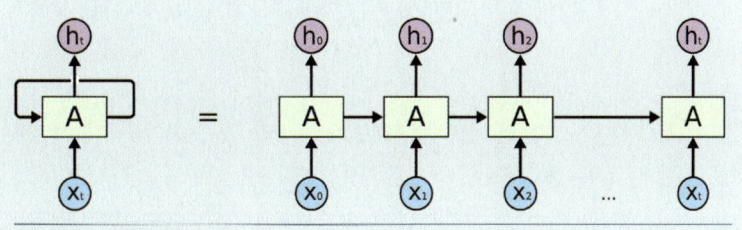

RNN의 기본 구조
출처: https://colah.github.io/posts/2015-08-Understanding-LSTMs

앞에서 입력받은 x_0의 데이터를 A라는 은닉층에서 처리하고 h_0으로 출력을 하는데, 이때 학습한 것을 다음 입력한 값인 x_1이 들어왔을 때 다시 사용하는 것이다. 그리고 x_0과 x_1을 처리하면서 출력된 값을 다시 x_2에 사용한다. 즉, 앞에 나온 내용을 바탕으로 뒤에 나온 내용의 의미를 파악하는 데 도움을 받는 것이다.
순환 신경망은 모델의 출력값을 다음 입력값으로 반영하는 과정에서 노드가 많아질수록 이전의 정보들이 소실된다는 문제가 있다.

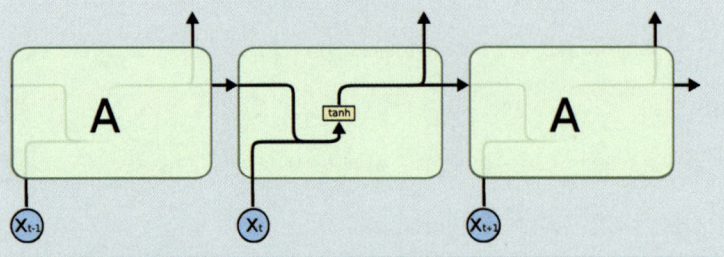

RNN의 내부 구조_
출처: https://colah.github.io/posts/2015-08-Understanding-LSTMs

기존 순환신경망은 x_{t-1}값을 입력받아 학습한 모델 A가 다음 x_t값과 만나 은닉층에서 학습이 이루어진다. 그리고 다음 값은 x_{t+1}에 적용된다. 사람이 복습을 통해 단기 기억을 장기 기억으로 바꾸는 것처럼 순환 신경망도 이와 비슷한 방법으로 문제를 해결한다. 이를 장-단기 기억법(Long Short-term Memory, LSTM)이라고 한다. 기존과 다르게 은닉층 내부 구조는 다양하다. x값을 입력받았을 때 하나의 길로 가는 것이 아니라 여러 갈래로 나뉘는 것이며 이는 각각 forget data, input data, output data가 된다. 즉, 기존과 달리 잊어버릴 데이터는 삭제하도록 처리하고 input과 output을 나누어 다음 입력값에 적용할 내용을 줄일 수 있다.

딥러닝을 적용한 모델이 언어를 학습하는 방식은 사람이 외국어를 배울 때 사전을 찾아보면서 익히는 방식과는 달리 많은 양의 텍스트를 읽으면서 습득하는 방식과 유사하다. 즉, 딥러닝이 학습하는 방식은 사람이 모국어를 학습하는 방식과 매우 유사하다고 할 수 있다.

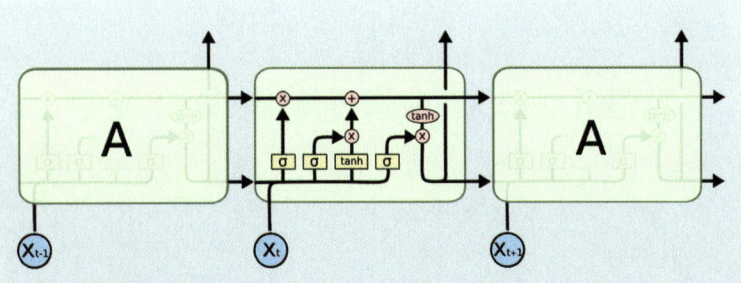

LSTM의 내부 구조_
출처: https://colah.github.io/posts/2015-08-Understanding-LSTMs

빅데이터를 기반으로 한 사전 학습을 통해 많은 단어 벡터를 형성하고, 이 단어 벡터를 통해 많은 자연어 처리 기술 성능이 크게 향상되었으며 지속적으로 자연어 처리 기술의 새로운 알고리즘이 개발되며 발전하고 있다. 지난 2016년 장학퀴즈에 나와 쟁쟁한 퀴즈 도전자들과 함께 왕중왕전을 거쳐 우승했던 'AI 엑소브레인'은 당시 보인 능력에서 더욱 향상되어 2020년에는 구어체도 판별하고 이해할 수 있을 정도다[88]. 스마트폰에 탑재된 인공지능 비서, 집에서 우리의 편의를 돕는 인공지능 스피커, 운전할 때 목적지로 가는 길을 안내하는 최신 내비게이션에도 자연어 처리 기술이 활용되고 있다.

자연어 처리 기술을 활용한 학습 도구

자연어 처리를 적용한 학습 도구로 시맨트리스와 심심이가 있다. 시맨트리스는 구글 실험실에 제공되는 도구이고, 심심이는 (주)심심이(구, (주)이즈메이커)에서 개발한 챗봇 서비스다.

시맨트리스(SEMANTRIS)

시맨트리스는 낱말과 낱말 사이의 유사성 정도를 이용한 간단한 게임이다. 워드 벡터 형성에 대한 아이디어를 얻기 좋은 도구로 알려져 있다. 초등 수준의 다양한 영어 낱말을 제공한다는 장점이 있으나 한글을 지원하지 않는다는 단점이 있다.

시맨트리스 초기 화면_ 출처: https://research.google.com/semantris/

게임의 종류로는 Arcade, Blocks 모드가 있다.

Arcade 모드 시간제한이 있으며 빠른 시간 내에 단어 벡터의 관계를 지어야 한다. 영어를 학습하는 학생들이 흥미롭게 체험할 수 있다.

Blocks 모드 시간 제한이 없어 동료 학생과 협업이 가능하다. 단어 간의 관계를 지어보는 기회를 얻을 수 있으며 학생이 지닌 어휘 개념을 확장할 수 있다.

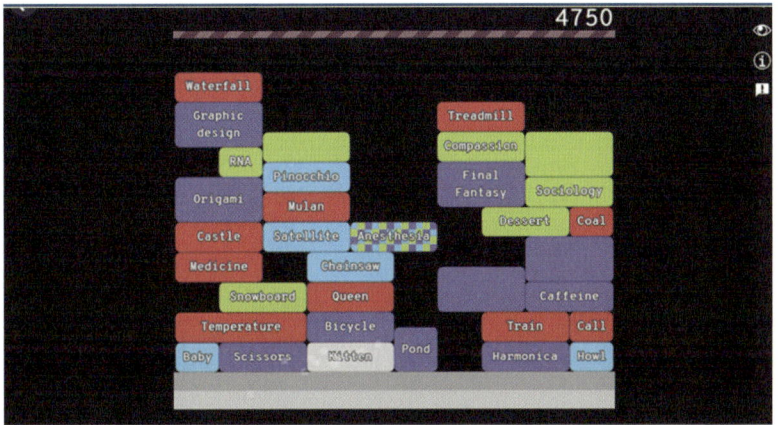

시맨트리스 실행 화면_ 출처: https://research.google.com/semantris/

심심이

심심이는 웹, 모바일에서 사용 가능한 챗봇이다. 사용자가 직접 대화를 가르칠 수 있도록 구성되어 있다. 챗봇을 쉽게 체험해볼 수 있으나 초등학생에게 부적절한 대화가 생성될 수 있어 주의가 필요하다. 심심이의 기능으로는 대화하기, 가르치기, 도와주기, 이야기 게임 등이 있다.

심심이 홈페이지_ 출처: https://simsimi.com/

대화하기 기능 몇 가지 환경 설정을 통해 심심이와 대화를 주고받을 수 있는 기능이다. 무료로 사용할 수 있는 말풍선의 개수가 제한되어 있어 추가로 대화를 주고받기 위해서는 유료 결제가 필요하다.

가르치기 기능 사용자가 심심이에게 대화를 학습시키는 기능이다.

도와주기 기능 심심이에게 비속어 등의 나쁜 말을 판별할 수 있도록 개선하는 작업에 참여하는 기능이다.

이야기 게임 이야기를 만들고 선택지를 제공하는 게임을 할 수 있다.

시맨트리스를 활용한 수업 방안

시맨트리스는 단어 유사도를 이용해 비슷한 의미를 가진 영단어를 익히기 위해 개발된 게임이다. 그러나 다른 방법으로 활용하면 자연어 처리를 쉽게 이해할 수도 있다. 시맨트리스를 활용하여 수업을 설계해 보자.

김 교사_ 자연어 처리 기술을 활용한 학습 도구가 어려울 줄 알았는데 쉽고 재미있네요. 학생들이 좋아하겠어요.

이 교사_ 맞아요. 시맨트리스를 활용한 수업을 다음과 같이 설계해 보았어요. 영어, 국어, 실과, 창의적 체험 활동을 연계한 융합 수업입니다. 첫 번째 활동으로는 시맨트리스 블록 게임을 하면서 학생들이 고득점을 위한 방법을 탐색하도록 유도합니다. 두 번째 활동으로 낱말을 탐색하고 분류, 정리할 시간을 줍니다. 마지막으로 서로의 낱말 짝들을 비교해보고 새롭게 발견한 낱말의 관계를 친구들과 서로 발표하고 공유합니다.

수업 목표

시맨트리스 게임을 활용하여 낱말을 탐색하여 분류하고 나만의 낱말 짝을 공유할 수 있다.

관련 교과 및 성취 기준

영어 [6영04-01] 소리와 철자의 관계를 바탕으로 쉽고 간단한 낱말이나 어구를 듣고 쓸 수 있다.

국어 [6국04-02] 국어의 낱말 확장 방법을 탐구하고 어휘력을 높이는 데에 적용한다.

실과 [6실04-08] 절차적 사고에 의한 문제 해결의 순서를 생각하고 적용한다.

수업의 흐름

시맨트리스를 활용하여 낱말 탐색, 분류하기 ⇒ 나만의 낱말 짝 공유하기

〈활동1〉 짝과 함께 시맨트리스 Blocks 게임하기
  - 시맨트리스의 Blocks모드 게임을 하며 고득점을 위한 방법을 탐색한다

〈활동2〉 낱말 탐색, 분류, 정리하기
  - 게임을 진행하며 블록을 없애기 위한 낱말을 검색한다.
  - 내가 입력한 낱말과 AI가 연관 지은 낱말을 정리한다.

〈활동3〉 나만의 낱말 짝 공유하기
  - 서로의 낱말 짝을 비교해보고 새롭게 발견한 낱말의 관계를 발표한다.

최 교사_ 활동을 시작할 때 인공지능이 낱말과 낱말 사이의 관계를 스스로 판단한다는 것을 알려줘서 학생들이 인공지능에 대해 알아가는 시간을 가지도록 하면 수업의 효과가 좋을 것 같아요.

 수업 팁

1. 게임 방식을 단계별로 나누어 보고 고득점을 위한 전략을 세운다. 실제로 게임을 해보며 전략을 실행하고 수정하여 발전시킨다.
2. 블록을 제거하기 위해 입력하는 낱말과 인공지능이 제거해주는 낱말을 정리한다. 낱말이 떠오르지 않거나 모르는 낱말이 나왔을 때는 '검색' 기능을 활용한다. 낱말 짝이 완성되면 낱말 짝의 관계를 생각해 본다.
3. 친구들과 서로 낱말 짝을 비교하면서 서로 다르게 연결한 낱말 짝, 새롭게 알게 된 낱말 짝 등을 정리한다. 공유한 결과를 간단히 발표한다.
4. 수업 시작 시 게임을 소개할 때 인공지능이 낱말과 낱말 사이의 유사성(관계)을 스스로 누가 더 가까운 관계인지 판단한다는 것을 알려주어 인공지능의 기능에 대해 '아, 이런 것도 인공지능이 할 수 있구나'하고 생각해 볼 수 있도록 한다.
5. 〈활동1〉에서 게임 점수를 많이 받기 위한 전략을 세울 때는 학생이 절차적 사고를 기를 수 있도록 단계를 큰 것에서부터 세부적으로 세워나갈 수 있도록 안내하거나 간단한 틀을 제공한다.

심심이를 활용한 수업 방안

심심이는 2002년에 개발된 인공지능 대화 엔진이다. 그동안 쌓인 수많은 데이터로 매우 자연스러운 대화가 가능하다. 심심이를 활용하여 자연어 처리를 이해하는 수업을 설계해 보자.

김 교사_ 심심이 챗봇을 활용한 수업을 다음과 같이 설계해 보았어요. 첫 번째 활동으로는 심심이를 체험해보고 가르치기 기능을 사용해 봅니다. 두 번째 활동으로는 심심이의 가르치기 기능에서 제공하는 절차를 활용해서 학급 학생들에게 질문에 대한 원하는 답을 적어봅니다. 마지막으로 학생들이 작성했던 질문과 대답을 선별하여 학습 전체에 공유하고 좋았던 질문과 대답들을 골라서 '우리 반 바른 대화 사전'을 작성해 보는 활동입니다.

수업 목표

심심이 챗봇을 활용하여 올바른 대화 습관을 반성할 수 있다.

관련 교과 및 성취 기준

국어 [4국01-01] 대화의 즐거움을 알고 대화를 나눈다.
국어 [4국01-06] 예의를 지키며 듣고 말하는 태도를 지닌다.
국어 [6국04-01] 언어는 생각을 표현하며 다른 사람과 관계를 맺는 수단임을 이해하고 국어 생활을 한다.
실과 [6실04-07] 소프트웨어가 적용된 사례를 찾아보고 우리 생활에 미치는 영향을 이해한다.
실과 [6실04-08] 절차적 사고에 의한 문제 해결의 순서를 생각하고 적용한다.
실과 [6실04-11] 문제를 해결하는 프로그램을 만드는 과정에서 순차, 선택, 반복 등의 구조를 이해한다.

수업의 흐름

심심이의 가르치기 기능 사용하기 ⇒ 우리 반 바른말 대화 사전 만들기

〈활동1〉 심심아 이렇게 말해줘
- 심심이에게 대화하기 기능을 활용하여 간단한 말을 해보고 대답을 탐색한다.
- 심심이의 가르치기 기능을 활용하여 심심이에게 질문했을 때 원하는 대답을 생각해보고 가르친다.
- 심심이에게 학습시킨 질문과 답변을 확인한다.

〈활동2〉 친구들아, 이렇게 말해줘
- 친구들과 대화할 때 원하는 대화(질문과 답변)를 작성해 본다.
- 가르치기 기능의 절차에 따라 순차적으로 알고리즘을 작성한다.
- 친구와 대화했던 경험을 떠올려 질문과 답변을 작성한다.
- 작성한 내용을 모둠원들과 공유하고 질문과 답변을 해 본다.

〈활동3〉 우리 반 바른말 대화 사전 만들기
- 모둠별로 발표할 질문과 답변을 작성한다.
- 반 친구들과 모둠별로 작성한 내용을 공유하고 우리 반 바른말 사전을 만든다.
- 학생들이 직접 정한 우리 반 바른말 대화 사전을 지키도록 다짐한다.

최 교사_ 학생들의 컴퓨터 활용 수준에 따라 접속하는 속도나 활동 속도에 차이가 있을 것 같아요. 컴퓨터 활용 수준이 높은 학생은 심심이에게 체험하기 기능이나 가르치기 기능을 사용하기 전에 질문을 고민해 보고 필요한 질문만 하도록 지도할 필요가 있겠네요. 학생들이 나쁜 말 미션 등을 절대 사용하지 못하도록 꼭 주의해야겠군요.

수업 팁

1. 심심이의 가르치기 기능에서 제공하는 세 가지 종류의 가르치기 방법을 활동지로 준비하여 활동을 돕는다. 실과 수업을 융합한다면 이때 순차와 조건을 간단히 언급해 주도록 한다.
2. 심심이와 대화하기의 경우 말풍선 개수의 제한이 있으므로 대화하기를 할 때 질문할 내용을 미리 생각하고 작성하여 진행하도록 안내한다.
3. 심심이 사용 시 교사의 엄격한 통제가 필요하다. 학생들이 나쁜 말 미션을 사용하지 못하도록 주의해야 한다. 미션에 초등학생에게 부적절한 언어 표현이 등장할 수 있다.

이미지 처리 기술의 이해와 수업 방안

이미지 처리의 이해

이미지 처리란?

이미지 처리란 영상, 사진 등 시각적으로 처리하는 모든 것을 포함한 이미지를 분석하고 처리하는 기술을 의미한다. 이미지 처리는 크게 이미지 인식과 이미지 생성으로 나눌 수 있다.

이미지 인식이란 이미지 데이터를 기계가 이해할 수 있는 다른 표현으로 변환시키는 것을 의미한다. 이미지 생성이란 컴퓨터가 입력받은 이미지 데이터를 바탕으로 새로운 이미지를 만들어 내는 것을 의미한다.

이미지 인식과 이미지 생성에 대표적으로 쓰이는 딥러닝 알고리즘으로는 합성곱 신경망(Convolutional Neural Network, CNN)과 생성적 적대 신경망(Generative Adversarial Network, GAN)이 있다.

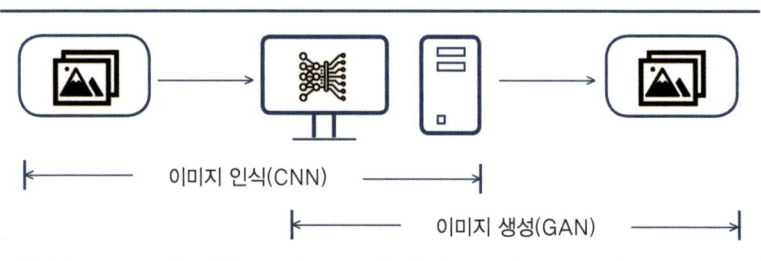

이미지 처리 기술의 종류

합성곱 신경망(CNN)이란?

딥러닝을 발표하며 신경망의 부흥을 이끈 제프리 힌튼 교수팀이 이미지 인식 대회인 ImageNet(이미지넷) 대회에서 딥러닝 기반 모델인 AlexNet 모델을 사용해 놀라운 성능으로 우승했으며 이때 사용한 알고리즘이 CNN이다[89].

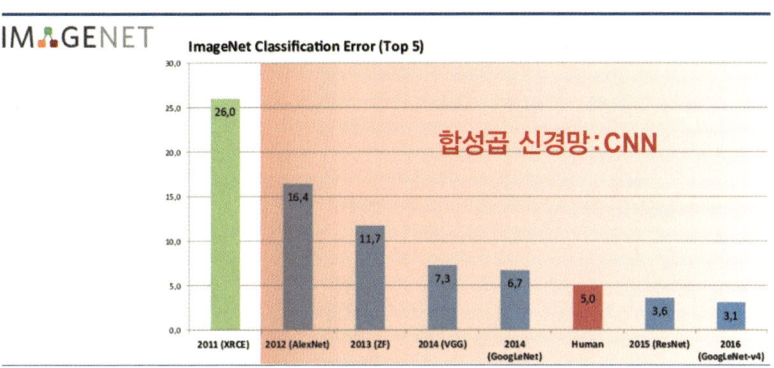

이미지넷 대회에 사용된 딥러닝 기반 모델

합성곱 신경망은 우리 뇌의 시각 피질이 물체를 이해하는 방식을 모방한 인공신경망이다[90]. 신경세포들이 물체의 방향과 장소가 바뀌어도 별문제 없이 대상을 인식할 수 있다.

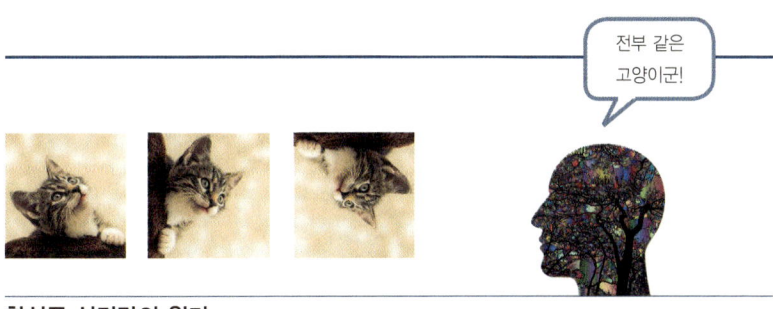

합성곱 신경망의 원리

합성곱 신경망 이전에 물체를 인식하기 위해서는 2차원 행렬 벡터(가로×세로)×채널(색상)의 3차원 데이터를 1차원 벡터로 변환하고 이를 신경망으로 학습시켜 데이터를 직접 처리해야 했다. 따라서 많은 양의 학습 데이터가 있어야 했고 학습 시간이 길었다. 또한, 이미지가 회전하거나 움직이는 상태라면 새로운 입력으로 데이터를 처리해야 했다.

합성곱 신경망 기술 이전의 이미지 인식 방법

합성곱 신경망은 이미지의 특징을 찾아내고 정보를 추출해 이미지를 인식하는 방식이다. 컴퓨터가 출력하는 컬러 사진은 빛의 3원색인 R, G, B의 세 채널로 구성되어 있다. 이미지의 특징 추출을 위해 여러 가지 필터를 사용하며 컴퓨터가 이미지의 특정 영역에 대한 특징을 추출한다.

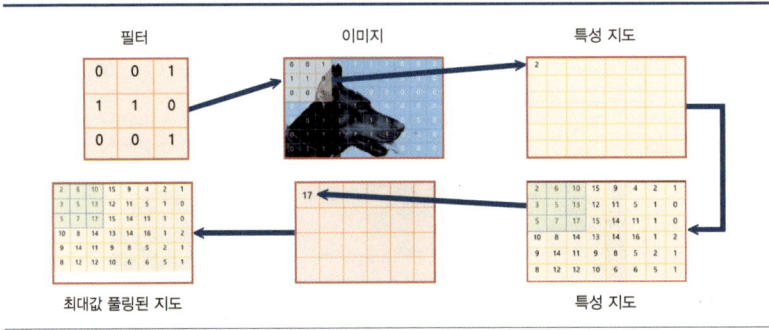

합성곱 신경망의 원리

이미지의 숫자에 행렬로 이루어진 필터값을 곱해준다. 계산은 행렬의 곱으로 계산한다. 이렇게 나온 결과물을 '특성 지도(Feature Map, 피처 맵)'라고 하며, 특성 지도가 완성되고 나면 성능 향상을 위해 3×3의 틀에 성능 지도의 크기를 줄인다.

이때 특성 지도를 한 칸씩 훑으며 큰 값만을 뽑아낸다. 이처럼 필터를 사용해 행렬값 중 가장 큰 값만 뽑아내어 특성 지도의 크기를 줄이는 것을 '최댓값 풀링(Max Pooling, 맥스 풀링)'이라고 한다. 풀링은 가장 중요한 정보는 남기고 차원을 줄이는 방법을 의미한다. 이렇게 가장 중요한 특징만을 살려낸 풀링층의 정보로 컴퓨터는 물체의 위치와 각도 변화에 잘 대응할 수 있게 된다.

첫 이미지를 필터와 합성곱 연산을 하여 특성 지도를 만들고 특성 지도에 풀링을 하여 다시 크기를 줄인다. 이러한 작업을 알고리즘에 따라 특정 횟수를 반복하고 나면 특성 지도에 대표적인 특징이 남게 되고 컴퓨터는 이를 다시 연결하여 이미지의 내용을 판별한다.

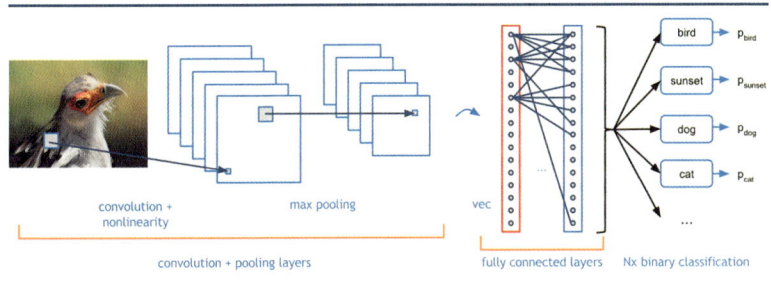

합성곱 신경망을 이용한 이미지 분류_ 출처: https://www.kdnuggets.com

합성곱 신경망은 생활 속 이미지 인식 기술에 대부분 사용되고 있으며 자율 주행차, 안면 및 생체 정보 인식 등에 사용된다.

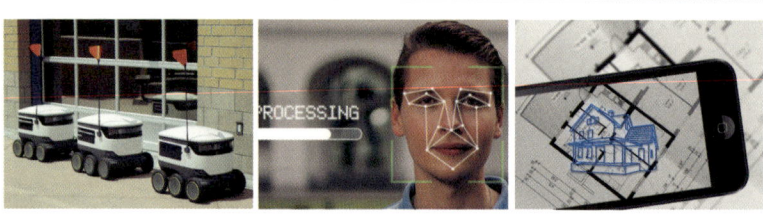

합성곱 신경망의 활용

생성적 적대 신경망 기술의 이해

생성적 적대 신경망이란?

생성적 적대 신경망(Generative Adversarial Network, GAN)은 현 애플 스페셜 프로젝트 그룹 기계 학습 담당 이사인 이안 굿펠로우(Ian Goodfellow)가 개발했다[91]. 생성적 적대 신경망의 각 단어의 뜻을 살펴보면 '생성적(Generative)'은 정보를 입력받아 이를 활용하여 '그럴듯한 가짜'를 만들어 내는 모델을 의미한다. '적대(Adversarial)'는 두 개의 모델을 적대적으로 경쟁시키며 발전하는 것을 의미한다.

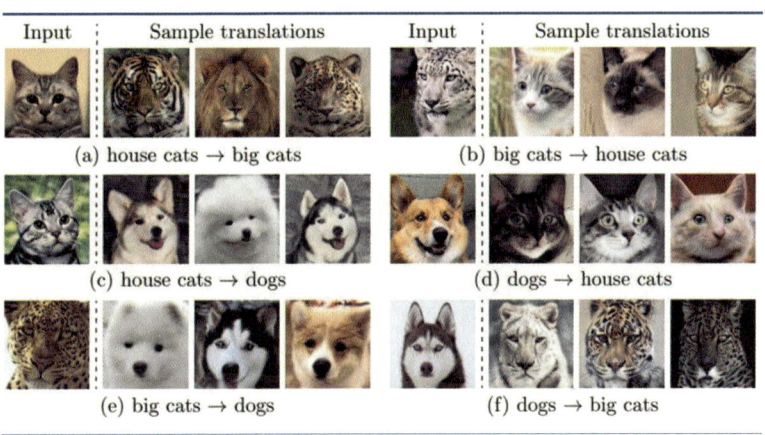

생성적 적대 신경망을 활용한 이미지 생성_ 출처: Huang, X. et al, 2018[92]

두 개의 모델은 각각 위조지폐범에 해당하는 생성자(Generator)와 경찰 역할을 하는 구분자(Discriminator)다. 생성자의 목적은 그럴듯한 가짜 데이터를 만들어서 구분자를 속이는 것이며, 구분자의 목적은 생성자가 만든 가짜 데이터와 진짜 데이터를 구분하는 것이다. 이 둘을 함께 학습시키면서 진짜와 구분할 수 없는 가짜를 만들어 내는 생성자를 얻는 것을 목표로 하는 것이 적대적 학습(Adversarial Training)이다.

생성적 적대 신경망의 원리

GAN은 딥러닝 알고리즘의 기대를 받고 있지만 여러 가지 한계점이 존재한다. 가장 큰 걸림돌은 학습이 어렵다는 점이다. 서로 비슷한 수준의 생성자와 구분자가 함께 조금씩 발전해야 하는데 한 쪽이 너무 급격하게 강력해지면 이 관계가 깨져버려서 학습이 잘 이루어지지 않는다. 생성자가 다양한 이미지를 생성해 내지 못하고 비슷한 것만 계속해서 생성해 내기도 하는데 이를 모드 붕괴(Mode Collapse) 현상이라고 한다[93].

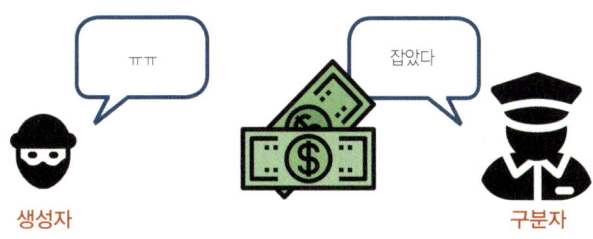

생성적 적대 신경망의 한계: 모드 붕괴

이러한 한계점을 극복하기 위해 DCGAN, CycleGAN, DiscoGAN 등 다양한 파생 모델이 등장하고 있다.

GAN은 사람 눈으로도 실제와 구분하기 힘든 얼굴 이미지 생성, 스케치에 채색을 입히거나 핸드백과 같은 스타일의 신발 생성, 낮 사진을 밤으로 또는 밤 사진을 낮으로 바꾸기도 하며, 여름 사진을 겨울로, 겨울 사진을 여름으로 바꾸어 줄 수도 있다.

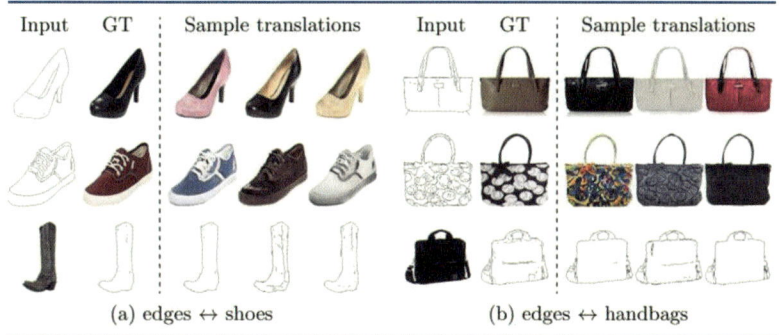

Pix2Pix_ 출처: Huang, X. et al, 2018[92]

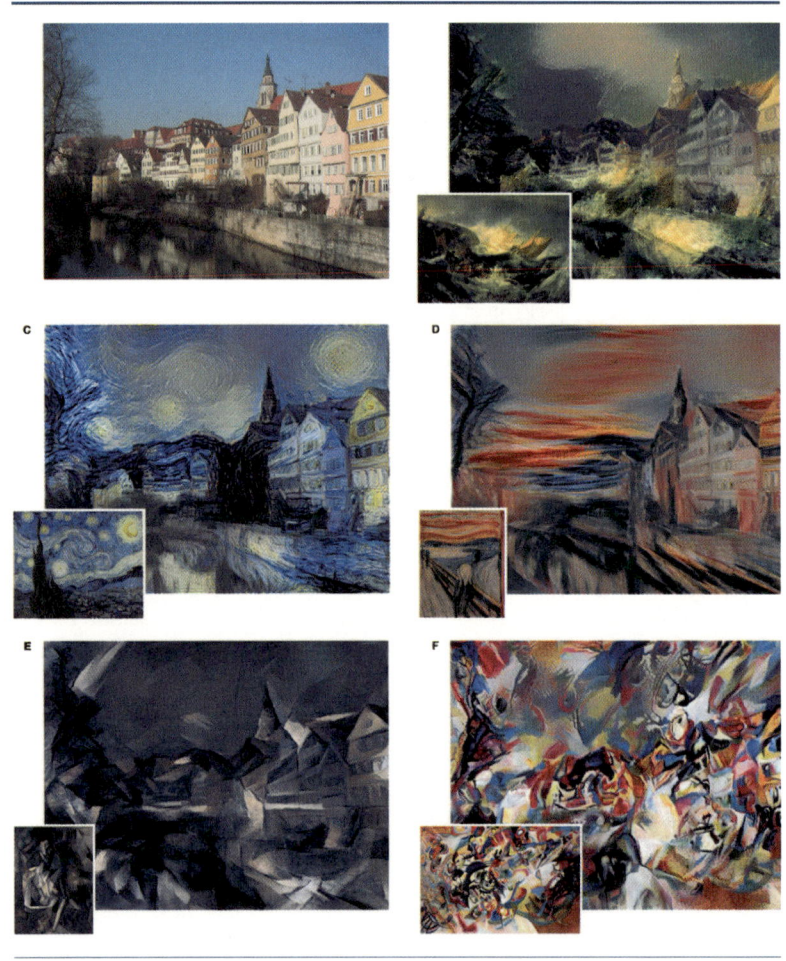

이미지 트랜스퍼를 활용한 화풍 변화_ 출처: https://deepart.io

이미지 인식을 활용한 수업 방안

이미지를 처리하고 분류하기 위해서 가장 중요한 것은 이미지를 인식하는 것이다. 어떻게 하면 컴퓨터가 사물을 잘 이해하도록 프로그래밍할 수 있을까? 이미지 인식 방법을 활용하여 수업을 설계해 보자.

이미지 인식을 적용한 수업 도구로는 엔트리, 티처블 머신, 엠블록, 세미컨덕터(Semi-Conductor), 오토 드로우, 퀵드로우 등이 있다. 세미컨덕터는 구글 실험실에서 제공하는 다양한 AI 관련 도구 중 하나로, 동작을 인식해서 사용자가 앞에서 움직이는 대로 오케스트라 지휘를 해 볼 수 있는 사이트다.

엔트리

티처블 머신

엠블록

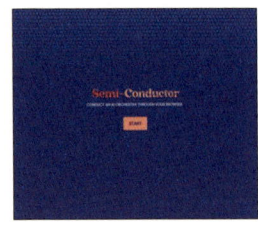  

| 세미컨덕터 | 오토 드로우 | 퀵드로우 |

이 교사_ 이미지 처리 기술을 활용한 수업은 오토 드로우를 활용하여 설계해 보았어요. 첫 번째 활동은 짝꿍의 몸 전체 모습을 자세히 관찰하도록 합니다. 친구와 본인의 같은 점, 다른 점도 찾아보고 아이들끼리 서로 자유로운 대화를 나눌 수 있게 합니다. 두 번째 활동으로는 몸의 여러 부분의 이름을 짝꿍의 그림에 이름을 쓰면서 학습합니다. 마지막 활동으로 몸의 여러 부분을 오토 드로우를 활용해 그림으로 나타냅니다. 오토 드로우에는 우리 몸에 있는 부위들이 데이터로 입력되어 있어서 어떤 부위를 그리더라도 완성된 그림을 불러올 수 있습니다.

수업 목표
1. 오토 드로우를 활용하여 짝꿍의 모습을 관찰하여 그림을 그릴 수 있다.
2. 몸의 여러 부분의 이름을 알아보고 오토 드로우를 활용하여 그릴 수 있다.

관련 교과 및 성취 기준
즐거운 생활 [2즐01-03]　나의 몸을 창의적으로 표현하고, 활발하게 움직일 수 있는 놀이를 한다.

슬기로운 생활 [2슬01-03]　나의 몸을 살펴보고 몸의 여러 부분의 이름과 하는 일을 관련 짓는다.

수업의 흐름

오토 드로우를 활용하여 짝꿍 모습 관찰하고 그림 그리기 ⇒
몸의 여러 부분의 이름을 알고 오토 드로우로 그림 그리기

〈활동1〉 짝꿍 모습 관찰하기
- 오토 드로우의 간단한 사용 방법을 안내한다
  (수업에 필요한 그리기/지우기 기능).
- 짝꿍의 몸 전체 모습을 자세히 관찰하고 짝꿍의 몸 전체 모습에서 특징을 찾는다.
- 나의 모습과 비교하여 같은 점과 다른 점을 찾는다.

〈활동2〉 몸의 여러 부분의 이름 알아보기
- 짝꿍의 그림에 몸의 여러 부분의 이름을 작성한다.
- 교사가 불러주는 역할을 듣고 오토 드로우로 해당 역할에 해당하는 몸의 부분을 그린다.

이 교사_ 저학년은 직접 보고 만지는 신체 활동이 매우 중요하기 때문에 수업 전반에서 인공지능을 활용하는 것보다는 한 활동 내에서 학생들이 인공지능을 체험하는 형태가 좋을 것 같아요. 짝꿍의 모습을 관찰하고 그림을 그릴 때 단점 위주로 그리는 학생들이 간혹 있는데 이런 부분에 대해 사전에 지도할 필요가 있겠네요.

수업 팁

1. 두 차시 수업이 끝난 후 이어지는 '몸을 소중히 여기는 마음 가지기' 차시에서도 앞선 차시에서 익숙해진 오토 드로우를 활용할 수 있다.
2. 그림을 그릴 때 자동 완성 기능을 사용하지 않고 자세히 그림을 그리는 학생에게는 긍정적인 피드백을 주면 흥미 유지에 도움이 된다.
3. 자동 완성을 먼저 해본 뒤 완성 그림을 꾸미는 시간을 추가로 부여해주는 것도 좋다.

이미지 생성을 활용한 수업 방안

그동안 이미지 인식, 이미지 분류가 인공지능에서 화두가 되었다. 많은 연구자들이 앞으로 이미지 생성이 각광을 받을 것이라 예측하고 있다. 이미지 생성 기술의 원리와 활용 방법을 바탕으로 수업을 설계해 보자.

이미지 생성을 적용한 수업 도구로는 Sketch-RNN, GauGAN, Inpainting, Magic Sketchpad 등이 있다. Sketch-RNN은 주어진 모델을 인간이 그리기 시작하면 인공지능이 그것을 바탕으로 그림을 완성하는 도구다. GauGAN은 특정 페인트를 흰 캔버스에 칠하면 이를 바탕으로 인공지능이 실제와 같은 풍경을 완성해주는 도구다.

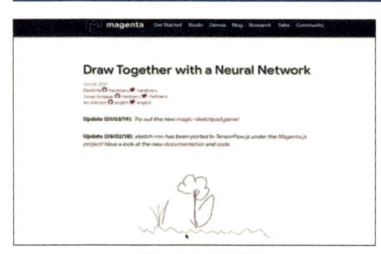

Sketch-RNN

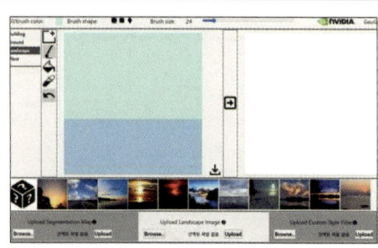

GauGAN

Image Inpainting

Magic Sketchpad

김 교사_ 이미지 생성 기술을 활용한 수업은 이미지 생성 기술을 체험해 보고 이미지 생성 기술에 대해 찬반 토론하는 수업으로 설계해 보았어요. 첫 번째 활동에서는 이미지 생성 기술이 무엇인지 사례를 중심으로 알아보고 체험해보는 활동입니다. 두 번째 활동에서는 이미지 생성 기술의 명과 암을 학생들이 탐색하고 이미지 생성 기술에 대한 자신의 생각을 적어봅니다. 마지막으로 긍정 측과 부정 측으로 나누어 토론을 진행합니다.

수업 목표
이미지 생성 기술을 체험해보고 이미지 생성 기술에 대한 나의 의견을 정하여 토론할 수 있다.

관련 교과 및 성취 기준
국어 [6국01-04] 자료를 정리하여 말할 내용을 체계적으로 구성한다.
실과 [6실04-07] 소프트웨어가 적용된 사례를 찾아보고 우리 생활에 미치는 영향을 이해한다.

수업의 흐름

이미지 생성 기술의 명과 암을 체험과 사례를 통해 알기 ⇒
이미지 생성 기술에 대한 나의 의견과 뒷받침 내용을 준비하여 토론하기

〈활동1〉 이미지 생성 기술 알아보기
- 이미지 생성 기술이 무엇인지 사례 중심으로 알아본다.
- 이미지 생성 기술의 명과 암을 알 수 있는 사례를 알고 체험한다.

〈활동2〉 이미지 생성 기술에 대한 내 생각 정하기
- 이미지 생성 기술의 명과 암을 보고 이미지 생성 기술에 대한 나의 의견을 정한다.
- 나의 의견을 뒷받침할 수 있는 내용을 준비한다.

〈활동2〉 토론하기
- 이미지 생성 기술에 대한 긍정·부정 측 토론을 한다.

최 교사_ 이미지 생성 기술 적용 사례가 많지는 않아서 좋은 사례나 부정적인 사례를 찾는 것이 어려울 수 있겠어요. 균형있게 적절히 선별하여 제시할 필요가 있겠네요.

수업 팁

1. 시수를 확보하여 이미지 생성 기술을 적용한 도구를 체험하는 시간을 갖고 이미지 생성 기술에 대한 경험적 지식을 가지면 수업에 대한 흥미를 높일 수 있다.
2. 이미지 생성 기술의 사례를 소개할 때 긍·부정적 사례가 균형을 이룰 수 있도록 조절이 필요하다.
3. 인공지능의 다양한 활용 사례 중 부정적인 방향으로 가장 많이 언급되는 것 중 하나가 이미지 생성 기술(ex, 딥페이크)이므로 이미지 생성 기술을 좋은 방향으로 쓸 수 있는 방법을 고민해 보는 것도 좋다.

생성형 AI 소개와 프롬프트 사례

1. 생성형 인공지능(Generative AI, GenAI)

생성형 인공지능은 자연어로 작성된 요청문(프롬프트, Prompt)에 대한 응답으로 스스로 콘텐츠를 생성해 내는 인공지능 기술이다. 기존의 웹 페이지를 단순히 검색하여 나타내 주는 것이 아니라 기존 콘텐츠를 바탕으로 새로운 콘텐츠를 생성한다[94]. 생성형 인공지능을 구현하기 위해 사용 되는 주요 기술은 아래 표와 같다.

주요 기술		내용 설명
머신러닝(ML)		데이터를 사용하여 자동으로 성능을 개선하는 AI의 한 유형
인공 신경망(ANN)		뉴런 간의 시냅스 연결과 같은 인간 두뇌의 구조와 기능에서 영감을 얻은 머신러닝의 한 유형
텍스트 생성형 AI	GPT (언어 모델)	데이터의 여러 부분에 집중하여 서로의 연관성을 파악할 수 있는 인공 신경망의 한 유형
	대용량 언어 모델	방대한 양의 텍스트 데이터로 학습된 생성형 트랜스포머의 한 유형
	생성형 사전 훈련 트랜스포머	훨씬 더 많은 양의 데이터에 대해 사전 학습된 LLM의 한 유형으로, 모델이 언어의 뉘앙스를 포착하고 일관된 문맥 인식 텍스트를 생성할 수 있음
이미지 생성형 AI	생성형 적대적 네트워크	이미지 생성에 사용되는 신경망의 유형
	변형 자동 인코더	

생성형 AI에 사용되는 주요 기술들

생성형 인공지능은 이처럼 여러 기술을 바탕으로 구현되며, 텍스트 데이터 뿐 아니라 비디오, 오디오 등 다양한 유형의(Multi-modal)의 데이터를 딥러닝(Deep Learning)하여 프롬프트로 입력하고 생성할 수 있다. 기반 모델을 이용한 멀티 모달 관련 서비스 구현 도식은 아래 그림과 같다[95].

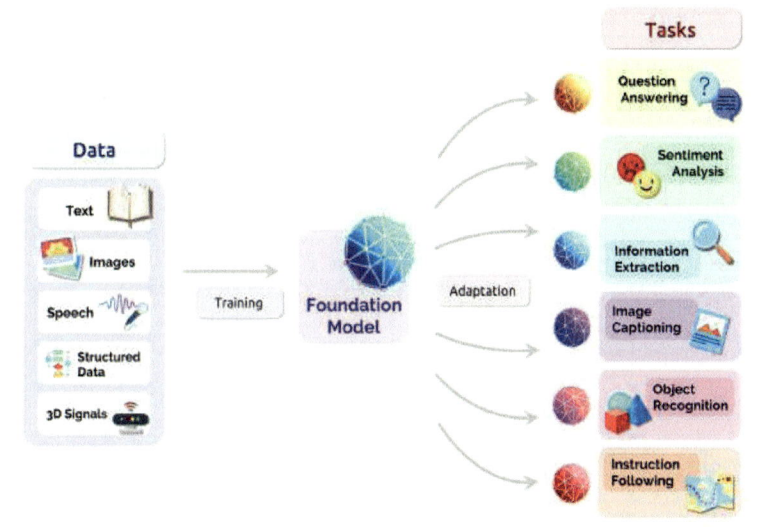

기본 모델 중심의 데이터로 콘텐츠를 생성생성하는 과정_
출처: Stanford Institute for Human-Centered Artificial Intelligence

현재 버전의 생성형 AI 모델은 사용자가 입력된 텍스트, 자연어 또는 이미지, 비디오, 음악 또는 소프트웨어 코드 형식의 프롬프트를 사용하여 생성형 AI 기술과 상호 작용할 수 있는 대화형 인터페이스를 지원한다. 생성형 AI는 웹 페이지, 소셜 미디어 대화 및 기타 문서에서 수집한 데이터를 사용하여 기존 웹 페이지를 단순히 큐레이팅하고 색인을 생성하는 것이 아니라 새로운 콘텐츠를 생성하도록 학습한다. 생성형 AI가 생성하는 출력은 실제 사물이나 사회적 관계에 대한 이해가 아닌 기존 데이터의 학습된 확률 분포를 기반으로 하기 때문에 새로운 아이디어나 솔루션을 생성할 수 없다. 또한, 사회적 가치에 대한 판단을 내리는 인간을 대체할 수 없다.

생성형 AI의 대표격인 챗GPT와 같은 도구는 가끔 합리적으로 느껴지는 답변을 생성할 수 있지만 정확하다고 믿을 수는 없는 것처럼 생성형 AI의 출력에는 오류가 포함된다. 이를 환각(Hallucination)이라고 하며 정확성과 무결성을 요구하는 분야에 활용하는 경우에 문제를 일으킬 수 있어 주의가 필요하다.

그러나 생성형 AI가 제공하는 답변은 매우 유창하고 합리적으로 보이기 때문에 사실적 지식과 개념적 지식이 없는 사용자는 오류를 알아차리기 어렵다. 이 부분은 교육에 생성형 AI를 사용할 때 주의해야 할 점과 함께 한계로 지적된다. Open AI는 2023년에 챗GPT가 합리적으로 들리는 답변을 생성할 수 있지만, 정확하다고 할 수는 없다고 하였다[96].

2. 생성형 AI의 교육적 활용 사례

생성형 인공지능의 대명사격인 챗GPT는 거대 언어 모델로 텍스트를 생성하는 데 특화되어 있으며 간단한 논리적 추론도 할 수 있다. 따라서 생성형 AI는 수업에서 주로 언어로 상호 작용하는 교사들이 유용하게 사용할 수 있다. 또 아래 그림과 같이 파운데이션 모델을 이용하여 여러 가지 서비스를 제공하기도 하는데 다음은 챗GPT와 같은 파운데이션 모델을 이용한 서비스로, 여러 가지 교육 활동에서 사용하기에 유용한 목록이다.

이름	핵심 기능
VREW	영상의 자막을 자동으로 생성
OnAir Studio	입력한 텍스트를 음성으로 합성하여 생성
Typecast	입력한 텍스트를 음성으로 합성하여 생성
Webtoon AI Painter	스케치 자동 채색 서비스
tome	프레젠테이션 자동 생성 서비스
furwee	학습 특화 교육용 생성형 인공지능
Clipdrop	이미지 편집, 생성 지원 서비스
Whimsical	마인드맵 생성 지원 서비스
traw	영상, 녹음 요약 생성 서비스
자작자작	인공지능 기반 글쓰기 지원 서비스
remove.bg	인공지능 기반 이미지 배경 제거 서비스
Diffit	교수학습 자료 생성 지원 서비스

생성형 인공지능을 활용한 서비스 목록

교사들은 수업을 준비할 때 같은 학년 선생님이나 커뮤니티 장학 자료 등에서 아이디어를 얻을 때가 있다. 이제는 수업 아이디어를 챗GPT를 활용하여 얻을 수 있다. 예시는 다음과 같다.

학습 주제(과목, 5학년) : 만유인력의 개념(과학, 5학년)

프롬프트 초등학교 5학년에게 만유인력을 어떻게 가르치면 좋을지 알려줘

챗GPT의 응답 복잡한 개념을 더 간단하고 이해하기 쉬운 아이디어로 세분화하면 5학년 학생들에게 만유인력을 가르치는 것이 재미있고 매력적인 경험이 될 수 있습니다. 다음은 그 방법에 대한 단계별 가이드입니다:

1. **익숙한 개념부터 시작하세요**

    무게, 낙하하는 물체, 달이 지구의 조수에 미치는 영향 등 학생들이 이미 잘 알고 있는 개념에 대해 토론하는 것으로 시작하세요. 이를 통해 중력을 이해하는 기초를 다질 수 있습니다.

2. **중력의 개념을 소개합니다**

    중력은 물체를 땅에 떨어지게 하는 힘이라고 설명하세요. 물체를 떨어뜨리고 학생들에게 왜 떨어지는지 물어봄으로써 이를 시연할 수 있습니다. "중력은 모든 것을 지구의 중심으로 끌어당기는 보이지 않는 힘과 같아요."와 같이 말할 수 있습니다.

3. **아이작 뉴턴 경의 이야기를 들려주세요**

    아이작 뉴턴 경이 사과가 머리 위로 떨어졌을 때 어떻게 중력의 개념을 발견했는지에 대한 간단한 이야기를 들려주세요. 이 이야기는 어린 학생들에게 주제를 더욱 친근하고 흥미롭게 만들 수 있습니다.

4. **중력은 어디에나 있습니다**

    중력은 지구에만 있는 것이 아니라 우주의 모든 곳에 존재한다고 설명하세요. 중력은 태양계 행성들이 태양 주위를 공전하고 달이 지구 주위를 공전하게 하는 힘입니다.

5. **만유인력의 법칙에 대해 토론하세요**

    뉴턴이 공식화한 만유인력의 법칙을 소개합니다. "질량을 가진 모든 물체는 질량을 가진 다른 모든 물체를 끌어당기고, 인력의 세기는 물체의 질량과 물체 사이의 거리에 따라 달라진다."라고 법칙을 단순화하세요.

단순한 예시지만 학습 주제에 대한 수업 아이디어를 얻기에는 충분한 조언으로 보여진다. 생성형 인공지능은 입력한 프롬프트에 따라 응답이 달라지기 때문에 원하는 결과를 얻기 위해서는 프롬프트를 설계하는 능력이 필요하다. 이를 프롬프트 엔지니어링이라고 한다. 프롬프트 엔지니어링은 사용자가 원하는 결과를 얻기 위한 프롬프트를 만드는 일련의 과정이라고 할 수 있다. 생성형 인공지능을 교육적으로 잘 이용하기 위한 프롬프트 작성 요령은 다음과 같다.

생성형 인공지능의 교육적 활용을 위한 프롬프트 작성 요령[97]

1. **대답하는 챗GPT의 역할 부여하기** 초등학교 6학년 과학 단원에 있는 내용을 질문할 때에는 '초등학교 교사 역할'을 부여함.
2. **질문하는 사용자의 목표를 제시하기** 챗GPT의 대답을 얻어서 하고 싶은 구체적인 목표를 입력하기.
3. **구체적인 대답 방법을 제시하기** 사용자가 원하는 챗GPT가 대답할 구체적인 방법을 입력합니다. 예를 들어, 쉽게 알려주기, 예를 들어서 말해주기 등
4. **결과 형식을 제시하기** 사용자가 챗GPT의 대답으로 얻고 싶은 형식이 있다면 명확하게 정하기.
5. **여러 작업을 한 번에 요청하기** 챗GPT는 [output]이라는 명령 뒤에 오는 질문을 정확히 반영하여 대답함. 예를 들어, [output] 초등학교 6학년 과학 단원의 지구의 운동에 대한 개요와 예시를 알려줘라고 요청할 수 있음.
6. **대답 길이를 제시하기** 대답이 너무 길다면, 제한된 길이를 요구해야 함.
7. **중요 키워드는 "큰 따옴표"로 강조해야 함** 사용자의 질문을 최대한 이해하려고 노력하지만, 중점을 두어야 할 부분을 스스로 알아서 판단하기 때문에 원하는 대답을 얻기 어려울 수 있음.
8. **대답에 따른 추가적인 질문을 이어가기** 대화를 이어갈수록 사용자의 의도가 담긴 대답으로 바꾸어 줍니다. 무료 버전에 제한된 답변 길이 때문에 답변이 중간에 끊겼다면, "계속해"라고 입력하면 이어서 답변함.

다음은 위의 프롬프트 작성 요령을 활용한 교육 상황에서의 프롬프트 예시다.

> (과학, 6학년) 연구 주제 탐색 " 6학년 학생이 연구할 수 있는 수준의 생활 속 문제 10가지를 추천해 줘."
> (수학, 3학년) 학습 과제 제시 " 3학년 학생이 풀 수 있는 분수의 덧셈 문제 100문제를 만들어줘. 문장제 문제를 20%로 구성해 줘."
> (국어, 3학년) 글쓰기 상황 제시 " 3학년 학생이 이해할 수 있는 이야기를 하나 만들어 줘. 3학년 학생들은 이 이야기를 가지고 마음을 표현하는 방법을 배우고 편지 쓰기 활동을 할거야. 등장 인물 간에 마음을 표현하는 내용이 두드러지는 이야기면 좋겠어."
> (사회, 6학년) 토론 주제 추천 " 6학년 학생들이 토론을 하기 좋은 주제를 추천해 줘. 다양한 의견이 나올 수 있는 주제면 좋겠어."
> (영어, 6학년) 언어 학습 자료 추천 " 6학년 학생이 시제 변화를 학습할 수 있는 영어 문장 10개를 만들어줘. 그리고 그 응답을 활용하여 간단한 빈칸 문제를 만들어 줘. 시제를 빈칸으로 만들어줘."
> (학생 평가) " 자신의 일을 성실하게 수행하는 학생을 평가할 수 있는 평가 문장을 10가지 만들어줘."

이처럼 프롬프트를 어떻게 구성하는지에 따라 생성형 인공지능은 무궁무진한 활용 방법이 있다. 그러나 이처럼 다양한 교육적 활용에 이점이 있지만, 아직 생성형 인공지능은 연령 제한이나 학습자에게 예상치 못한 영향을 미칠 우려 등 학생들을 대상으로 적극적으로 활용하기에는 어려움이 있으므로 여러 기관에서는 생성형 인공지능의 교육적 활용을 위한 각종 가이드라인을 발표하고 있으며 교사는 교육적 활용을 하기 전에 아래 표의 가이드라인을 충분히 검토해야 한다.

공개 연도	제목	기관명	주요 내용
2023	초·중·고등학생을 위한 생성형 AI 사용 약속	부산광역시 교육청	올바른 생성형 AI 사용에 대한 제안
2023	생성형 AI 교육 자료: ChatGPT 사례 중심으로	서울특별시 교육청	학교급 별 생성형 AI 활용 지침
2023	생성형 AI 길라잡이	경상북도 교육청	생성형 인공지능 활용에 대한 길라잡이
2023	ChatGPT 이해와 교수학습 가이드	인천광역시 교육청	7가지 교수학습 지침 제시 등
2023	생성형 AI 활용 보안 수칙	국가정보원	보안을 위한 생성형 AI 이용 수칙
2023	생성형 AI 활용 가이드라인	중앙대학교	생성형 인공지능 소개, 긍정적 부정적 영향, 활용 옵션 등
2023	생성형 AI 활용 가이드	UNIST	교원, 연구원, 학생을 위한 생성형 AI 활용 예시
2023	Guidance for generative AI in education and research	UNESCO	교육 및 연구를 위한 생성형 인공지능 활용 지침 등

교육 분야에서 GenAI 활용에 대한 가이드라인 목록

가이드라인을 종합하여 교사와 학생 모두가 생성형 인공지능의 교육적 활용을 할 때 유의해야 하는 공통적인 사항은 다음과 같다[98].

1. 생성형 AI의 기본적인 원리를 이해하고, 장/단점을 파악하기
2. 생성형 AI를 활용하여 고품질의 결과를 도출하기 위하여 프롬프트 활용 방법을 숙지하기
3. 급격히 발전하는 생성형 AI를 올바르고 정확하게 사용하기 위해 새로 업데이트 되는 내용과 최신 동향을 파악하기
4. 생성형 AI가 도출한 결과물을 맹목적으로 신뢰하지 않고, 신뢰성 있는 출처를 통해 재확인하기

교육을 계획하고 실행하고 평가하는 교사는 이러한 생성형 인공지능의 교육적 활용이 가지고 있는 이점과 한계를 분명하게 알아야 안전하고 긍정적인 생성형 인공지능 활용이 가능할 것이다.

생성형 AI를 활용한 수업 방안

투닝을 활용하기에 앞서 몇 가지만 주의하면 학습 목표를 충분히 달성할 수 있을 것이다. 그리고 투닝 활동을 진행할 때, 학생들이 작성한 텍스트와 최종 만화 작품을 모두 수집해 평가에 반영하는 것도 좋은 방법이다.

김 교사_ 안녕하세요, 최 선생님. 5학년 사회 수업에서 새로운 도구를 사용해 보고 싶어서요. '투닝(Tooning)'이라고 들어보셨나요?

최 교사_ 네, 들어봤어요. 텍스트를 입력하면 만화로 변환해 주는 AI 도구죠. 사회 과목에 어떻게 적용하려고 하나요?

김 교사_ 고조선의 건국 과정과 사회 모습을 학생들이 직접 만화로 그려 보게 하려고 해요. 8조법을 바탕으로 고조선 사회를 상상하고 표현하는 활동이에요.

최 교사_ 아, 재미있겠네요. 학생들이 역사를 더 친근하게 느낄 수 있겠어요. 하지만 투닝을 활용하기 전에 몇 가지 주의할 점이 있어요.

김 교사_ 어떤 점들을 주의해야 하나요?

최 교사_ 우선, 학생들이 텍스트를 작성할 때 역사적 사실과 허구를 구분할 수 있도록 지도해야 해요. 또한, 투닝이 만든 만화가 학습 목표에 부합하는지 확인하는 것도 중요하죠.

김 교사_ 아, 그렇군요. 역사적 정확성과 교육적 가치를 유지하면서도 창의적인 활동을 할 수 있도록 지도해야 겠네요.

최 교사_ 맞아요. 그리고 투닝 활동을 진행할 때, 학생들이 작성한 텍스트와 최종 만화 작품을 모두 수집해 평가에 반영하는 것도 좋은 방법이에요. 이렇게 하면 학생들이 더 진지하게 참여할 거예요.

김 교사_ 좋은 조언 감사합니다. 학생들의 창의력과 역사 이해력을 동시에 키울 수 있는 수업이 될 것 같아요.

수업 목표

고조선의 건국 과정과 사회 모습을 알고 AI 도구(투닝)를 활용하여 고조선의 사회 모습이 드러나게 그림으로 표현할 수 있다.

관련 교과 및 성취 기준

사회 [6사 03-01] 고조선의 등장과 관련된 건국 이야기를 살펴보고, 고대 시기 나라의 발전에 기여한 인물(근초고왕, 광개토대왕, 김유신과 김춘추, 대조영 등)의 활동을 통하여 여러 나라가 성장하는 모습을 탐색한다.

수업의 흐름

고조선의 등장 알아보기 → 고조선의 문화유산과 문화 범위 살펴보기 → 8조법으로 고조선의 사회 모습 예상하기 → 투닝으로 고조선의 사회 모습 그림 표현하기

〈활동1〉 고조선의 등장 알아보기
- 고조선의 등장 배경 알아보기
- 고조선 건국 이야기 살펴보기

〈활동2〉 고조선의 문화유산과 문화 범위 살펴보기
- 고조선의 문화유산 알아보기
- 고조선의 문화 범위 살펴보기

〈활동3〉 8조법을 살펴보고 사회 모습 예상하기
- 고조선의 8조법을 읽고 고조선 사회의 특징 생각하기
- 현재 전하지 않는 법 조항 다섯 개는 어떤 내용이었을지 상상하기

〈활동4〉 투닝(Tooning)으로 고조선의 사회 모습 그림 표현하기
- [캐릭터]에서 자신이 생각한 캐릭터를 입력하고 검색하여 선택하기
- [배경]에서 자신이 원하는 상황과 어울리는 배경을 검색하여 선택하기
- [말풍선], [텍스트]를 추가하여 글자 넣기

부 록
수업에 활용하기 좋은 Google AI 체험 도구
APPENDIX

수업에 활용하기 좋은 Google AI 체험 도구
Google Experiments

구글 실험실(Google Experiments)은 구글에서 개발한 다양한 프로그램을 체험하고 실험해볼 수 있는 사이트다. 다양한 프로그램들이 제공되며 인공지능 실험실 챕터가 따로 마련되어 있어 다양한 인공지능 체험 도구를 쉽게 활용할 수 있다.

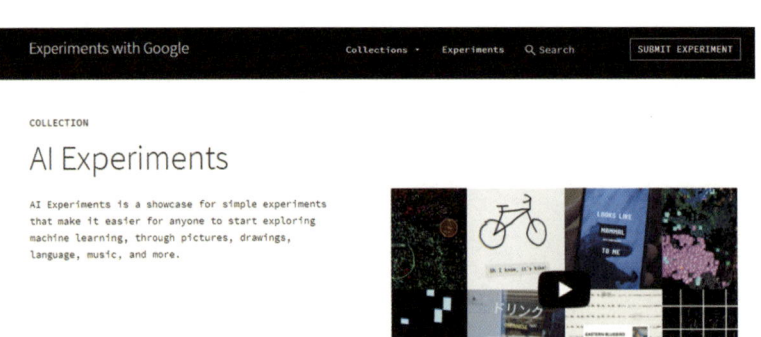

구글 AI실험실_ 출처: https://experiments.withgoogle.com/

인공지능 실험실 속 프로그램

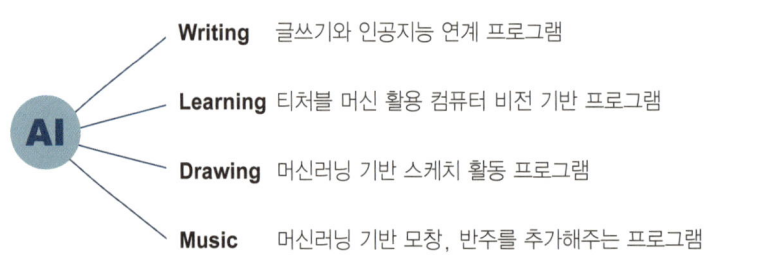

- **Writing** 글쓰기와 인공지능 연계 프로그램
- **Learning** 티처블 머신 활용 컴퓨터 비전 기반 프로그램
- **Drawing** 머신러닝 기반 스케치 활동 프로그램
- **Music** 머신러닝 기반 모창, 반주를 추가해주는 프로그램

Google Art & Culture

전세계에서 공유된 미술 작품, 역사적인 유물, 문화재 사진을 시대별, 장소별, 인물별로 관람할 수 있으며 인공지능이 적용된 도구를 활용해 창의적인 예술 체험을 할 수 있다.

구글 아트 앤 컬처_ 출처: https://artsandculture.google.com/

Art Transfer: 인공지능 기술을 활용하여 반 고흐, 칸딘스키 등 유명 미술가의 화풍과 스마트폰의 사진을 합성하는 기능을 제공한다.

Art Transfer

Art Transfer를 사용하면 반 고흐, 칸딘스키 등 다양한 유명 미술가의 영감을 담아 사진을 변환할 수 있습니다. 앱을 설치하고 카메라 버튼을 선택하여 시작하세요.

아트 트랜스퍼_ 출처: https://artsandculture.google.com/camera/art-transfer

Art Selfie: 인공지능 기술을 활용해 유명 미술가의 인물화, 자화상 등의 예술 작품의 화풍과 셀카 사진을 합성하는 기능을 제공한다.

Art Selfie

Art Selfie를 통해 재미있게 예술작품을 발견해 보세요. 이제 전 세계에서 사용할 수 있습니다. 앱을 설치한 다음 셀카를 찍고 전 세계의 박물관에서 나와 닮은 초상화를 찾아보세요.

아트 셀피_ 출처: https://artsandculture.google.com/camera/selfie

APPENDIX

01 인공지능으로 변화하는 사회와 교육

1) 피차이 구글 CEO "인공지능, 불·전기보다 영향력 더 심대해". (2020.1.23.) MBC뉴스. Retrieved from https://imnews.imbc.com/news/2020/world/article/5653565_32640.html

2) Tuomi, I. (2018). The impact of artificial intelligence on learning, teaching, and education. Luxembourg: Publications Office of the European Union. Tuomi는 The Impact of Artificial Intelligence on Learning, Teaching, and Education의 주 저자로서 해당 보고서는 유럽연합에서 교육에서의 AI가 어떻게 활용돼야 하는지 기술한 주요 서적임.

3) Nikita L. How the era of Artificial Intelligence will transform society? Retrieved from https://pocketconfidant.com/how-the-era-of-artificial-intelligence-will-transform-society/

4) The Statistics Portal. (2018). Forecast of Big Data market size, based on revenue, from 2011 to 2027 (in

billion U.S. dollars). Retrieved from https://www.statista.com/statistics/254266/global-big-data-market-forecast/.

5) Bharath, K. (2020). Artificial Intelligence — The Rise of Technological Era. Retrieved from https://medium.com/illumination-curated/artificial-intelligence-the-rise-of-technological-era-23f692bcbd56

6) https://www.qualcomm.com/news/onq/2018/08/08/meet-vector-smart-home-robot-personality

7) https://www.robotemi.com/

8) Kinsella, B. (2020). Voice Industry Professionals Say Amazon Alexa is Having the Biggest Impact Followed by Google with Everyone Else Far Behind-New Report. Retrieved from https://voicebot.ai/2020/05/11/voice-industry-professionals-say-amazon-alexa-is-having-the-biggest-impact-followed-by-google-with-everyone-else-far-behind-new-report/

9) https://voicebot.ai/2018/03/21/data-breakdown-consumers-use-smart-speakers-today/

APPENDIX

10) https://meddevops.blog/2019/10/09/the-future-of-remote-patient-monitoring-is-in-artificial-intelligence/
11) https://www.wired.com/story/ai-epidemiologist-wuhan-public-health-warnings/
12) 주식 열풍에 돈 몰리는 '로보어드바이저' 시장…공격적 영토 확장. (2020.11.4.) 이데일리. Retrieved from https://www.edaily.co.kr/news/read?newsId=03670326625962440&mediaCodeNo=257
13) Butcher, S. (2017). 7 finance firms working with AI, and why you should be afraid of them. Retrieved from https://www.efinancialcareers.co.uk/news/2017/01/ai-in-finance
14) https://www.mazemap.com/solutions/heat-maps
15) Grand View Research. (2021). Artificial Intelligence Market Size, Share & Trends Analysis Report By Solution, By Technology(Deep Learning, Machine Learning, Natural Language Processing, Machine Vision), By End Use, By Region,

And Segment Forecasts, 2021 - 2028. Report No.GVR-1-68038-955-5. Retrieved from https://www.grandviewresearch.com/industry-analysis/artificial-intelligence-ai-market

16) https://www.azurexperts.cloud/solutions/data-intelligence-with-azure-cloud/

17) Chowdhry, A. (2018). Artificial Intelligence To Create 58 Million New Jobs By 2022, Says Report. Forbes. Retrieved from https://www.forbes.com/sites/amitchowdhry/2018/09/18/artificial-intelligence-to-create-58-million-new-jobs-by-2022-says-report/

18) PwC. (2018). AI will create as many jobs as it displaces by boosting economic growth, PricewaterhouseCoopers

19) Muro, M., Whiton, J., & Maxim, R. (2019). What jobs are affected by AI?: better-paid, better-educated workers face the most exposure. Metropolitan Policy Program Report.

20) Luckin, R., Holmes, W., Griffiths, M., & Forcier, L.

B. (2016). Intelligence unleashed: An argument for AI in education.

21) Wing, J. M. (2006). Computational thinking. Communications of the ACM, 49(3), 33-35.

22) CAS(Computing at Schools)는 영국에서 초중등 학교에 컴퓨팅 교육 홍보하고 지원하는 워킹그룹이며 각계 다양한 분야의 전문가들이 참여하며 GCSE 영국 시험에서 컴퓨팅 교과 시험 문제도 출제함.

23) ISTE(International Society of Technology in Education)은 미국에 소재를 두고 있는 국제 학회로서 교육에 기자재 및 IT를 어떻게 활용해야 하는지에 전문성이 있는 단체이며 최근에는 컴퓨팅사고, AI 활용에 전문성을 발휘하고 있음.

24) Mohaghegh, D. M., & McCauley, M. (2016). Computational thinking: The skill set of the 21st century. International Journal of Computer Science and Information Technologies, 7, (3), 1524-1530.

25) Jackson, J., & Moore, L. (2012). "The Role of Computational Thinking in the 21st Century", 149-155.

26) Settle, A., & Perkovic, L. (2010). Computational thinking across the curriculum: A conceptual framework.

27) Johnson, R. (2020). "Jobs of the future: Starting a career in artificial intelligence," retrieved from https://www.bestcolleges.com/blog/future-proof-industries-artificial-intelligence/

28) AlphaBeta. (2021). 아태지역의 디지털 잠재력 보고: 변화하는 디지털 기술 수요와 정책 접근법. Amazon Web Service. Retrieved from https://pages.awscloud.com/APAC-public-DL-APAC-Digital-Skills-Research-2021-KR-learn.html

29) Lance, W. (2019). "The Top Barriers Businesses Face in Adopting AI." TechRepublic.

30) Bialik, M., & Fadel, C. (2018). Knowledge for the age of artificial intelligence: what should students learn?. Center for curriculum redesign.

31) Chin, M. (2020). These Students Figured Out Their Tests Were Graded by AI. The Verge. Retrieved from

APPENDIX

https://www.theverge.com/2020/9/2/21419012/edgenuity-online-class-ai-grading-keyword-mashing-students-school-cheating-algorithm-glitch

32) https://www.dianathenerd.com/blog/assessment-of-essays-with-the-ai-powered-automated-grading

33) https://assessment.aon.com/en-us/online-assessment/ai-in-assessment

34) Tuomi, I. (2020). Research for CULT Committee-The use of Artificial Intelligence (AI) in education.

35) 신수범. (2021). 지능형 학습 시스템에서의 학습데이터 분석 전략, 정보교육학회학술논문집, 12(2), 37-44.

36) Puentedura, R. (2006). Transformation, technology, and education. Retrieved from http://hippasus.com/resources/tte/

37) Koehler, M., & Mishra, P. (2009). What is technological pedagogical content knowledge (TPACK)?. Contemporary issues in technology and teacher education, 9(1), 60-70.

38) Bossmann, J. (2016). Top 9 ethical issues in artificial intelligence. In World Economic Forum (Vol. 21).

39) 김한성, 전수진, 최승윤 & 김성애. (2019). 모두를 위한 인공지능 윤리. 한국교육학술정보원.

40) Blomkamp, N., Copley, S., Patel, D., Weaver, S., & Jackman, H. (2015). Chappie. Sony Music Entertainment.

41) Daley, S. (2021). 28 Examples of Artificial Intelligence Shaking Up Business as Usual. Built In. Retrieved from https://builtin.com/artificial-intelligence/examples-ai-in-industry

42) Karras, T., Nvidia, (2020). https://generated.photos/faces

43) ditchthattextbook(2023). Lesson planning with AI: Save time and get ideas https://ditchthattextbook.com/ai-lesson-planning/

44) edrawmax(2023). Revolutionize Education: How ChatGPT is Empowering Teachers HYPERLINK "https//www.edrawmax.com/article/"https://www.

APPENDIX

edrawmax.com/article/chatgpt-for-educa*-tion.html

45) Todd Finley(2023). 6 Ways to Use ChatGPT to Save Time
"https//www.edutopia.org/article/"https://www.edutopia.org/article/6-ways-chatgpt-save-teachers-time/

46) Jason M. Lodge, Daniel Taylor-Griffiths(2023). ChatGPT generated a lesson plan for us and we taught it. Here's what we learned. https://www.linkedin.com/pulse/chatgpt-generated-lesson-plan-us-we-taught-heres-what-jason-m-lodge

47) Anca Budau(2023). My Secret ChatGPT Prompt Crafting Method: The Structure of a Prompt Plus 15+ Commands You Should Know, https://uxplanet.org/my-secret-chatgpt-prompt-crafting-method-the-structure-of-a-prompt-plus-15-commands-you-should-46a96ef5be89

48) U.S. Department of Education, Office of Educational

Technology(2023). Artificial Intelligence and the Future of Teaching and Learning Insights and Recommendations, Washington, DC.

49) Thomas K. F. Chiu(2023). The impact of Generative AI (GenAI) on practices, policies andresearch direction in education: a case of ChatGPT andMidjourney. HYPERLINK "https//doi.org/10.1080/10494820.2023.2253861"https://doi.org/10.1080/10494820.2023.2253861

50) Florent Bordot(2022). Artificial Intelligence, Robots and Unemployment: Evidence from OECD Countries. Journal of Innovation Economics & Management Volume 37, Issue 1, pp 117-138

51) Badet, J. (2021). AI, Automation and New Jobs. Open Journal of Business and Management, 9(5), 2452-2463

52) Aastha Pant et al.(2023). Ethics in the Age of AI: An Analysis of AI Practitioners' Awareness and Challenges. ACM 37, 4, 36p

APPENDIX

53) UNESCO(2021). Recommendation on the Ethics of Artificial Intelligence http://www.unesco.org/openaccess/terms-use-ccbyncsa-en.

02 인공지능과 데이터 분석

54) Turing, A. M. (2009). Computing machinery and intelligence. In Parsing the Turing Test, 23-65. Springer.
55) Hopfield, J. J. (1982). Neural networks and physical systems with emergent collective computational abilities. Proceedings of the national academy of sciences, 79(8), 2554-2558.
56) Hinton, G. E. (2007). Learning multiple layers of representation. Trends in cognitive sciences, 11(10), 428-434.
57) Plaut, D. C., & Hinton, G. E. (1987). Learning sets of filters using back-propagation. Computer Speech & Language, 2(1), 35-61.

58) Hsu, F. H. (2002). Behind Deep Blue: Building the computer that defeated the world chess champion. Princeton University Press.

59) Hinton, G. E., Osindero, S., & Teh, Y. W. (2006). A fast learning algorithm for deep belief nets. Neural computation, 18(7), 1527-1554.

60) Krizhevsky, A., Sutskever, I., & Hinton, G. E. (2012). Imagenet classification with deep convolutional neural networks. Advances in neural information processing systems, 25, 1097-1105.

61) Marr, B. (2016). What Is The Difference Between Artificial Intelligence And Machine Learning?. Retrieved from https://www.forbes.com/sites/bernardmarr/2016/12/06/what-is-the-difference-between-artificial-intelligence-and-machine-learning/

62) Kwasny, S. C., & Faisal, K. A. (1990). Overcoming Limitations of Rule-Based Systems: An Example of a Hybrid Deterministic Parser. In Konnektionismus in

APPENDIX

Artificial Intelligence und Kognitionsforschung, 48-57. Springer.

63) Silver, D., Hubert, T., Schrittwieser, J., Antonoglou, I., Lai, M., Guez, A., ... & Hassabis, D. (2018). A general reinforcement learning algorithm that masters chess, shogi, and Go through self-play. Science, 362(6419), 1140-1144.

64) 알파고에 100전100승 거둔 '알파고 제로' 등장···인간 지식 없이 스스로 학습해 창의성 발휘. (2017.10.19.) 경향비즈. Retrieved from http://news.khan.co.kr/kh_news/khan_art_view.html

65) Weitekamp, D., Harpstead, E., & Koedinger, K. R. (2020). An interaction design for machine teaching to develop AI tutors. In Proceedings of the 2020 CHI Conference on Human Factors in Computing Systems, 1-11.

66) 강한 인공지능(Strong AI), 약한 인공지능(Weak AI), 초인공지능(Super AI). Retrieved from https://needjarvis.tistory.com/179

67) 인공지능 수업의 형태. Retrieved from https://www.lexalytics.com/lexablog/ai-in-education-present-future-ethics

68) http://squirrelai.com/

69) 이상훈, & 문승진. (2015). 결정적 학습 경로를 위한 지식 구조 분석 시스템. 인터넷정보학회논문지, 16(6), 39-46.

70) https://tutor.alo7.com/

71) Selwyn, N. (2018). Six reasons artificial intelligence technology will never take over from human teachers [Blog post]. Australian Association for Research in Education. Retrieved from http://www.aare.edu.au/blog/?p=2948

72) Liu, Z., Jiang, B. and Heer, J. (2013), imMens: Real-time Visual Querying of Big Data. Computer Graphics Forum, 32: 421-430.

73) https://www.mycodingplace.com/post/what-is-an-algorithm-and-why-are-they-important

74) https://computersciencewiki.org/index.php/Computational_thinking_%26_problem-solving.

APPENDIX

Computational thinking & problem-solving

74) Wing, J. M. (2006). Computational thinking. Communications of the ACM, 49(3), 33-35.

76) Papert, S. A. (2020). Mindstorms: Children, computers, and powerful ideas. Basic books. 초판은 1980년에 출간됨

77) Papert, S. (1996). An exploration in the space of mathematics educations. International Journal of Computers for Mathematical Learning, 1(1), 95-123.

78) Introduction to recommender systems. Retrieved from https://towardsdatascience.com/introduction-to-recommender-systems-6c66cf15ada

79) 소프트웨어의 의미는 프로그램을 포함하여 컴퓨터에 수행할 작업을 알려주는 지침으로써 컴퓨터 시스템의 작동과 관련된 전체 프로그램, 절차 및 루틴 세트로 구성된다. 컴퓨터 시스템의 물리적 구성 요소인 하드웨어에 특정 작업을 수행하도록 지시하는 일련의 명령을 프로그램 또는 소프트웨어 프로그램이라고 하면 본서에서는 소프트웨어와 프로그램을 혼용한다. (https://www.britannica.com/technology/software)

80) McCulloch, W.S., Pitts, W. (1943). A logical calculus of the ideas immanent in nervous activity. Bulletin of Mathematical Biophysics 5, 115-133. Retrieved from https://cs.stanford.edu/people/eroberts/courses/soco/projects/neural-networks/History/history1.html

81) Hebb, D. O. (2005). The organization of behavior: A neuropsychological theory. Psychology Press. 초판은 1949년에 출간됨.

82) https://towardsdatascience.com/perceptron-and-its-implementation-in-python-f87d6c7aa428

83) https://sebastianraschka.com/Articles/2015_singlelayer_neurons.html

84) Widrow, B., & Hoff, M. E. (1960). Adaptive switching circuits. Stanford Univ Ca Stanford Electronics Labs.

85) Fausett, L. V. (2006). Fundamentals of neural networks: architectures, algorithms and applications. Pearson Education India.

86) 윤희태. (2002). 초등학생들의 기초계산 오류에 대한 분석적 연구

APPENDIX

: 곱셈과 나눗셈을 중심으로. 석사학위논문. 인천교육대학교 교육대학원.

87) https://www.freecodecamp.org/news/want-to-know-how-deep-learning-works-heres-a-quick-guide-for-everyone-1aedeca88076/

03 도구를 활용한 머신러닝 실습과 수업 방안

88) http://exobrain.kr/

89) https://paperswithcode.com/sota/image-classification-on-imagenet

90) Fukushima, K. (2007). Neocognitron. Scholarpedia, 2(1), 1717.

91) Goodfellow, I., Pouget-Abadie, J., Mirza, M., Xu, B., Warde-Farley, D., Ozair, S., ... & Bengio, Y. (2014). Generative adversarial nets. Advances in neural information processing systems, 27.

92) Huang, X., Liu, M. Y., Belongie, S., & Kautz, J. (2018). Multimodal unsupervised image-to-

image translation. In Proceedings of the European conference on computer vision(ECCV), 172-189.

93) https://developers.google.com/machine-learning/gan/problems

94) UNESCO(2023). Guidance for generative AI in education and research.

95) Bommasani, R., Hudson, D. A., Adeli, E., Altman, R., Arora, S., von Arx, S., ... & Liang, P. (2021). On the opportunities and risks of foundation models. arXiv preprint arXiv:2108.07258.

96) https://platform.openai.com/docs/chatgpt-education

97) 김태훈(2023). 생성형 AI의 수업 활용 방안. 전북교육정책연구소.

98) 중앙대학교 학술정보원(2023). 생성형 AI 활용 가이드라인. https://www.cau.ac.kr/cms/FR_CON/index.do?MENU_ID=2730